D1521372

Estrategias de coaching ejecutivo

Diseño de tapa:
LUCAS FRONTERA SCHÄLLIBAUM

LAURA BICONDOA
MARCELA FERNÁNDEZ

Estrategias de coaching ejecutivo

De la práctica a la teoría

GRANICA

ARGENTINA - ESPAÑA - MÉXICO - CHILE - URUGUAY

© 2021 *by* Ediciones Granica S.A.

ARGENTINA
Ediciones Granica S.A.
Lavalle 1634 3° G / C1048AAN Buenos Aires, Argentina
granica.ar@granicaeditor.com
atencionaempresas@granicaeditor.com
Tel.: +54 (11) 4374-1456 - 1158549690

MÉXICO
Ediciones Granica México S.A. de C.V.
Calle Industria N° 82 - Colonia Nextengo - Delegación Azcapotzalco
Ciudad de México - C.P. 02070 México
granica.mx@granicaeditor.com
Tel.: +52 (55) 5360-1010 - 5537315932

URUGUAY
granica.uy@granicaeditor.com
Tel.: +59 (82) 413-6195 - Fax: +59 (82) 413-3042

CHILE
granica.cl@granicaeditor.com
Tel.: +56 2 8107455

ESPAÑA
granica.es@granicaeditor.com
Tel.: +34 (93) 635 4120

www.granicaeditor.com

Reservados todos los derechos, incluso el de reproducción
en todo o en parte, y en cualquier forma

GRANICA es una marca registrada

ISBN 978-987-8358-86-4

Hecho el depósito que marca la ley 11.723

Impreso en Argentina. *Printed in Argentina*

Bicondoa, Laura
 Estrategias de coaching ejecutivo / Laura Bicondoa ;
Marcela Fernández. - 1a edición especial - Ciudad Autó-
noma de Buenos Aires : Granica, 2021.
 336 p. ; 22 x 15 cm.

 ISBN 978-987-8358-86-4

 1. Coaching. I. Fernández, Marcela. II. Título.
CDD 658.409

Queremos dedicar este libro a nuestros mejores maestros:
nuestros clientes, los clientes de nuestros clientes,
nuestros alumnos, y a todos los que nos supieron guiar
por este maravilloso camino profesional.

Queremos dedicarlo también a nuestros maestros en esta
profesión (y en la vida): Elena Espinal, Jim Selman
y Fernando Flores.

De modo personal, lo dedicamos a quienes nos acompañan
incondicionalmente en esta pasión, testigos silenciosos
que comparten su tiempo para dejarnos volar y seguir creciendo:
nuestras familias y amigos más queridos.

Agradecemos especialmente a Lisa Davelosa
por la dedicación, compromiso e impecabilidad con que realizó
el trabajo de edición de este libro.

Índice

PRÓLOGO DE ELENA ESPINAL   13

INTRODUCCIÓN   17

Parte 1
EL COACH EJECUTIVO Y LA ORGANIZACIÓN

1. QUÉ ES Y QUÉ NO ES EL COACHING EJECUTIVO   23
   Especialidades y categorías de coaching   25
   Diferencias entre el coaching y otras disciplinas   29
   Coaching organizacional y coaching ejecutivo   38
   ¿Qué es entonces el coaching ejecutivo?   42
   Reglas de la relación en coaching ejecutivo   44
   Relación de coaching ejecutivo   49

2. ¿QUIÉN NECESITA UN COACH?   62
   Algunos beneficios del coaching ejecutivo   64
   Perfiles en la organización   65
   De organizaciones como máquinas a organizaciones como organismos   73
   Puntos de dolor. Aprender a mirar anomalías y vacíos   76
   ¿Para qué buscan coaching?   79
   Motivos frecuentes de contratación   80
3. DOCUMENTACIÓN   82
   ¿Por qué es importante la visibilidad?   82
   Acuerdo de coaching ejecutivo   84
   Políticas de presentismo y cancelación   86
   Modelos de documentación   89

4. DISEÑO DE PROPUESTAS. OFERTA DE VALOR 94
Elementos de las propuestas 95

Parte 2
EL *FLOW* DEL PROCESO DE COACHING
EJECUTIVO: MODELOS DE INTERVENCIÓN Y PRÁCTICA

5. RELACIÓN = RESULTADOS 109
Las bases de la ecuación R=R 109
Diseño de modelo de vínculo 112
La fórmula en acción 114
Medir la R de relación 117

6. OBJETIVOS DE LAS SESIONES Y OBJETIVOS DEL PROCESO 127
¿Cómo ligar el objetivo de una sesión al objetivo de un proceso? 128
¿Cuánto dura un proceso de coaching ejecutivo? 131
Autoevaluación del coach 136

7. OBJETIVOS 141
¿Cuál es tu relación con los objetivos? 141
Objetivos bien formulados 147
Dieciocho preguntas para un objetivo bien formulado 150
Objetivos HARD y SMART 159
Objetivos y resultados clave: OKR 161

8. MEDICIÓN DE RESULTADOS 175
¿Para qué medir? 176
Otros indicadores: KPI, PI y KRI 184
Dos familias de métricas: de desempeño y de resultado 190
Métricas y temporalidad 192
¿Cuál es el indicador bueno? 194
Métricas con sentido 194
Todo se puede medir 196
Saber mostrar: la información visual 197

9. MATRIZ DE SIGNIFICADO Y DESEMPEÑO 199
Los cuatro cuadrantes 202
¿Cómo utilizar la matriz de significado y desempeño? 203

10. FUENTE DE PODER Y FÓRMULA DEL ÉXITO · · · · · · · · · · · · · · · · · 206
Observador e identidad · 207
    Primera aproximación: la queja · · · · · · · · · · · · · · · · · 208
    Enunciando el cambio · 211
    Fuente de poder y fórmula del éxito · · · · · · · · · · · · · · 213
    Beneficios ocultos · 214
    Los grandes supuestos · 215
    Último paso: llevarlo a la acción · · · · · · · · · · · · · · · · 217

11. FODA PERSONAL · 218
    Combinaciones del FODA · 220

12. JUGAR CON PERSONAJES · 224

13. INTUICIÓN Y AUDACIA · 229
    El rol de la intuición · 232

14. GESTIÓN DE LAS EMOCIONES. RESILIENCIA · · · · · · · · · · · · · · 237

15. CAMPOS DE OBSERVACIÓN. ANTICIPACIÓN, PATRONES Y CICLOS · · · 244
    Pensamientos y patrones recurrentes · · · · · · · · · · · · · 244
    Crear un futuro diferente · 247
    Uso de metáforas o analogías · · · · · · · · · · · · · · · · · · 256

16. DIAGNÓSTICOS ORGANIZACIONALES · · · · · · · · · · · · · · · · · · · 257
    Diagnósticos con o sin cargo para el cliente · · · · · · · · · 260
    Diagnósticos organizacionales, ¿qué son? · · · · · · · · · · 257
    ¿Para qué diagnosticamos? · 261
    ¿Cómo diagnosticamos? · 264
    Vigencia de los diagnósticos organizacionales · · · · · · · 269
    Tipos de diagnósticos · 272

17. ABRIR NUEVOS MUNDOS. COACHING PARA EMPRENDEDORES · · · 281
    La mirada de Peter Denning · 281
    La mirada de Fernando Flores · · · · · · · · · · · · · · · · · · 286
    La analogía del turista · 288
    Modelo de innovación: inquietud central. Estilo. Producto o servicio · · · 292
    Características de los emprendedores · · · · · · · · · · · · · · 297

18. *FEEDBACK Y FEEDFORWARD* · 301
    Feedback · 301
    Feedforward · 306

Parte 3
CIERRE DEL PROCESO DE COACHING

19. CIERRE DEL PROCESO. CELEBRACIÓN. RECONTRATACIÓN   313
Fases del cierre   315

EPÍLOGO   326

REFERENCIAS BIBLIOGRÁFICAS   327

ACERCA DE LAS AUTORAS   335

Prólogo de Elena Espinal

¿Cómo el coaching ejecutivo encaja en un movimiento de incremento de conciencia mundial? ¿Cómo no perder de vista que el coaching ejecutivo no se dedica a resolver problemas, sino a lograr ejecutivos poderosos, inspiradores, que, trascendiendo el pasado, se lleven y lleven a sus equipos a la esencia de su potencial creativo y de coordinación de acciones?

Si podemos lograr esto, estamos en presencia de una técnica magníficamente realizada y de un arte, que lo es, porque es espejo del alma. El coaching es un portal de acceso al reino de las más puras potencialidades y cualidades humanas, manifestadas en la acción. Significa inspirarse para conocer y comprender profundamente cómo observamos el mundo y elegir una manera de hacerlo que nos acerque más a nuestros sueños. Es darnos cuenta de nuestra capacidad de hacer milagros, si comprendemos por milagro la aparición de algo que no podía esperarse de manera natural y espontánea.

El coaching también incluye en su existencia un cambio sutil: rescata lo femenino, no de la mujer como sexo, sino de la energía femenina que representa la fuerza creativa, la fuente de amor y el anhelo que han vivido en la apariencia de estar separados de lo que era ser humano. Esto significa añorar la integridad, y atreverse a sentir la pasión y el deseo. Estos aspectos no desaparecen jamás, simplemente quedan reprimidos y lo han estado durante mucho tiempo, ocultos frente a una cultura que ha representado al ejecutivo como un gran controlador, dominador y alejado de ciertos rasgos humanos como el miedo, la vulnerabilidad y otras emociones. Una nunca negada, y hasta aceptada, ha sido el enojo.

Cuando se pierde de vista la pasión y es reemplazada por el enojo, en general oculta la depresión, el resentimiento, la ira, el cinismo y el orgullo. Cuando en espacios de intimidad podemos trascender nuestras creencias, heridas del pasado, y nuestros miedos, abrimos la puerta al desafío y a la posibilidad de ir juntos, de la mano, a crear nuevos mundos.

Somos artistas de nuestro destino, y el liderazgo de los ejecutivos puede comenzar a considerarse desde esta mirada.

¿Cómo lograr esta maestría?

Marcela Fernández y Laura Bicondoa nos llevan de la mano. Nos invitan a mirar la técnica en profundidad, las características de un coaching ejecutivo, los indicadores para reconocer qué camino es el correcto, el balance entre la empresa contratante y la persona ejecutiva, la relación con otros, y en detalle un proceso completo que incluye cómo darse cuenta cuando se está en presencia de alguien que precisa algún tipo de tratamiento.

Lo hacen desde una experiencia profesional de muchísimas horas de trabajo y muchas empresas de renombre internacional que lo valoran, y que ellas entregan con total transparencia y generosidad en este libro.

La maestría aparece cuando se puede dejar de lado la técnica, porque esta ya es parte de nuestro ser-hacer en el mundo. Esa transformación se logra con horas de trabajo dedicado, presente y de mirada compasiva para ensayar y volver a hacerlo hasta que salga. Ellas son maestras en eso. Lo lograron y el mundo lo reconoce. Son mujeres, con esa dosis de energía femenina abarcadora de lo creativo y lo sutil. Aportan resultados incluyendo, invitando a usar el poder personal y a la transformación.

El coaching es un viaje de creación y prueba. Este libro es un viaje que, igual que el coaching, no tiene retorno: leerlo, estudiarlo lleva a caminos y conductas insospechadas a medida que las sesiones ocurren. El coaching tiene que ver con la generosidad: con la capacidad de "generar", y así ellas son el ejemplo de generación y entrega a manos llenas de casos, ejemplos y de lo que saben.

Me es difícil terminar este texto sin declarar una verdad conocida, pero no especificada hasta aquí. Conozco a Marcela desde que inició su carrera de coaching en el ICP, en 1999. Siempre fue madura, centrada, capaz, abocada a su visión y buscadora de posibilidades.

Conozco a Laura desde que asomó su carita a este mundo y por primera vez la vi, entre lágrimas de madre primeriza, como años después miraría a sus dos hijos, que hoy son mi nueva razón de vivir. Todo lo que pude haber soñado de una hija se cumplió: sus valores, su dedicación y capacidad de estudio, su manera de enfrentar la vida, su resiliencia, pero también su profesionalismo, su entrega y pasión por el trabajo, su liderazgo en el mundo del coaching que, junto a Marcela Fernández, ha dejado huella en el mundo organizacional.

Es un honor que agradezco con el alma el haber sido elegida para hablar de este libro y de sus autoras, antes de ser leído. Eso es un Prólogo. (Un Prólogo como si hubiera podido hablar de mi hija antes de que otros la conocieran.)

Es un honor en la vida caminar las tres juntas un camino profesional y admirarlas, y aprender de ellas, sorprendiéndome a cada rato. Este libro es una sorpresa más, por su sencillez y su profundidad. Por su amor y su entrega. Por su dedicación minuciosa y abarcativa. Por la esperanza que alberga de colaborar en la formación de coaches de altísimo nivel que dignifiquen la profesión. Por el futuro que quieren contagiar a los ambiciosos de vida y pasión en un viaje a lo desconocido con otros, para la construcción de los espacios que todos vamos a vivir.

Introducción

El CE (coaching ejecutivo) es una práctica cuya expansión e impacto van en aumento. Elegir esta especialidad conlleva un compromiso y una responsabilidad como profesionales, no solo hacia el cliente sino también hacia la organización a la que este pertenece, e implica ampliar nuestra visión y comprender el alcance de nuestras intervenciones, que van más allá de la organización, en beneficio de los clientes, los colaboradores, los accionistas, los proveedores, las comunidades y trabajar en la construcción de una identidad que respalde las ofertas y promesas que haremos, apropiarnos de una historia y una tradición que nos antecede y que merece un estudio sistemático, así como la permanente actualización y conocimiento de tendencias y mercados, para poder conjugar lo que existe y lo que podemos crear en este dominio.

El desarrollo como coaches ejecutivos nos invita a descubrir un mundo que se despliega ante nosotros con una complejidad que no podemos ignorar. Es un camino de aprendizaje, lleno de desafíos emocionantes, reflexiones y prácticas que a medida que se repiten se van incorporando de manera tal que, cuando llega el momento de estar con el cliente, podemos elegir las estrategias más oportunas para acompañarlo en el recorrido hacia sus objetivos.

Nuestra experiencia en el ámbito, durante estos veinte años, se fue enriqueciendo de una gran cantidad de pruebas y errores, creatividad, estudio, formación, búsquedas y encuentros.

Cada uno de estos eventos nos fue forjando, y nos impulsaron hacia el desarrollo de un modelo flexible basado en tres pilares fundamentales que llamamos "El triángulo del éxito":

1. **Objetivos y propósito**
2. **Visibilidad**
3. **Fórmula Relación = Resultados**

Los **objetivos y el propósito** son el motivo por el cual nuestros clientes nos llaman y determinan el norte de todas nuestras intervenciones. Sin ellos, no hay motivos para el coaching, porque el primer paso para este es querer lograr algo, y tanto los objetivos como el propósito enmarcan el "para qué" de nuestro trabajo. En ocasiones, nuestros clientes tienen objetivos pero pierden de vista que detrás hay un propósito, y nosotras los conectamos para que tengan una causa significativa.

Además, los objetivos deben volverse **visibles**, trasladarse a un marco que el cliente, su entorno y el coach puedan reconocer, de forma tal que esa declaración se convierta en evidencia concreta de logro. Reconocer que hemos logrado algo nos invita a detectar la presencia o la ausencia del indicador o, mucho más interesante aún, el rastro de progreso que va dejando. Visibilizar es iluminar el camino, identificando pistas que confirmen que vamos por donde elegimos ir.

En este camino, es necesario evaluar si la calidad de las relaciones con las que contamos es suficiente para alcanzar los **resultados** esperados. En todos estos años de experiencia detectamos que cuando un resultado no se logra hay un trasfondo relacional que requiere de atención y cuidado; por lo tanto, nunca diseñamos una intervención sin trazar objetivos visibles y un propósito significativo para las dos partes de esta ecuación **R=R**. Para nosotras es fundamental tener claros esos objetivos y acordarlos con el cliente, porque de esa manera equilibramos el sistema y le damos movimiento: lo que ocurre en una "erre" tiene correlación directa con la otra.

Así es como trabajamos nosotras, y queremos compartirlo con todos ustedes, en detalle, a lo largo de este libro. La idea es ofrecerles recursos que puedan utilizar en sesiones de CE, que prueben y lleven a la acción, experimenten y busquen cuál es la mejor combinación para cada uno de acuerdo a su estilo profesional.

Les proponemos explorar una multiplicidad de perspectivas que les permitan ser más flexibles y que los habilite a generar cambios tanto en su capacidad de acción como en su capacidad de producir resultados. Descubrirán los poderes potenciales que hay en cada uno y que harán de su oferta de trabajo algo original y diferente.

Construidos sobre la base de las prácticas que realizamos con nuestros clientes (que funcionan una y otra vez), estos textos recuperan lo aprehendido en toda nuestra trayectoria como equipo de CE. Si bien los relatos se basan en la experiencia compartida, encontrarán también pasajes escritos en singular que son ejemplos de las prácticas que cada una de nosotras ejerció con distintos clientes.

Nuestro deseo es que tanto los alumnos del curso Estrategias de CE como los lectores de este libro sean capaces de instalar un nuevo entendimiento, en donde el denominador común sea la apertura de posibilidades en diferentes contextos. La propuesta es ambiciosa: queremos formar a los mejores coaches ejecutivos del mundo.

Les damos la bienvenida a una aventura que no solo impactará en su estilo de hacer coaching, sino también en su identidad y en su forma de ver la vida. Esperamos que lo disfruten mucho y que tomen de él lo que más les sirva para seguir haciendo de este mundo un mejor lugar para vivir.

¡Muchas gracias!

Laura Bicondoa y Marcela Fernández

Parte 1

EL COACH EJECUTIVO Y LA ORGANIZACIÓN

1. Qué es y qué no es el coaching ejecutivo

*Hagas lo que hagas, hazlo bien. Hazlo tan bien
que cuando la gente te vea hacerlo, quiera volver
y verte hacerlo de nuevo y querrán traer a otros
y mostrarle lo bien que lo haces.*
WALT DISNEY

El coaching es una disciplina que apunta a liberar el potencial de las personas a través del cambio en el observador, lo que genera acciones y resultados concretos relacionados con el objetivo que el cliente quiere lograr. Su origen se da en el ámbito deportivo, en la relación entre el coach y su equipo; el entrenador no necesariamente tiene las habilidades y destrezas de los deportistas, pero sí puede observarlos en acción y mostrar lo que los jugadores no ven por estar en el campo practicando su deporte. En esta situación, se establecen objetivos específicos, medibles, para lograr el mejor desempeño. El entrenador es capaz de mostrar la coherencia entre el juego interno y el juego externo, y trabaja sobre las brechas para coincidir en el logro del resultado.

Un coach funciona como un observador diferente, que ve lo que no ven quienes están involucrados en la acción. Tiene la capacidad, además, de mostrarlo de tantas formas como sea necesario para que el "cliente" (el que es coacheado) pueda reconocer eso que no ve, y pueda "hacer algo" al respecto, cambiar su manera de observar, cambiar su manera de ser, cambiar sus acciones, cambiar su manera de relacionarse con lo que ocurre y, por ende, cambiar sus resultados.

Sin desconocer que existen diferentes definiciones y miradas sobre el coaching, a los fines de este libro desarrollaremos la aproximación que comparte Alain Cardon, porque incluye varios aspectos clave. Para él, el coaching es una profesión que involucra ciertas habilidades por las cuales te pagan para acompañar el diálogo del cliente, enfocado en los logros y metas que él o ellos desean, mientras él explora su mundo, amplía sus posibilidades y expande su universo.

El primer aspecto refiere a que el coaching ya es una industria en crecimiento que genera miles de millones de dólares y con un gran futuro, porque es el modelo de liderazgo que más buscan las organizaciones. En segundo lugar, "el diálogo del cliente" implica nuestro involucramiento con su diálogo, lo acompañamos como socios en las interpretaciones que hace de su mundo, sus relaciones y sus resultados. La realidad humana funciona a través de las interpretaciones que hacemos de lo que ocurre, si no conseguimos los resultados que queremos, tenemos que cambiar o crear nuevas interpretaciones que nos habiliten nuevas acciones y maneras de ser. Al decir "enfocados en logros y metas que ellos desean", significa que no queremos –ni necesitamos– llevarlos a nuestro mapa, sino más bien conectar con su propósito y su propia agenda. Por último, "mientras explora su mundo, amplía posibilidades y expande su universo" está relacionado con que nuestro objetivo sea conectar a nuestros clientes con sus más altas posibilidades futuras, considerando al sistema entero alrededor de nuestro cliente, buscando aportar valor a todos los actores clave conectados a su labor.

Hay distintas disciplinas y tipos de coaching, y también

distintas aplicaciones o "especialidades" que cubren casi todas las necesidades del mercado. Las formas de hacer coaching y el estilo personal de cada coach se debe tener en cuenta a la hora de elegirlo, los coaches pueden tener formaciones distintas: con una fuerte base psicológica, con formación empresarial, o ser directores de empresas que adquieren habilidades para coachear el sector en el que son expertos. Hay también profesionales con formación científica o universitaria que luego de años de práctica deciden dedicarse a la asesoría y encuentran en el coaching la metodología que mejor se adapta a sus expectativas.

Especialidades y categorías de coaching

En principio, podemos dividir esta disciplina en dos grandes categorías: coaching personal o de vida, y coaching en organizaciones. Dentro del coaching personal, los coaches pueden llamarse de distintas maneras que responden a sus habilidades o público objetivo, entre otros:

- Coach personal.
- Coach de carrera.
- Coach profesional.
- Coach de relaciones.

Es muy importante diferenciar el coaching personal del CE. Si están ganando experiencia en el dominio de las organizaciones y provienen del coaching de vida, estén atentos a no "descarrilarse". En el proceso de aprendizaje de CE, puede suceder que ante una situación incómoda con un cliente, cuando estén hablando de un tema del negocio donde el ejecutivo puede hacer o no una diferencia, si ustedes no están seguros van a recuperar lo que sí saben y derivar la situación al coaching personal: "¿Con tu papá te pasa lo mismo que con tu jefe?". El desafío de ustedes va a ser NO entrar a esa zona de confort, porque el coaching ejecutivo no es coaching personal.

Si bien es posible que para las personas que logran resultados en el negocio, el CE también tenga un impacto en su vida personal –porque trabajamos y observamos patrones de conducta, emocionalidad, estados de ánimo, formas de ser, confianza dentro del contexto organizacional en el que se desenvuelve–, nuestro foco es lo que le pasa en la organización y en su relación con todos los *stakeholders* o actores clave (personas que se relacionan y son impactadas por las acciones y decisiones de la empresa: colaboradores y su entorno y familia, comunidades, accionistas, inversores, clientes, proveedores). Las organizaciones nos pagan para que lo que trabajemos con esta persona tenga un impacto en la organización, que sea visible para todos los involucrados.

Si un ejecutivo está atravesando una situación particular, no podemos desestimarla y decir "volvamos a tus indicadores porque no vendiste nada". Pero sí podemos tomar de su situación temas que se parezcan a la situación laboral, o patrones de conducta que tengan un traslado a otros dominios de la vida y usarlos de manera integral. No queremos que la gente deje sus problemas personales afuera de la organización, sino que coacheamos desde una visión de plenitud, donde las personas acuden al lugar de trabajo con todo lo que son y todo lo que les ocurre.

Experiencia

Un director de ventas de una gran empresa de pinturas se estaba divorciando y no tenía "cabeza" para pensar en los negocios.
—No tengo cabeza para trabajar.
—Bueno, muy bien, cuéntame cuáles son los patrones que observas en tu conducta y en tu forma de relacionarte de los que puedes hacerte responsable y que te llevaron a que te divorcies.

—Bueno… No le dedicaba tiempo, llegaba muy tarde a mi casa, no tenía espacio para mi vida personal, no escuché más…

—Yo no voy a hablar del divorcio, pero sí quiero que observemos los modelos de conducta y las formas de relacionarte, que en tu vida personal tuvieron estos resultados, porque también los puedes tener en tu vida organizacional. ¿Cómo se relaciona lo que te pasó con el mundo organizacional? ¿Escuchas a tus reportes? ¿Les dedicas tiempo? ¿Estás dispuesto a cambiar puntos de vista?

El arte está en lo que ustedes traigan y puedan observar de lo personal. Cuando no tenemos experiencia nos enganchamos con las historias, pero se trata de ir más allá para ver cuáles son los núcleos donde se originan los resultados de la vida personal y del trabajo. Si el cliente insiste en traer temas personales, nosotros tenemos que saber marcar cuáles son los límites del CE. No ignoramos su vida personal, pero estamos para trabajar en cómo poder desarrollar habilidades, competencias, sensibilidades que muevan la aguja del mundo organizacional.

Los coaches somos responsables por las promesas que hacemos y por lo que nos van a pagar: volvamos siempre a eso y que el cliente haga el traslado. Si el cliente trae una emocionalidad, esa emocionalidad la llevamos al trabajo.

Experiencia

En una sesión con la directora general de una institución de salud, ella comentó que le dieron un pésimo diagnóstico médico.

—No puedo ni hablar.

—Entiendo el *shock* en el que estás ahora mismo –mientras se lo digo, le espejeo su corporalidad; se podía percibir en el tono de su voz el nudo en la garganta, la tristeza que le había causado ese tema–. ¿Qué sientes al respecto?

—Me siento enojada y frustrada. Pero a la vez con ganas de ocuparme de salir pronto de esto.

—¿Tienes alguna idea de cómo hacerlo?

—Sí, hasta sé con quién tengo que ir, lo que me preocupa es mi equipo de trabajo y el proyecto.

—Imagínate cómo impactaría esto en tu equipo de trabajo, si con esta emoción y todo, igual demuestras que tu compromiso no se mueve, ¿en quién te convertirías? ¿Qué ejemplo le darías a tu equipo de trabajo? ¿Qué oportunidad es esta situación para ti? No digo que no estés triste y que te pongas un traje de amianto como si no te pasara nada, digo que reconozcas y uses tu emoción, y aun así sigas con tu compromiso, porque en tu vida personal tienes una hija, tienes un marido, tienes tu familia y vas a tener que convivir con ellos también desde esta emoción. ¿Qué opinas al respecto?

En el CE trabajamos en un contexto organizacional para los resultados del negocio y focalizamos en cómo el cliente puede ser un motor para alcanzarlos.

Dentro del coaching en organizaciones podemos encontrar las siguientes categorías o especialidades:

- Coach ejecutivo.
- Coach de negocios.
- Consultor.
- Coach profesional.
- Coach corporativo.
- Coach organizacional.
- Coach de bienestar o felicidad.
- Gerente, director, etc.
- Coach en marketing, ventas, finanzas, etc.

Es importante destacar que a mayor especificidad en el área de experiencia, más fácil es para el cliente comprender y captar en qué se especializa el coach y cómo lo puede acompañar.

Nosotras entendemos que no es necesario que el coach sea experto o tenga conocimiento sobre la actividad que realiza su cliente. Un coach con una excelente habilidad para escuchar puede detectar con facilidad las incoherencias manifestadas por el cliente, entre lo que dice querer obtener y lo que hace o piensa. El "no saber demasiado" le permite al coach hacer preguntas desde la curiosidad, que lo orienten y orienten al cliente hacia los resultados, así como también permiten clarificar los objetivos y las áreas de aprendizaje que explorarán a lo largo del proceso. En la mayoría de los casos no somos expertos en el área de especialidad de nuestro cliente, más bien somos un socio para nuestros clientes en la interpretación del mundo y las formas de expandirlo, y para ello nos apoyamos en el lenguaje entendido como una expresión del ser. El lenguaje oculta e ilumina, y lo utilizamos para hacer una diferencia en el espacio de posibilidades. En ocasiones dominamos la especialidad de nuestro cliente y podemos aportar conocimiento (y serían más bien intervenciones de mentoring o consultoría). Sea cual fuere el *background* del coach, el propósito del CE es el mismo: asistir al cliente para que logre los resultados que se propone.

Diferencias entre el coaching y otras disciplinas

Diferencias entre coaching y mentoring

Si bien en la *Odisea* Ulises encomienda la educación de su hijo Telémaco a un sabio personaje llamado Mentor (el hombre de mayor conocimiento y sensibilidad), recién en la década de 1960 se adopta la práctica de mentoring en el ámbito empresarial, promoviendo que los ejecutivos reciban apoyo de alguien que ocupa un cargo más alto, para desarrollar competencias específicas y de liderazgo, relaciones interpersonales y que se beneficien de la red que les habilite el mentor para ascender con mayor facilidad y rapidez.

Gráfico 1

DIFERENCIACIÓN DEL COACHING DE OTRAS DISCIPLINAS

Hace preguntas

TERAPEUTA
O CONSULTOR

COACHING

FACILITADOR

Cliente
experto

AMIGO

Tú como
experto

MENTOR TRAINER

CONSULTOR

MANAGER

Da respuestas

Adaptado de Stephen Fairley, *Relationship of coaching to other fields.*

En una relación de mentoring, el mentor tiene más experiencia que el cliente sobre la materia en cuestión, y se espera que lo oriente para lograr un mejor desempeño. El mentee o mentoreado depende del mentor para adquirir conocimientos: el mentor habla, aconseja y el mentee escucha, aplica y hace. La función del mentor es guiar a través de un proceso vertical de aprendizaje y desarrollo en el cual él es experto.

En el caso de coaching, ya vimos que el coach no necesariamente debe saber más que el cliente, pero sí debe tener claro cuál es su objetivo y trabajar con él para que logre lo que se propone a partir de su propia experiencia y aprendizaje. Los resultados se obtienen a través de un cambio de observador, de interpretación de su realidad, y las diferentes acciones que tome el cliente que le permitan lograr lo que se propone (porque pensando de la misma manera, producirá los mismos resultados). El cliente establece una relación de independencia en relación con el coach: él es quien elige y habla, el coach escucha. El coach trae la pregunta y el que responde poderosamente es el cliente. El coach muestra y el cliente elige qué rumbo de acción tomar, qué cambio desea emprender; el coach acompaña el proceso de aprendizaje y de logro, y es una relación horizontal, de socios para el logro de objetivos.

El mentoring tiene que ver con el traslado de la experiencia y la pericia sobre un tema particular. Si es un cuadro de reemplazo, por ejemplo, el mentor prepara a la persona que viene a ocupar su puesto. No es coaching, los coaches no decimos cómo, cuándo o dónde: hacemos preguntas y casi no damos respuestas, porque el diseño de lo que es posible lo hace el cliente.

Existe el mentor coach, alguien que ya sabe coachear en determinado dominio y cuenta su experiencia y corrige, moldea, influye a otros coaches que están aprendiendo, pero no a las organizaciones. Es un coach para coaches.

En este ámbito, hay otra pregunta que es bueno aclarar: ¿mentoría es igual a consultoría? No necesariamente. El mentor transfiere aprendizajes de su carrera y de su rol, dice qué se debe aprender; y el consultor brinda soluciones, muestra el modelo, el diagnóstico, no dice cómo sino que muestra lo que se tendría que hacer de acuerdo al proyecto en que están trabajando.

Diferencias entre coaching y consultoría

La diferencia entre el coaching y la consultoría yace en que el consultor es el proveedor de soluciones, dueño de un modelo de intervención, y encargado algunas veces de la implementación y el seguimiento de este. En otras palabras, el consultor dice qué se debe hacer. En el dominio de la consultoría, la empresa busca a alguien que solucione ciertos problemas o realice determinados cambios dentro de la organización. El consultor realiza un diagnóstico y ofrece la manera de resolver los problemas planteados si la empresa accede y lo contrata. El coach no ofrece soluciones, ni impone modelos para implementar.

Una de las quejas más frecuentes de las empresas hacia la consultoría es que cuando se termina su trabajo no saben cómo implementar la propuesta, se quedan sin guía, o simplemente la propuesta sugerida no se adecua al mundo del cliente. De algún modo se establece una relación de dependencia. Por eso, muchas veces, cuando termina la consultoría, las empresas contratan coaches para que las personas puedan desarrollar las habilidades y competencias para alcanzar lo que el consultor indicó. El coaching no parte de los problemas. Es más, una de las premisas del coaching es que quien lo solicita es alguien en plenitud de recursos que busca ir por más.

Diferencias entre coaching y psicología

Al igual que el coaching, hay muchas definiciones de psicología, por tanto aquí solo contextualizaremos algunas ideas para dar luz en los espacios en que coaching y psicología comparten campos de acción y es necesario reconocer los alcances de cada disciplina.

Dado que, tanto en psicología como en coaching existe una gran diversidad de enfoques y métodos, no hay definiciones exactas de sus alcances pues estos siempre estarán ligados al marco conceptual proveniente de la escuela/orientación/modelo estructural desde donde se aborda la práctica.

Si bien la traducción del término psicología es "ciencia del alma", en la actualidad se la reconoce como una disciplina científica que aborda la conducta –humana y no humana– en todos sus aspectos. Como tal adhiere al modelo de las ciencias para validar sus postulaciones (investigación, descripción, análisis, formulación de modelos que explican los fenómenos de estudio y de métodos específicos y validados para su abordaje).

Comprende una diversidad de campos de observación y aplicación que dan origen a varias ramas de especialización, a saber: Psicología Clínica, Psicología del Aprendizaje, Psicología Forense, Psicología del Trabajo, Psicología Social, etc. Y abreva de otras ciencias como la Filosofía, ciencias biológicas, sociales y exactas.

Cada una de ellas da lugar a una especialidad, a un modelo conceptual como marco teórico y a métodos de abordaje de los fenómenos de los que se hace cargo. Lo más conocido para nosotros es el universo de la Psicología Clínica que se ocupa de la descripción, diagnóstico y tratamiento de la salud mental. Es en este ámbito en el que se desarrollan diversos métodos terapéuticos para abordar todo tipo de trastornos conductuales, desde aquellos con síntomas leves y pasajeros hasta los que revisten gravedad para la vida del individuo.

Es importante que a la hora de diferenciar la Psicología del Coaching tengamos presente que no es igual hablar de abordaje psicológico que de terapias psicológicas como una primera clarificación de ámbitos de aplicación.

Desde esta perspectiva por eje, el coaching habla de clientes o cliente, el psicólogo como terapeuta habla de pacientes. El psicólogo escucha desde su marco conceptual un malestar que afecta al individuo y trabaja para paliar o erradicar el malestar con método propio.

El coach escucha también desde su marco conceptual, el cual se enfoca en la formulación de preguntas que ponen el énfasis en el aprendizaje y la transformación del individuo para el logro de objetivos.

El psicólogo se enfoca en la dinámica intrapsíquica a

niveles profundos de identidad, identifica lo que interfiere o condiciona el comportamiento y ayuda a su resolución.

El coach trabaja con la percepción conciente del individuo acerca de quién es, qué necesita y qué desea lograr y conecta a las personas con posibilidades de acción (desde la reflexión) para lograrlo creativamente.

Una de las primeras preguntas que haremos como coaches es: "¿Qué quieres lograr?". Pregunta que para nosotros es también un monitor para diferenciar desde el inicio si lo que el cliente trae como situación a trabajar es pasible de ser abordado en un proceso de coaching o requiere de otro tipo de intervención.

Según Whitmore el coaching consiste en liberar el potencial de una persona para incrementar al máximo su desempeño, en ayudarle a aprender en lugar de enseñarle.

En el campo del coaching ejecutivo, el motivo de solicitud de procesos de coaching suelen ser bastante claros y enmarcados: el cliente requiere trabajar sobre aspectos de su desempeño profesional y alcanzar metas de crecimiento y desarrollo en esa área. Sin embargo hemos de estar atentos a cuál es la preocupación y situación que están a la base del pedido de acompañamiento: Por ejemplo, si una persona dice: "Estoy atravesando un mal momento en mi trabajo, me siento bloqueado o frustrado", un coach puede ser una alternativa. Pero si dice: "Estoy atravesando un mal momento en mi trabajo y volvieron a aparecer trastornos de la ansiedad", un psicólogo sería el indicado. Cuando la persona se encuentre estable, podría eventualmente derivar en un proceso de coaching.

Un proceso de coaching tiene un tiempo limitado de duración, un encuadre de trabajo y su marco ético.

Para que los campos de intervención de nuestra disciplina queden claros en todo momento, una práctica que aprobamos y recomendamos es hacer un acuerdo de coaching en el que el encuadre del método de trabajo, los roles del coach y del cliente, y lo que se puede esperar del proceso aporte visibilidad a la promesa que encierra un proceso de coaching.

La Federación Internacional de Coaching (ICF) define el coaching como una asociación con el cliente en un proceso creativo y estimulante que los inspira a maximizar su potencial personal y profesional, centrándose en la visión, el éxito, el presente y el avance hacia el futuro. La terapia enfatiza la psicopatología, las emociones y el pasado para comprender el presente.

Las federaciones y asociaciones de coaching incluyen dentro de sus códigos de ética, la importancia de reconocer los alcances y límites de nuestra competencia y derivar al cliente a un terapeuta o impulsar a que el cliente busque la ayuda profesional adecuada cuando es necesario.

El coaching toma como punto de partida el presente e impulsa al diseño de un futuro que es el que el cliente quiere. El pasado, desde el punto de vista del coaching ontológico, es una interpretación de su historia que puede servir o no a los fines que se propone. Esta interpretación es realizada por un observador, y existe la posibilidad de cambiar la manera de observar e interpretar, de modo que nos sirva para diseñar el futuro que buscamos, o para soltar el pasado cuando este se convierte en una recurrencia obstaculizante. Dado nuestro marco conceptual, el único momento que tenemos disponible para la acción es el presente y es allí donde el cliente producirá los cambios que lo llevarán al logro de sus expectativas. El coach no busca los "por qué", pregunta más bien "para qué". El "para qué", dispara hacia el futuro y las indagaciones que promovemos son: ¿Cuál es la finalidad de esto? ¿Cuál es el propósito? ¿Te sirve para lo que quieres lograr? El coach impulsa al cliente a crear un paradigma distinto, expandir los marcos de referencia o inventar nuevos, de acuerdo a lo que el cliente quiere obtener.

Experiencia

Una empresa me contrató para un proceso de coaching con el director de manufactura porque tenía varios reportes de violencia verbal con el personal. Las personas renunciaban y la rotación era muy alta. Con esa evidencia sostenían que el hombre era violento para la organización. Durante las sesiones conmigo el cliente era un encanto, un ser maravilloso. En cada sesión, trabajábamos con indicadores como una manera de que el gestiones y se autogestiones en base a observables.

—Si la sesión estuvo tan buena, ¿qué pasa que se te sigue yendo gente? ¿Qué pasa que sigue habiendo denuncias? Yo tenía las denuncias que le hacían, y me di cuenta que había en él una disociación. Entonces preparé una sesión donde le expuse con hechos lo que veía, algunos signos y comportamientos que observé durante sus interacciones y, luego de explorar el tema juntos, le pregunté cómo se sentiría buscando asistencia psicológica, y conversamos acerca de diferentes líneas terapéuticas. Él no estaba muy de acuerdo, porque según él "no estaba loco", pero intenté explicarle y normalizar la situación comentando que muchas personas tomaban terapia para mejorar sus comportamientos, e incluso yo misma tuve en diferentes momentos de mi vida un terapeuta. Me dijo que lo consideraría.

Luego de unos días, lo llamé para saber qué decisión había tomado y me comentó que estaba dispuesto a hacerlo. Entonces acordé con él que hablaría con la organización para sugerir otro tipo de profesional y que concluiríamos nuestro acuerdo de coaching.

Insistimos en que es mucho más serio, que un coach se plante y diga "Hasta acá llegué", a seguir manoteando para ver cómo arreglar una situación que está fuera de nuestro alcance, para cumplir el compromiso que asumimos. La situación puede empeorar cada vez más para la organización, y desde ya para la persona a quien debemos cuidar por encima de todo. Y nosotras estamos comprometidos con eso.

Diferencias entre coaching y capacitación

Capacitar al mismo tiempo que se hace coaching es una tendencia que deriva de las escuelas de formación y del apego al modelo "educativo". Creemos que es preferible separar estos ámbitos, dejando a la capacitación los conceptos y las herramientas que tienen que ver con el saber hacer, y a lo relacionado con el "ser" incluirlo en el dominio del trabajo del coach.

Entendemos la capacitación como un lugar donde el alumno recibe nociones y temas de teoría o práctica, de alguien que sabe del tema y que, además, incluso en la disposición espacial, está en un lugar diferente de quien "aprende".

En el coaching, el cliente declara sus espacios de aprendizaje y busca quien lo acompañe mostrándole lo que observa, pero sabiendo que al final la elección y la decisión están siempre de su lado. No hay disparidad de conocimientos ni diferentes alturas en la relación. El coach no opera como experto en el tema que quiere resolver el cliente, sino que es este quien declara sus propias brechas y es protagonista de sus procesos y sus resultados, diseñando su propio plan de ruta y haciendo los cambios que considere necesarios. La autoridad que se pueda conceder al coach es enteramente en la experiencia del cliente y el modelo relacional acordado entre ambos.

Comunicarse con el cliente en el lenguaje que más le sirva a este es una disposición del coach: por ejemplo, la introducción de nuevos términos y distinciones, si es el caso, será de manera ecológica e integrada a su realidad y necesidades. No es necesario "invadir" al cliente con un vocabulario que puede resultar ajeno, y que distraerá del foco y del propósito del programa. La idea no es que "aprenda" coaching, sino que lo "experimente y lo viva".

Coaching organizacional y coaching ejecutivo

El modelo de coaching se traslada a empresas y organizaciones, de lo que surgen diferentes especialidades tales como el coaching organizacional (CO) o el CE y sus distintas derivaciones.

Las principales diferencias entre CO y CE se detallan en el Cuadro 1.

Cuadro 1. Diferencias entre coaching organizacional y coaching ejecutivo

	Coaching organizacional	Coaching ejecutivo
Enfoque	Proyectos / Planeaciones / Cultura de la organización	Desarrollo del ejecutivo
Participantes	Equipos directivos / Áreas	Individuos
Metodología	Sesiones grupales	Sesiones individuales
Cambio	Cultural	Individual
Logros	Generales	Propios del ejecutivo y su gestión
Impacto	Organizacional / Cultural/ Entorno	Individual/ Organizacional/ Entorno

En ambos casos, cuando nosotras hacemos CO o CE lo que buscamos es traer la voz del futuro que está emergiendo, y la de todos los implicados (*stakeholders*) a los que la persona o el equipo agrega valor. No vamos solo por un puñado de objetivos desconectados del sistema mayor.

El CE se enfoca en el desarrollo del ejecutivo individualmente, trabajando en sesiones uno a uno, y creando una relación personalizada basada en las necesidades del cliente. Por lo general, los temas y necesidades más comunes en este tipo de coaching tienen que ver con:

- Liderazgo.
- Relación con pares, colaboradores y jefes.
- Desarrollo de habilidades de gestión, comunicación y coordinación de acciones.
- Planes o proyectos específicos de los que el ejecutivo es parte.
- Plan de carrera.
- Diseño de futuro personal.
- Destrabar barreras personales.
- Confianza y control.
- Cambios a nivel profesional y personal.

El CO abre el compás de intervención y trabaja enfocándose en:

- Proyectos.
- Reconfiguración organizacional.
- Planificación estratégica.
- Cultura de la organización a nivel de equipos, comités ejecutivos, áreas, cortes verticales o transversales para permear planes.
- Cambios a nivel organizacional o de comunidades o equipos.
- Alineación de estrategias.
- Modelos de gestión.
- Visiones compartidas.
- Programas específicos.
- Implementaciones.
- Diseño y estructuras de cadenas de valor.
- Integración entre áreas, etc.

En el CE los participantes son individuos que trabajan en organizaciones y ocupan distintos niveles o roles dentro de la organización. Esta observación no es menor, dado que en el ambiente empresarial los alcances y la toma de decisiones cambian dependiendo la posición de la persona, y los objetivos del coaching variarán también de acuerdo a esta. La pregunta que nos debemos hacer es cómo crear más valor en todo el ecosistema de la organización.

El CO interviene en el equipo como unidad, observa la organización y la cultura, distinguiendo modos de operar, estilos de relación, reglas explícitas e implícitas. Trabaja en la generación de posibilidades y abre el espacio para que todos participen en la construcción de objetivos y resultados, tomando en cuenta datos de la organización, mediciones que muestren a gran escala lo que está sucediendo y que sirvan de apoyo para demostrar los cambios al finalizar el proceso.

En términos de metodología, la duración de las sesiones individuales de CE varía dependiendo del estilo del coach y las necesidades del cliente, y no es necesario que todas las sesiones se ajusten sí o sí a los tiempos preestablecidos: a veces en 45 minutos se logró el objetivo de la sesión y "rellenar" los 15 minutos restantes para cubrir la hora no aporta nada (y a veces perjudica).

De las sesiones grupales de CO hemos aprendido que en el manejo de grupos, y para optimizar los tiempos, hay que acordar la duración de los encuentros (desde dos horas para reuniones de comités hasta un par de días consecutivos o separados, dependiendo del trabajo) que variará en función de los temas que se aborden. Hay casos en los que el comité directivo decide hacer un *off site* o sesiones fuera del sitio de trabajo para trabajar en la planeación estratégica de ciertos proyectos, o por ejemplo para tomar decisiones en las que se necesita llegar a un acuerdo para bajar una sola línea, definir la visión, misión y valores de la empresa, fortalecer vínculos y muchos otros temas que afectan a la organización o a un área como un todo.

Los logros en el CE son individuales, aunque no dejamos de visualizar el impacto sistémico. El cliente alinea sus resultados con los de la organización y esta vinculación es relevante en ambos sentidos. Primero, porque si la organización es la que contrata los servicios de coaching, lo hace para impulsar en algún sentido los resultados del negocio. Segundo, desde el cliente, porque los objetivos sobre los cuales elige trabajar le muestran dónde está parado en términos de lo que la organización espera de él o ella.

Por este motivo, para que haya transparencia, sugerimos que el cliente comunique a la organización, a través de una conversación con su superior directo o quien corresponda, cuáles serán los objetivos que trabajará en coaching. La retroalimentación de esta sesión es sumamente rica, dado que muestra el punto de partida y abre el espacio para negociar, compartir visiones, exponer necesidades y aclarar expectativas. Justamente por esto, el hecho de firmar un acuerdo de CE documenta y hace visible el propósito del programa para todos los involucrados. Cualquiera de ellos puede recurrir al acuerdo en caso de confusiones o cambios y renegociar, extender o finalizarlo de acuerdo a lo establecido en el contrato. También es recomendable que en esa sesión de alineación entre el colaborador y el jefe esté presente el coach.

Los logros del CO se traducen a gran escala y por lo general se evidencian en indicadores del negocio que son visibles para todos los participantes. Por eso, es imprescindible, al comenzar, definir y acordar qué es lo que quiere lograr y cómo se va a ver en términos de resultados para que la energía y las acciones del equipo se dirijan a eso en particular y no pierdan el foco. La dinámica de equipo da lugar a la dispersión y a abrir demasiados frentes al mismo tiempo a medida que avanzan. Nuestra sugerencia es definir un proyecto y trabajar en él hasta terminarlo y, de ser necesario, después abrir otro más.

Mezclar procesos contribuye a la confusión y, a la larga, produce desgaste.

El impacto del CE es en primer lugar individual, por el cambio de observador y sus consecuencias en la traducción en acciones y resultados. Esto afectará de manera secundaria a sus colaboradores, pares y superiores, incluso a su entorno familiar y comunidades. Siempre indicamos a nuestros clientes que avisen que están tomando coaching, y también les advertimos que las personas que los rodean están acostumbradas a que ellos sean de una manera y que van a poner a prueba el cambio, porque al realizarlo, lo que termina cambiando en realidad es el modelo de relación, y este es el punto en donde el impacto del coaching se expande a los demás.

Para nosotras, el mejor indicador de nuestro trabajo como coaches ejecutivas dentro de las organizaciones es una medición indirecta: nos miden por lo que otros observan que han cambiado nuestros clientes y cómo han impactado en el entorno.

En el CE el impacto se verá en los puntos de la organización que fueron trabajados en el proyecto grupal. Esto puede incluir la cultura de la organización como un todo, el modelo de gestión de un área, cambios en el diseño de la cadena de valor, etc. Cuando los cambios son a gran escala, es recomendable que los involucrados en el programa de coaching lo comuniquen debidamente a quienes se vean afectados, para facilitar la aceptación e implementación y reducir la resistencia que puede generar la incertidumbre en estos casos.

¿Qué es entonces el coaching ejecutivo?

Podemos concluir que CE no es otro tipo de coaching, sino que es el coaching que se realiza en los contextos donde hay ejecutivos: se trata entonces de trasladar todo eso que ustedes aprendieron en su formación como coaches (cuanta más diversidad de recursos, más miradas posibles para ofrecerle al cliente) a un contexto ejecutivo. Una organización es un conjunto de personas que se relacionan para lograr resultados. El núcleo de una organización exitosa o fallida reside en su gente. Tal como dice Margaret Wheatley, en las organizaciones, el poder y la energía se generan a través de las relaciones. Los patrones de relaciones y las capacidades para formarlos son más importantes que las tareas, funciones, roles y posiciones.

A lo largo de más de veinte años estudiando, investigando e impartiendo coaching nos atrevemos a decir que no existe una única procedencia del término, ni del CE, así como tampoco hay una única definición, pero dado que se nutre de varias vertientes, y por todo lo que desarrollamos hasta ahora, proponemos que:

CE es coaching aplicado a una persona que trabaja en una organización, dentro del marco organizacional, para cumplir los resultados que la organización le pide.

El CE es una alianza profesional que ayuda a los ejecutivos y sus equipos a maximizar su potencial profesional y personal, y lograr metas de la organización. Una definición que circula en documentos de la ICF habla del CE como una relación facilitada uno a uno, mutuamente diseñada entre un coach profesional y un colaborador clave que tiene una posición poderosa en la organización.

Como adelantamos en la Introducción, este libro trata de poner a disposición recursos orientados al mundo de las personas en las organizaciones, deseando que ustedes como coaches los lleven a la práctica para alcanzar los resultados que se propongan con sus clientes.

Para nosotras es importante, porque observamos que

uno de los errores más frecuentes es creer que hacemos coaching a un ejecutivo, y que ese ejecutivo está solo, define sus resultados solo y trabaja solo todo su proyecto.

El ejecutivo no es una isla dentro de la organización, vive dentro de un marco provisto por la organización, respetando sus reglas, políticas y tradiciones, lo que está permitido o no allí dentro, los resultados esperados, sus colaboradores (en caso de que tenga gente a su cargo), sus actividades (en el caso que sea alguien que está en la operación), o la estrategia (en el caso que esté a niveles más altos).

Es posible que dentro de la práctica profesional nos encontremos con un emprendedor que trabaja solo, aunque en la mayoría de los casos quien nos contrata es la organización, por ende nosotros trabajamos para alinear los objetivos de esa persona con los objetivos de la organización. No podemos dividir o escindir el mundo organizacional del día a día de esa persona y tampoco de las comunidades o del propósito al que sirve esa organización.

Y por último, otra característica relevante y distintiva del CE de acuerdo a nuestra mirada es que es muy importante que los resultados del cliente estén ligados a los resultados del negocio y a todos los sectores donde sirve o impacta la organización; esto da cuenta de nuestra comprensión del mundo del ejecutivo y de sus relaciones anidadas con la organización, con los clientes, con los proveedores, con los colaboradores, con las comunidades, con los accionistas.

Reglas de la relación en coaching ejecutivo

Las reglas constituyen el marco de referencia de la relación de coaching, pero eso el cliente no lo sabe, solamente lo saben los coaches. No hay reglas generales, ustedes pueden empezar a delinear cuáles son las reglas que a ustedes les funcionan. Recomendamos que cada coach desarrolle este marco de trabajo, dependiendo de su estilo, y cree un contrato para sentar las bases con el cliente, definiendo qué es posible o no para cada persona.

Si no ponen reglas, después no podrán decir : "Esto no vale". Todo debe pautarse en la primera sesión, y si no quieren que sea la primera sesión, pueden tener una sesión de presentación con su cliente, dejando en claro y sentando las bases antes de empezar, utilizando el contrato de coaching. Así, si algo sucede durante las sesiones, tanto el coach como el cliente podrán decir: "Esto lo hablamos y lo acordamos".

Lo principal es definir una forma de trabajo y los compromisos que ambas partes asumen. Es posible enunciar: "Yo coach me comprometo a…" y "Yo cliente me comprometo a…", y hay que tener en cuenta que las reglas deberían incluir las consecuencias que implicarían si se rompen. Esto es importante ya que a veces, en el miedito de empezar, hacemos las reglas pero no decimos qué pasa si se rompen (y aplica tanto al coach como al cliente).

El doctor Fernando Flores hace una distinción entre reglas y normas. Las reglas son acuerdos que definen los límites de la relación, y lo que es posible o no dentro de un juego. Son explícitas, se comunican y se comparten, y en algunos casos hasta pueden leerse. Están sujetas a modificaciones de ser necesario, y también estos cambios son conocidos por los involucrados. Conocer las reglas del juego es nuestra responsabilidad antes de aceptar participar en él.

Un tema muy diferente son las normas, que son reglas tácitas. Estas operan "dando por hecho" que algo es así, son acuerdos en la convivencia que funcionan y tiñen nuestra manera de actuar. No se cuestionan, y cuando eso ocurre, se abre un nuevo espacio de posibilidad que antes no existía. Esto para el CE es importantísimo: muchos de nuestros clientes operan y diseñan futuro y posibilidades en función de normas no cuestionadas.

Las reglas son las condiciones explícitas que ponemos para entrar a determinada relación, contexto, juego, contrato, acuerdo, etc. Las normas, como decíamos antes, son reglas tácitas. Lo que suponemos y damos por hecho que va a pasar, pero no está en ningún lado. No está escrito, no está conversado, no está declarado. Muchas veces, los problemas que se tienen son por las normas que no se han dicho, las normas que no se han expuesto de alguna manera. Entonces, dejemos muy en claro las reglas y pensemos en las normas y volvámoslas reglas de ser necesario. Porque si no, no tendremos derecho a reclamar.

Por otro lado, si no establecemos reglas claras, corremos el riesgo de empezar a relacionarnos más con nuestras expectativas que con lo que realmente está pasando. No tengan miedo de poner reglas y no tengan miedo de preguntar: "¿Qué más supones que va a pasar en esta relación de coaching?". Porque cuanto más claro lo tengan y más visibilidad le den, mayores posibilidades van a tener de conversar si alguna de estas reglas se rompe.

Ejemplos más comunes de reglas en coaching ejecutivo

Roles y compromisos de cada participante. Qué se espera del coach, qué se espera del cliente y de otros participantes (el jefe del cliente, Recursos Humanos, etc.).

Confidencialidad. Qué clase de información se comparte y cuál se mantiene confidencial. Es recomendable instruir a la organización acerca del código de ética para que quien nos interpele comprenda que debemos mantener la confidencialidad de todas las conversaciones con el cliente, y que no se compartirá información personal sin su permiso expreso según lo permita la ley, a excepción de que exista un peligro inminente.

Puntualidad. Definir consecuencias si cualquiera de las partes no la cumple. ¿Se establece un tiempo máximo de tolerancia en caso de llegadas tarde?, ¿qué pasa si se excede ese tiempo?, ¿se descuentan los minutos de tardanza del total de la sesión, o a partir de determinados minutos de demora la sesión se da por tomada y se resta del cupo del participante? Aquí entra en juego la decisión del coach y la coherencia con su palabra.

Duración de la sesión. Establecer un tiempo máximo y mínimo de duración con el fin de que ambas partes sepan qué cantidad de tiempo requieren para coaching y que puedan disponer del tiempo restante. A medida que vamos ganando experiencia, los coaches sabemos cómo utilizamos nuestro tiempo y cuánto es lo óptimo para trabajar y comprometernos a un resultado de cada sesión. Nosotras decimos que la sesión no va a durar menos de 45 minutos ni más de una hora, porque conocemos nuestra forma de trabajar y sabemos lo que podemos alcanzar dentro de ese parámetro. Hay otros coaches que hacen sesiones de media hora, una hora y media o dos; no está ni bien ni mal, son solo preferencias. Tomar en cuenta los tiempos del cliente también es relevante. Si es una persona sumamente ocupada, avisar de antemano la duración de la sesión no es menor. Si la alternativa es negociar los tiempos, el coach debe recordar que está coordinando acciones con el cliente y que la mejor alternativa es aquella en la que ambos estén de acuerdo al cien por ciento.

Modalidad. ¿Cómo vamos a trabajar? ¿Cuáles son las posibles opciones? Presencial, en línea, telefónica. ¿Se pueden alternar las modalidades? Es importante en este punto que ambas partes acuerden y que se sientan cómodas con la elección. También aquí el coach debe proponer modalidades en las cuales se sepa desenvolver. Se trata de hacer y cumplir promesas para generar una identidad profesional que se vea reflejada en nuestro trabajo.

Valor. ¿Cuánto vale la sesión o el proceso? ¿Cuáles son las condiciones de pago? Consecuencias frente a los retrasos en los pagos. También en este apartado solemos informar cómo repondremos la sesión en caso de no asistir por fuerza mayor. Lo mismo ocurre con el cliente, dejando claro con qué anticipación puede reagendar una sesión o bajo qué condiciones pierde el derecho a la sesión, en caso de no presentarse y no avisar con la debida antelación. En CE es posible que esta información referente al valor, aparezca solo en el acuerdo que hacemos con la organización. Sin embargo sugerimos incluir las condiciones en las que se pierde o reagenda una sesión, dentro de las reglas que compartimos con el cliente.

Normas. Nos permitimos regalarles algunas preguntas que tienen que ver con cuáles son las normas que ustedes tienen (con las cuales se manejan y que después, al incumplirse, sienten que se rompió una regla pero se dan cuenta de que nunca lo explicitaron en la relación con el otro). ¿Cuál es la consecuencia de romper esas normas?

En nuestros equipos de trabajo, cuando asumimos que todo el mundo entiende que somos todos profesionales y que vamos a trabajar de tal manera, y que la confianza es el suelo sobre el cual nuestras relaciones crecen, o que nadie va a traicionar a nadie. Que todos nos vamos a respetar, o que todos tenemos una participación del equis por ciento. Pongan eso sobre la mesa. Porque ahí es donde van a empezar a construir otro tipo de relaciones y van a habilitar otro nivel de conversaciones. Con ustedes mismos, con sus equipos, con sus jefes, con sus clientes.

Si van a trabajar en una organización, tienen que explicar lo que significa para ustedes una norma, es decir, cuando estamos en una relación de CE debemos poner eso sobre la mesa y decir: "Yo doy por hecho que…" o "¿Qué das por hecho tú que va a pasar con esta relación?". "Yo daba por hecho que me ibas a pagar sesión por sesión, pero no me estás pagando", "Yo pensé que te tenía que pagar al final del proceso". Hay todo un temor, una incomodidad, "No sé de qué estamos hablando, me siento mal porque no se habló desde el principio".

Si estamos empezando una relación, está buenísimo definir las reglas y sacar a la luz las normas para que los acuerdos sean claros desde el principio.

Relación de coaching ejecutivo

¿Cuál es el compromiso del cliente?

Aprender. A/prender quiere decir soltar. Estamos conversando con alguien que seguramente "sabe" de su trabajo, de su gestión, de su especialidad. Le estamos proponiendo que confíe en nosotros y en nuestra competencia sin que aún tenga evidencia alguna de ello y se guíe solo por su intuición. En este caso, aprender y correr el riesgo irían de la mano. Aprender también tiene que ver con la declaración de ignorancia que crea el espacio para escuchar y dar autoridad a otros.

Entonces, aprender significa que en un proceso de coaching vamos a desafiar y a provocar a los clientes. Les pediremos que hagan cosas que nunca hicieron, que observen situaciones desde un punto de vista desde el que nunca antes habían observado. Aprender implica soltar la sabiduría y entrar a la experiencia emocional y biológica de hacer algo nuevo. A los seres humanos, mayormente a los adultos, nos da vergüenza ser principiantes, no saber, pero debemos amigarnos con ese proceso porque todo el tiempo estamos aprendiendo. Si nosotros nos damos el permiso de aprender, se lo vamos a habilitar automáticamente al otro.

Entrar a una relación de CE implica, muchas veces, soltar un montón de certezas, creencias, interpretaciones, mandatos, supuestos, formas, saberes, etc. ¿Por qué? Porque quien busca un coach quiere lograr algo que no está pudiendo. Si se parte del principio de "Yo ya sé todo, no necesito nada", queda poco espacio para el aprendizaje. Esto suele pasar cuando nos contratan en una organización y el área de recursos humanos nos manda un cliente al que no le informaron que tendría sesiones, no sabe para qué sirven ni cuál es el propósito. El ejecutivo podría decir: "Yo no pedí ningún coach, no sé ni para qué estoy aquí".

El punto de partida en todos los casos es ser claros. La relación de coaching es una relación de socios, una alianza donde trabajamos en estas incertidumbres para abrir posibilidades. Somos socios en el aprendizaje.

Empecemos a observar los estándares con los cuales se mide al cliente. Alguien puede ser experto en llevar las finanzas de una organización, pero ser principiante en trabajar con un equipo que es nuevo. No se conocen, nunca trabajaron juntos y el ejecutivo no sabe qué hacer. Esta sería una clara demostración de que hay diferentes niveles de aprendizaje en distintos dominios de la vida organizacional.

Es importante que los clientes se den permiso para ser aprendices otra vez y que disfruten de aprender, que confíen en que eso no les va a quitar poder, ni estatus ni el puesto. A veces tienen miedo de que si no saben, los van a sacar y van a poner a otro, pero en realidad cuantas más habilidades tengan, mejor se van a adaptar a un mundo de cambio constante.

Una de las competencias que hoy las empresas están buscando es gente que tenga *learnability*, capacidad de aprender, y no les importa tanto el curriculum y el *background*. Parte de nuestro trabajo como coaches es animar al cliente a aprender, compartir con ellos que durante el proceso van a tener momentos en donde se van a frustrar, en donde van a decir "me aburro", "quiero abandonar", "esto es demasiado para mí", "no sé cómo administrar mi tiempo". Todas esas emociones y estados de ánimo acompañan algún estadio del aprendizaje. Si logran sobreponerse a eso, serán más capaces de aprender y mejores aprendices. Y ustedes como coaches confíen en su capacidad de aprender, porque si confían, van a poder entender y empatizar mejor con sus clientes.

Estar dispuesto a llevar a la práctica nuevos conocimientos. Aprender va de la mano con estar dispuestos a llevar a la práctica los nuevos conocimientos, así que el cliente tiene que lanzarse a probar cosas nuevas, si no, ¿cómo va a ampliar su mundo de posibilidades? ¿Cómo va a ampliar lo que cree que puede o no puede hacer? A nosotras lo que nos da la pauta de que nuestros clientes están progresando es que accionen: cuando toman acción, algo en su biología cambia, su cuerpo registra algo distinto, tienen otro estímulo y cuanto más lo practiquen, más caminitos neuronales se van a abrir y más posibilidades estarán disponibles para esa persona.

Nos referimos a traducir en acciones los resultados de las conversaciones sostenidas con el coach, porque solo de esa manera se verá reflejado en la realidad el resultado deseado, haciéndose visible para todos los interesados.

Si no se puede trasladar lo hablado en coaching a una acción, es puro "bla, bla". En esto somos determinantes: dentro de las planillas de coaching que usamos hay una columna de "Tareas". Son cosas para hacer. "¿Qué vas a hacer con esto que te diste cuenta en esta sesión? ¿Dónde se va a aplicar? ¿En qué acción el mundo se va a enterar que cambiaste tu punto de vista o tu enfoque o tu emoción o tu proyecto? ¡Hazlo!" Por ejemplo: "Ve y habla con tu jefe a ver qué pasa y después cuéntame".

La única manera de cambiar es haciendo. No basta con cambiar el chip en la mente. Si el chip no se manifiesta en el cuerpo, en las acciones, nunca va a aparecer traducido en los resultados.

Hablar con transparencia y honestidad. Estamos construyendo las bases de una relación de confianza. No tiene sentido ocultar o evitar temas relacionados con los compromisos asumidos en el acuerdo de coaching. Para nosotras, en cuanto esta premisa se rompe, se ve impactada la relación coach-cliente y hay que revisar nuevamente los términos del acuerdo. Este es un punto en el cual el coach puede declarar terminada la relación.

Que nuestros clientes sean transparentes con nosotros nos permite comprenderlos y cuidarlos si se sienten vulnerables. Ser honestos y transparentes, para nosotras es básico en la conversación de coaching, inclusive si el cliente dice: "No me gusta tu estilo de coaching" o "No me gusta cómo me coacheas, quiero tener otro coach", porque todos tenemos derecho a elegir. Que un cliente tenga opciones, o que nosotros seamos capaces de decirle al cliente: "Mira, yo tengo un estilo que es directo", "Tengo un estilo que tiene humor" o "Tengo un estilo que a veces es un poco imperativo, ¿te gusta ese estilo?". "No, mira, yo prefiero un estilo más amoroso, más tranquilo." "Bueno, entonces yo no voy a ser el tipo de coach que va a favorecer tu proceso de coaching y tu proceso de aprendizaje. Puedes elegir otro." Retirarnos con dignidad, no perder energía en caer bien va a facilitar el proceso de coaching. Y nosotros también elegimos. Si sentimos que no coincidimos con los valores de ese cliente, ni con su ética, podemos retirarnos y recomendarle otro coach sin ningún problema.

Declarar lo que quiere lograr. Esta es básicamente la "razón" del coaching. Es importante recalcar que el cliente es el dueño de sus resultados, responsable de estos, y nadie más que él o ella puede hacer esta declaración. Esto habla de grandeza, de identidad, también nos muestra el tipo de observador que es el cliente y hasta dónde está dispuesto a llegar. La conversación de coaching existe básicamente porque hay alguien que quiere lograr algo, que no sabe cómo hacerlo. Si sabemos qué es lo que quiere lograr el cliente, vamos sobre un norte claro que nos va a servir para navegar.

Declarar lo que no funciona y lo que está faltando. Estas declaraciones van a marcar brechas de trabajo tanto para el coach como para el cliente, y también nos habla de la manera de observar que tiene el ejecutivo y con qué está comprometido. Abre la puerta a la audacia del coach para ir más allá y habilita nuevos espacios de posibilidad.

¿A qué se compromete el coach en esta relación?

1. A comprometerse con los compromisos del cliente. Los coaches trabajamos para los compromisos del cliente, somos socios para sus resultados y funcionamos como un observador externo que interviene ofreciendo miradas y espacios de reflexión. Indagamos a través de preguntas cuya finalidad es que el cliente sea dueño de las respuestas, diseñador y gestor de sus soluciones.

La acción siempre está con el cliente, y los logros son de él. Esto es un límite que tenemos que tener muy claro: la acción está "de su lado de la cancha". Nuestro compromiso es trabajar para que pueda observar, ver lo que no está viendo, para que pueda asumir riesgos que no asumía, para que pueda aprender, para que se dé permisos, para que tenga conversaciones que no tenía.

¿Qué somos capaces de prometer? La relación de CE se basa en un acuerdo donde decimos a qué nos comprometemos a trabajar con el cliente, y el cliente le dice a la organización qué es lo que quiere lograr. ¿Cuál es el límite de nuestra competencia como coaches y cómo nos hacemos cargo de eso? "Yo llego hasta acá. Hasta acá soy bueno. De acá para arriba no, de acá para abajo tampoco." Esto es transparente y sigue el acuerdo de honestidad que le pedimos al otro. Desde nuestra experiencia, les advertimos que no prometan algo que no pueden cumplir, pero tampoco que limiten las posibilidades del cliente a lo que ustedes son capaces de prometer, porque es injusto. Sepan cuál es el límite de su competencia y qué les falta para desarrollarla. ¡Ojo! Cada vez que abrimos la boca estamos creando un mundo y estamos alimentando una identidad. Nosotras creemos que en el mundo del coaching, sobre todo en organizaciones, hay un montón de gente haciendo promesas que no puede cumplir. Y eso nos afecta a todos.

Si bien los resultados los va a lograr el cliente, el coach se puede comprometer a tener un nivel de conversación que impacte en la manera del cliente de relacionarse con su trabajo, en la forma de bajar esos cambios a la acción y cómo esos cambios van a impactar en los resultados finalmente. Los coaches sí nos podemos comprometer a resultados porque sabemos que la manera de trabajar que tenemos tiene el respaldo de que podemos generar un tipo de impacto. Podemos decir: "Yo me comprometo a estos resultados", y chequearlo inclusive a la hora de hacer el acuerdo de coaching.

Por ejemplo, si un cliente les dice que quiere subir las ventas un 50 % en un mes, ¿qué evidencia tiene? ¿Qué historial hay de que las ventas se puedan subir un 50 % en un mes? Hay que ver con el cliente cuán factible es su objetivo en una línea de tiempo, y si no es posible en lo que dura el proceso de coaching, seguro que sí lo será, por ejemplo, un porcentaje menor. Ustedes se van a comprometer al porcentaje que pueda subir durante el proceso de coaching. No tengan miedo de decir: "Mira, en 12 sesiones no creo que las subas al 50 %. Tenemos mucho que hacer y mucho que practicar y yo no me puedo comprometer a este pacto, ¿tú podrías comprometerte a este impacto? ¿O crees que lo podríamos parcializar y que en estas 12 sesiones sí vas a ver un aumento en tus ventas, y si te funciona, lo sigues implementando hasta llegar al 50 %?".

Para grandes objetivos, la recomendación que nosotras hacemos es que parcialicen, que se pregunten qué es lo que se puede lograr de eso en cuatro o cinco meses de coaching (que es más o menos como se podrían repartir las doce sesiones, dependiendo de las acciones que pueda tomar).

Nosotras trabajamos con paquetes de 10 o 12 sesiones que se renuevan en función de los resultados. Solo practicando y observando los resultados de sus procesos ustedes podrán definir en cuántas sesiones son buenos. Nuestra experiencia nos ha demostrado que son raros los casos en donde las organizaciones compran un proyecto de coaching anual, porque da la impresión de que no se termina nunca o el compromiso parece aflojarse.

2. A hacer preguntas. En el CE hay que saber confiar en el proceso del cliente y en su capacidad de hacer conciencia para lograr los objetivos que se propone. Hay veces que por experiencia nos gana la ansiedad de facilitar respuestas y agilizar tiempos. Estas condiciones no traen beneficios a largo plazo, el cliente tiene que crear su propia mirada y confiar en ella para que cuando el coach no esté, esta habilidad haya quedado instalada.

Pregunten, sean curiosos y no tengan vergüenza de hacerlo. Pregunten todo, lo que van a hacer en la primera sesión es integrarse y conocerse un poco más. Por ejemplo: ¿En qué mundo vives? ¿Qué es lo que quieres lograr? ¿Cómo es tu relación con tu entorno? ¿Y con tu equipo? ¿Con tu jefe? ¿Cómo es tu relación con la organización? Entonces, pregunten, pregunten y pregunten, y no tengan miedo de preguntar porque además en la pregunta está todo un mundo que se abre, tanto para el coach como para el cliente.

3. A evolucionar juntos. Como coaches debemos también ser un modelo de aprendizaje continuo, combinando la conciencia de uno mismo, del equipo, de la organización y del ecosistema. No solo coacheamos en la relación uno a uno, sino que estamos impactando más allá de las cuatro paredes de la oficina de nuestro cliente, y el propósito de nuestra intervención es coevolucionar de manera colectiva y global, mirando el compromiso del cliente aplicado a cómo crea valor al interactuar con todas las partes de su sistema y sistemas anidados. No es coherente esperar de nuestros clientes una transformación radical, que tengan el apetito suficiente para asumir riesgos sin precedentes o dar saltos cuánticos si nosotros no estamos dispuestos a hacerlo.

No queremos que piensen en la relación coach-cliente como algo desbalanceado, donde nosotros somos los entrenadores y ellos los alumnos, sino más bien en abrir la posibilidad de una relación que se cocrea mutuamente, donde operamos como compañeros en la conversación.

4. A desafiar. Desafiar la manera del cliente de ver la realidad y sus circunstancias, su manera de relacionarse. Desafiar lo que es posible y lo que no es posible. Desafiar lo que quiere lograr, e ir por más.

Desafiar es poder poner en tono de pregunta lo que el cliente da por hecho y no se da cuenta. En parte, el coach es testigo de todo el mundo –interno y externo– del cliente, cuando él está ciego a un montón de acciones, palabras, silencios y no acciones. Cuando desafiamos traemos todo eso a la luz y les permitimos observarse, tomar conciencia, reflexionar y hacer. Mostrar no es lo mismo que aconsejar: "Te muestro y tú eliges si te sirve o no te sirve, si crees que lo puedes aplicar, escuchar".

Arriesguemos, y que el proceso de coaching sea "sexy", que esté tan bueno para el coach como para el cliente, que queramos llegar a la sesión de coaching con ganas de trabajar. Cuando el coaching se pone aburrido, estático o monótono, no es bueno ni para el coach ni para el cliente. Entonces, "busquemos un objetivo que sea 'sexy' para los dos", diría nuestro gran amigo y colega Dionisio Quinteros. Que esté buenísimo, que se antoje.

5. A escuchar. Los coaches tenemos que saber escuchar lo que se dice, y lo que no se dice también: escuchar el cuerpo, sus gestos, su respiración, su cara, su todo. La escucha tiene que ver con muchos niveles, y desde la Teoría U de Otto Scharmer, podemos distinguir los siguientes:

Hay un primer nivel de escucha que tiene que ver con la descarga de información. Se van a dar cuenta de que en las primeras sesiones el cliente necesita volcar todo lo que le pasa, lo que siente, su percepción de los otros y de la organización, y comparte mucha información. Es lógico, y es lo más normal que puede pasar. La descarga es el primer paso de un proceso, recomendamos escuchar generosamente y no engancharse, solo estamos siendo testigos de cómo nuestro cliente interpreta la realidad.

Después podemos escuchar de otra manera, podemos invitar al cliente a que se escuche a sí mismo. Reflejamos lo que está diciendo con preguntas como "¿Escuchaste lo que dijiste? ¿Podrías repetir eso que dijiste?". Es como dar vuelta la cámara y hacer que se observen. Muchos de nosotros todo el tiempo estamos diciendo lo mismo, hasta que alguien nos lo muestra, y recién ahí nos damos cuenta de qué repetimos y que lo podemos poner en duda.

Otro nivel de la escucha tiene que ver con la empatía. Si como coaches no conectamos emocionalmente con el cliente, tendremos una relación estéril; pero si hacemos *click* con él, por supuesto que habrá un afecto de por medio. Afecto es dejarse afectar, que lo que el otro dice en ese momento forme parte de nuestro mundo, porque estamos los dos allí, en la sesión de CE y en esa conversación. Si no nos dejamos afectar por el cliente, no vamos a poder comprenderlo, ni vamos a entender lo que le pasa, ni poder mirar como mira, y solo de esa manera es posible invitarlo a que mire de otras formas.

¿Cómo hacer para dejarse afectar y lograr esta vulnerabilidad? Lo cierto es que da mucho más trabajo impedir que te afecten. Somos seres humanos, todos conectamos emocionalmente con las personas, y desde el inicio estamos involucrados porque es una relación de coaching y el cliente suele decir: "Esto no me sale", "Esto no puedo", "¿Cómo puedo hacer esto?". ¿Cómo no ser vulnerable con alguien que se muestra vulnerable?

Generen ese espacio, la vulnerabilidad no es debilidad, es reconocer nuestra humanidad, aquello que nos une como seres humanos, nuestras emociones, lo que todos tenemos. Negar las emociones es negar nuestra humanidad.

El último nivel es escuchar desde el futuro que quiere emerger. Escucharemos al cliente decir: "No puedo expresar con palabras, todo esto que me doy cuenta", "Ahora que lo veo de esta manera, comprendo todas las posibles soluciones que no había visto antes", es el nivel de escucha al que accedemos cuando ambos, coach y cliente nos conectamos con las más altas posibilidades futuras; un cambio delicado y profundo tuvo lugar y la persona sale de la conversación con una nueva manera de ser.

6. A abrir posibilidades. Estas posibilidades se abren en conversaciones en las que el cliente empieza a abrir nuevos mundos que antes no estaban disponibles. Los coaches abrimos posibilidades, las mostramos y el cliente elige por sí mismo, pero siempre vamos a estar en un permanente abrir de mundos de posibilidades para nosotros y para nuestros clientes. Y cuando hablamos de posibilidades no hablamos de cosas que seguro van a pasar, sino de temas que van a ocurrir solo si el cliente se compromete a transformarlos en realidad.

7. A cultivar estados de ánimo. Los estados de ánimo nos acompañan todo el tiempo y tienen que ver con nuestra historia: si queremos cambiarlos tenemos que reconocer nuestro pasado, cuáles son los estados de ánimo que habitamos más frecuentemente, y cuáles son los estados de ánimo que queremos habitar. También saber qué juicios o preconceptos tenemos que hacen que estemos una y otra vez en los mismos estados de ánimo.

Los estados de ánimo definen qué es posible o qué no es posible para nosotros. Si estamos resignados, nada va a ser posible, pero esa resignación tiene una historia de la que debemos hacernos cargo y revisarla; y extender esa práctica a nuestro cliente. Si queremos intervenir en el futuro, tenemos que intervenir en el diseño del estado de ánimo que permita declarar las posibilidades en las que queremos habitar.

Queremos que la conversación de coaching invite a un estado de ánimo de asombro, de curiosidad, de ambición, de creación. Hay muchas formas de trabajar, y en la exploración de cada una de ellas, cada coach irá encontrando su estilo. Hay coaches que son buenos para provocar y otros que son buenos para cocrear y diseñar. En la búsqueda del estilo hay que saber ser flexible y poder jugar con varios roles dependiendo de las necesidades del cliente. También hay que estar atentos a no caer siempre en los mismos recursos por falta o por miedo a explorar otros. El trabajo del coach también incluye un trabajo personal, que expanda miradas y herramientas para ofrecer al cliente.

8. A definir expectativas y límites. Hablar de expectativas y límites es primordial en las primeras conversaciones de coaching. Si no aclaramos las expectativas desde un inicio, corremos el riesgo de que cualquiera de las partes las confunda con promesas. Las expectativas constituyen un doble juego, en el cual el otro pasa a un segundo plano y es desplazado por lo que esperamos que haga, piense, sienta o diga. Traer las expectativas a un primer plano de la conversación y al acuerdo con el cliente permite a ambos tener claridad sobre lo que se puede esperar del proceso.

El peor enemigo del momento presente y de la relación con este son las expectativas. Cuando nos relacionamos con nuestras expectativas, dejamos de relacionarnos con lo que está pasando y con el otro, y solo podemos decir "se parece o no se parece a lo que esperaba". Es mejor ayudar al cliente a poner las expectativas sobre la mesa, y que después pueda trasladar esta propuesta a su trabajo, su gente, sus equipos o su jefe.

Es importante definir claramente qué esperar de la relación de coaching para poder aclarar lo que comprende el marco de la relación y lo que queda fuera del mismo. Por ejemplo: si el cliente espera que estén disponibles todo el tiempo y ustedes no lo van a estar, díganselo. Es importante que tengan la tranquilidad de que poner límites es muy útil, porque cuando se crucen esos límites ustedes pueden volver a los acuerdos realizados previamente y, llegado el caso, solicitar una nueva conversación para un nuevo acuerdo.

Los límites tienen que ver con nuestros espacios, nuestros contextos y nuestra dignidad. Anímense a poner límites: habiliten el no para el cliente y para ustedes mismos. Decir que no es tan válido como decir que sí. Si nunca dicen que no, el sí de ustedes no vale nada. Entonces podrán decir: "No, a las diez de la noche no atiendo llamadas", "No atiendo los fines de semana", etc.

9. A declarar acontabilidades (aquello por lo que rinde cuentas) dentro de la relación. ¿Quién hace qué? Definir bien quién hace qué dentro de la relación, por ejemplo: "Yo documento la planilla de sesiones y tú haces las acciones que acordamos de acá a la próxima sesión".

Otro punto importante es separar el coaching de otro modelo relacional, y para eso están los límites de nuestra profesión. No somos confidentes, ni amigos, ni consejeros de los clientes. Esos roles nos mueven del lugar para el cual fuimos contratados, y le quitan seriedad y profesionalismo al contrato.

Una vez más, debemos tener presente cuáles son las promesas que estamos en condiciones de realizar. Ligamos promesas con nuestra identidad profesional y con la identidad del coaching, y asumir responsabilidad por cumplirlas forma parte de nuestro trabajo.

Romper las promesas que hemos hecho a causa de diferentes factores (la emoción de cerrar un contrato, la ilusión de llegar mucho más allá de lo que nos piden, la intención de "agregar más" para que la propuesta sea irresistible), puede acabar siendo nuestra propia debacle profesional. Hay que ser cuidadosos porque no solo afectamos nuestra identidad, sino la de todos los coaches ejecutivos.

***

Cerraremos este capítulo con la metáfora del jardinero y la flor. Un jardinero no puede controlar las fuerzas de la naturaleza, ni acelerar el proceso de germinación y crecimiento de las plantas, o el despertar de las semillas. Pero sí puede abonar la tierra para que esta se nutra y germine mejor. Un jardinero no puede controlar el sol, pero sí el lugar de las plantas de su jardín de acuerdo à las necesidades de luz de cada una. Un jardinero tiene paciencia, comprende que cada flor tiene su tiempo para abrirse en todo su esplendor y se asombra con la belleza única que cada una proyecta. Un jardinero puede podar, prevenir plagas, elegir la ubicación de las plantas en el jardín, y hacer el mejor uso de la ecología del mismo para que todo el sistema se vea beneficiado.

Cada cliente tiene un potencial que se libera durante la relación de coaching y el coach nutre esta relación. Aunque la decisión de crecer está en el cliente, el coach preparará el medio propicio para que esto suceda: dará recursos para robustecer el poder y la identidad del cliente como persona y dentro del sistema en el que se desenvuelve. El coach también poda: muestra incoherencias, emite juicios, desafía y cuestiona las prácticas que se interponen entre el estado actual del cliente y el lugar adonde quiere llegar. E integra nuevas prácticas en el sistema del cliente, cuidando que esa integración no sacrifique nada de lo que se quiere conservar de su ecología.

Al final del proceso, es como ver crecer una flor. Poder admirar y apreciar su belleza nos pone en contacto con nuestra propia belleza y vulnerabilidad. Nos hace humanos. Nos une.

2. ¿Quién necesita un coach?

Creo que es posible que la gente normal elija
ser extraordinaria.
ELON MUSK

La contratación de un coach por parte de organizaciones para trabajar con sus ejecutivos tiene distintos matices y necesidades. Aquí abordaremos estos temas y comentaremos las razones de contratación y los perfiles y dolores de los ejecutivos y los equipos más frecuentes.

En general, son las empresas las que contratan a un coach ejecutivo, es decir, hay un patrocinador dentro de la organización que paga este servicio para los colaboradores que tienen autoridad y responsabilidad, y buscan lograr metas personales, profesionales y organizacionales. Nosotros, utilizando una amplia variedad de técnicas, métodos y sensibilidades, y a través de un acuerdo de coaching formalmente definido, ayudamos al cliente a tomar conciencia –como motor de cambio– para que mejore su desempeño profesional y satisfacción personal y, en consecuencia, impacte en la efectividad de la organización.

Algunos factores que distinguen al CE son:

- Enfoque holístico y personalizado.
- Conocimiento del comportamiento humano integrado con las prioridades estratégicas de la organización para maximizar los resultados.
- Participación activa de los ejecutivos.
- Relaciones de colaboración entre el coach, el ejecutivo o colaborador, su jefe, el patrocinador de la empresa (área de donde salen los recursos para pagar el servicio), recursos humanos.

Los seres humanos siempre estamos conectados con las posibilidades, nos sale de manera natural, en cualquier actividad que emprendemos, desde que nos levantamos hasta que nos acostamos. Nuestra resistencia al cambio convive con nuestra capacidad de innovar: esa tensión está presente en cómo tomar un atajo si el tráfico se complica hasta en cómo mejorar nuestra calidad de vida, por eso el CE aparece tan embebido como una práctica organizacional de alto impacto, ya que empata directamente con una aspiración compartida: perseguir posibilidades como agentes de cambio.

Si bien hay estudios que documentan el valor del CE, nosotras consideramos que no alcanza con circunscribirlo al retorno de la inversión (ROI), porque pueden resultar métricas vanidosas y su cálculo es cuestionable. Acordamos que el CE impacta en el ROI y que debemos encontrar formas de medirlo y hacerlo visible para el cliente, pero también existen otros indicadores que demuestran que el coaching es una opción que impacta positivamente en las organizaciones.

Si los atletas de élite y las organizaciones piensan que necesitan coaches, ¿por qué tú no? ¿No será que todos necesitamos uno alguna vez?

Mientras escribimos este libro, vivimos desde marzo 2020 uno de los movimientos de cambio social más grande de la historia. La pandemia del COVID 19 nos puso a navegar en aguas inciertas, piensen nada más como era su vida en 2019 y compárenla con la de 2020: estamos físicamente aislados y tecnológicamente hiperconectados, líderes y colaboradores forzados a experimentar el trabajo desde casa, cuando casi no existen regulaciones legales, y sin duda saliendo de la zona de confort para mantener las fuentes de trabajo y la estabilidad laboral. Ante la crisis sanitaria y económica, las empresas comienzan a reducir varias de las "ces" (capacitación, café, copias, coaching). Sin embargo, notamos que las empresas que apostaron a conservar el coaching generaron bienestar, ayudando a sus colaboradores a cumplir con las nuevas demandas laborales, empatizando y reconociendo las emociones complejas para superar el miedo, la negación y los bloqueos de aprendizaje que los sacan del estancamiento. Nos ha tocado en este período acompañar a los ejecutivos ayudándolos a estar conectados, a dominar un nuevo ambiente de trabajo, a incluir a su familia como parte integral de su espacio laboral, a abordar la ansiedad y también a fortalecer las relaciones para estar presentes aún estando físicamente ausentes, para poder interactuar productivamente con sus equipos.

Algunos beneficios del coaching ejecutivo

City & Guilds Group encuestó a más de mil profesionales del Reino Unido, y la encuesta arrojó que el coaching:

- Es útil para adoptar nuevas tecnologías y formas de trabajar.
- Es una parte integral de la productividad y el desempeño.
- Es útil cuando se atraviesan períodos de cambio organizacional.
- Juega un papel fundamental en el impulso de la productividad a medida que las personas cambian de roles o adoptan cambio de carreras.

En nuestra experiencia, hemos visto que el coaching impulsa la diversidad e inclusión laboral en entornos donde coexisten –cada vez más– diferencias culturales, étnicas, de idioma, generacionales o de preferencias sexuales, mejorando el trabajo en equipo, la diversidad de pensamiento y las relaciones.

Está comprobado que la diversidad y la inclusión hacen que las empresas sean más resilientes y resistentes. El reporte "State of the Global Workplace", Gallup, 2017, arrojó que los equipos más diversos son más innovadores, generan mejores resultados, son 17 % más productivos, 21 % más rentables, tienen un 20 % más de ventas y superan por mucho las métricas de satisfacción al cliente. Las empresas donde la diversidad de talento y la inclusión de múltiples perspectivas son bienvenidas emergerán más fuertes de esta crisis.

No deberíamos quedarnos fuera de los capítulos de inclusión y diversidad si perseguimos las dos máximas de nuestro enfoque de CE: Relaciones y Resultados. Es decir, buscamos en cada intervención generar bienestar y rentabilidad:

- Mejorando las comunicaciones.
- Aumentando el compromiso y la lealtad.
- Reduciendo el conflicto.
- Disminuyendo los niveles de estrés y tensión dentro de las empresas.
- Logrando resultados sin precedentes.

Perfiles en la organización

En nuestros comienzos como coaches, nos preparábamos de la mejor forma que podíamos: armábamos una oferta de servicios que tenía cuarenta páginas de información (hoy sabemos que a nadie le interesa leer eso, nuestra actual presentación tiene dos páginas) y en las reuniones hablábamos sin parar, contando todo lo que podíamos hacer. Y si bien hicimos buenas relaciones que nos posibilitaron conocer a otros clientes, perdimos mucho tiempo hablando sin hacer las preguntas correctas. Nos llevó años pulir los ofrecimientos de CE, pero el camino nos ayudó a comprender a las organizaciones y a su mundo, nos enseñó a escuchar más que a hablar.

Como coaches ejecutivos podemos elegir especializarnos en alguno de los niveles organizacionales o en ciertos perfiles, pero en nuestro caso, en estos veinte años tuvimos la oportunidad de trabajar y colaborar de manera variada con todos. Ahora, mirando con perspectiva y entrenando coaches ejecutivos, sabemos que no fue casualidad, sino un proceso donde pulimos nuestra mirada e incluso aprendimos vocabulario organizacional, a movernos y a navegar en el poder de las organizaciones y, sobre todo, a entender sus dolores y simplificar el proceso complejo –el enredo semántico de los líderes que escuchábamos– y plasmarlo en propuestas que se hacían cargo de sus necesidades y expectativas. Por todo esto, creemos que nuestro camino les puede ayudar a acelerar el proceso de construcción de su oferta de valor y elegir en dónde les gustaría participar.

Cada uno de los perfiles organizacionales vive en un mundo diferente, con sus propias inquietudes y preocupaciones, y además se distinguen por su tipo de conversación. Por lo general, se espera que la alta dirección o gerencia se oriente más a la estrategia, a proveer de una misión y visión cargadas de significados poderosos al resto de la organización; y a medida que descendemos, la gestión se vuelva más operativa, traducida en funciones y actividades que se pueden desmembrar en operaciones o pasos.

La estructura piramidal y jerárquica típica de las empresas está comenzando a mutar, es un paradigma en comienzos de extinción, ya que nace de la concepción de organizaciones como máquinas. En la época en que la Revolución Industrial tuvo su pleno auge, con Taylor y Fayol haciendo numerosos cálculos, descuartizando las operaciones en pequeños pasos, contando minutos y segundos para estandarizar y lograr la máxima eficiencia posible, se olvidaron de un factor clave en esta historia: las personas, con sus hábitos, creencias y emociones.

Las organizaciones que tienen una cultura centrada en las personas y cuentan con una red de equipos anidados entre sí, que aprenden y toman decisiones rápido, apoyados por la tecnología y un propósito evolutivo que cocrea valor para todas las partes interesadas son las más exitosas. Sin embargo, nos toca ver en la mayoría de las organizaciones para las que trabajamos, que ese tipo de dinámicas ocupa solo algunas áreas de la empresa.

Normalmente la organización y la estructura se orquestaban desde un paradigma mecanicista que perseguía, a través del binomio de entradas y salidas de operaciones, la calidad y el control de los proyectos a través de management y gestión.

Comencemos de abajo para arriba. En el nivel operativo, las personas son gerentes de sí mismas: reciben por parte de los mandos más altos una serie de instrucciones detalladas, se organizan por especialidades formando silos o compartimientos estancos. Podríamos dedicar capítulos enteros a hablar de los silos, ya que esa es una de las razones por las que más fuimos contratadas los últimos veinte años: "Trabajamos en silos, nos cuesta colaborar y mirar todos hacia un objetivo común", ya lo habían escuchado antes, ¿verdad?

Ejemplo

Pensemos en la historia apócrifa de una fábrica de lentes de sol en Rusia. Ellos produjeron cientos de miles de lentes de sol. Todos cumplían con los estándares y criterios de calidad; sin embargo había uno crucial que olvidaron: los lentes eran tan oscuros que los clientes no podían ver a través de ellos. Cada fracción dentro de la organización podía decir "Yo hice mi parte" o también "Ese no es mi problema". Al estar tan metidos en su parte del proceso, se olvidaron de lo más importante: quién iba a usar ese producto.

En segundo lugar nos encontramos con la gerencia media –también hemos escuchado a organizaciones que los llaman "gerentes de otros". Preocupados por hacer cumplir las reglas, muchas veces generan procesos burocráticos innecesarios; son los encargados de que los operativos lleven a cabo los encargos, y en ocasiones se olvidan de procurar que el que opera comprenda, ejecute, colabore, aporte y cree valor. Muy metidos en el mundo de los papeles, muchas veces sienten que lo que hacen no aporta demasiado valor y sin embargo no pueden dejar de hacerlo, excusando y refrendando su quehacer en frases como "aquí las cosas son así" o "hay que cambiar a los jefes".

La alta gerencia, o "gerentes de gerentes", se encarga de bajar la estrategia que en ocasiones quiere imprimir la dirección –si es que está clara–, aunque muchas veces hacen lo que pueden para avanzar, de manera reactiva, intentando hacer que otros saquen adelante la operación. Es una jerarquía que se organiza verticalmente, donde las instrucciones van de arriba hacia abajo, pensando incrédulamente que lo que ellos bajan es lo mismo que los gerentes y operativos interpretan. Así, caen en la ilusión de que esta estructura opera como una verdadera máquina, bajan instrucciones que están articuladas en el nivel de conversación que ellos tienen, y se olvidan de que la operación necesita otro tipo de detalles. Por ejemplo, si un operario tiene por función poner tapitas a las botellas, escucha que la alta dirección –sin darse cuenta de que las consignas deben ser expresadas en los términos del mundo de quien las recibe– baja este tipo de instrucciones: "Tenemos que tener el 95 % de eficiencia", ¿no sería mejor, tal vez, decirle que de

100 botellas que tapan, necesitan que 95 botellas estén listas para salir al mercado y solo cinco pueden ser rechazadas por tener la tapa mal puesta? Este es un ejemplo nada más, porque sostenemos que hoy día, una empresa que tiene el 95 % de eficiencia es muy ineficiente. Cada día que pasa, la tecnología, la velocidad y los clientes, cada vez más preparados, exigen productos mejores y más baratos.

Ejemplo

Joel es un buen gerente, empezó siendo coordinador en una de las plantas y no solo fue demostrando su valor y creciendo en la organización, sino que se preocupó por cultivar sus habilidades, tomó algunos cursos, terminó su maestría y la empresa le pagó un importante curso de perfeccionamiento de habilidades directivas donde se encontró con compañeros que pasaban por la misma situación: "¿Cómo puedo confiar más en mis colaboradores y hacer que mis jefes y los altos directores confíen y me den chance para que mi gente se equivoque para aprender? No puedo permitirme fallar, entonces prefiero hacerlo yo. ¿Cómo le digo que no al jefe de mi jefe? Eso no me corresponde, pero como siempre intento dar lo mejor de mí, se le hace fácil pedírmelo. No sé cómo negarme, pero si hago lo que me piden, entonces dejo de hacer mi trabajo, y si a eso le sumo que termino haciendo parte del trabajo que deben hacer mis reportes, ya casi no me queda tiempo para lo importante".

Finalmente, llegamos a la Dirección: hemos escuchado muchas veces a los altos ejecutivos hablar de "La soledad de este sillón". Si de acuerdo a la ONU, las micro, pequeñas y medianas empresas (Pyme) son la espina dorsal de la economía, las mayores empleadoras del mundo, representan más del 90 % del total de las empresas, y son responsables del 50 % del Producto Interno Bruto (PIB) a nivel mundial, afirmamos que endémicamente la mayoría de los que ocupan cargos directivos no nacieron siendo directores, sino que escalaron y llegaron a donde llegaron aprendiendo a operar. Uno de los problemas recurrentes por los cuales nos contratan es porque a los directores y la alta gerencia les cuesta delegar de manera efectiva, les cuesta confiar, es decir, les cuesta sacar las manos de la operación.

A medida que escalamos en esta estructura, el liderazgo se vuelve más conversacional y menos operativo, se deja de hacer con las manos y empezamos a hacer con las palabras. A muchos de nuestros clientes les cuesta aceptar que cuando emiten su voz, dan una directiva o hacen una declaración, están creando realidad y produciendo más valor que si lo hicieran todo por ellos mismos.

Cuando escuchamos "No tengo tiempo" en mandos medios y directivos, les hacemos esta cuenta, y francamente se quedan helados cuando descubren el resultado. Háganla con nosotras y sigan estas preguntas.

- ¿Cuánto tiempo en porcentaje te dedicas a hacer el trabajo que debería estar haciendo tu gente?
- ¿Qué porcentaje de tu tiempo le dedicas a hacer el trabajo que deberían hacer los reportes directos de tus reportes?
- ¿Cuánto tiempo del total de tu tiempo te dedicas a hacer otras actividades que deberían hacer tus pares o tus jefes?
- ¿Cuánto tiempo entonces le dedicas a tu rol?

Esta cuenta la usamos muy seguido para crear conciencia del rol, y los clientes abren sus ojos como el dos de oro, ¡no pueden creerlo!, y les cuesta mucho cambiar ese paradigma y empezar a hacer con las palabras, a dar seguimiento, a generar acuerdos y a gestionar promesas contagiando una visión inspiradora, que impulse a los distintos equipos a ponerla en marcha y en acción.

Tomando en cuenta todo esto podemos inferir que las necesidades varían. Ahora agreguemos una variable muy importante: en el ámbito organizacional el *networking* o redes informales florecen de manera espontánea. Está en nuestra naturaleza humana buscar grupos de pertenencia, donde podemos compartir áreas de interés, ideas e incluso trabajo. Estas redes formadas por grupos de pares, comunidades, comités no tienen título, pero sí tienen poder, y se logran organizar a través de comunicación telefónica, celular, mails, plataformas virtuales de comunicación como la Intranet, movilizando el talento, el conocimiento y la información.

McKinsey, en la publicación *"Harnessing the power of informal employee network"* (2007) concluyó, luego de analizar las redes informales que se gestan vía mail, que si las empresas solo pusieran en marcha las conversaciones de acuerdo a la estructura de su organigrama, no serían capaces de llevar a cabo el trabajo de su día a día. Las personas crean valor a partir de las ideas, intangibles y conversaciones que mantienen entre sí. Es una lástima que los líderes no tengan un mapa claro de esas estructuras y se enfoquen solo en lo que muestran los organigramas. Aprovechar el poder de las redes informales, que muchas veces logran evadir el radar del management y eludir el control, permiten navegar en la complejidad de la organización y tener un mapa más certero de las conversaciones de valor.

Ejemplo

Si observamos el Gráfico 2, la posición identificada con el ESPECIALISTA parecería ser tan solo una pieza más en la parte inferior del organigrama. Sin embargo, si hacemos un mapa social y relacional, resulta ser un nodo clave, con varias conexiones; incluso el presidente de la corporación tiene contacto con él y con otro colaborador.

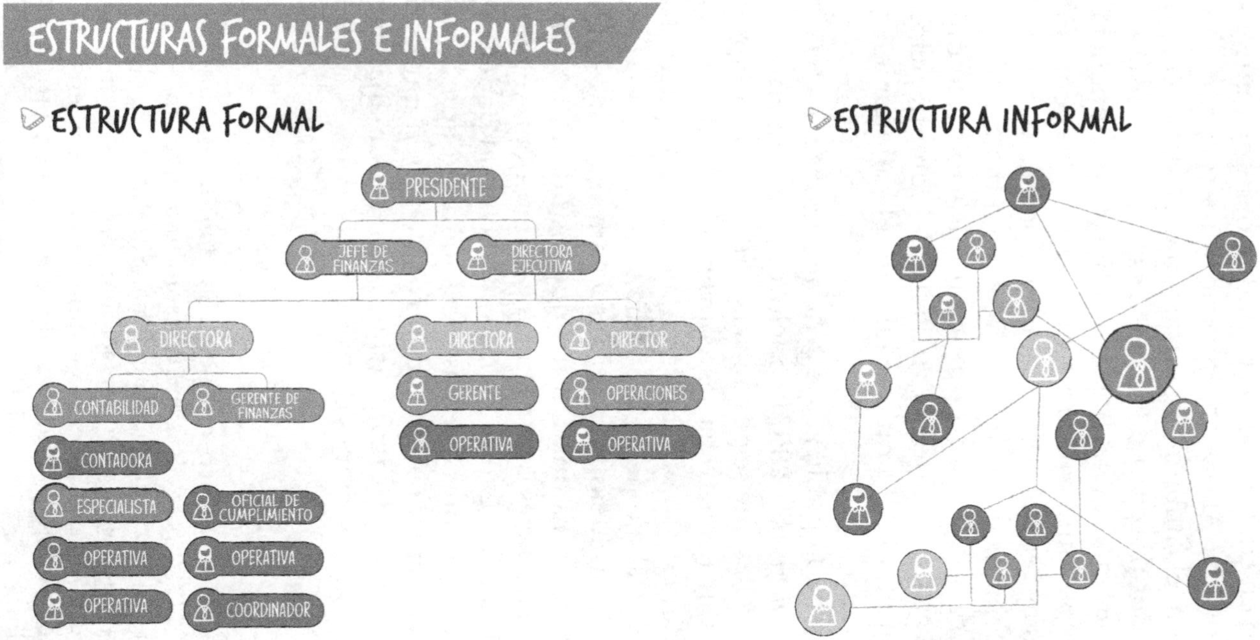

Gráfico 2. Redes formales e informales.

Adaptado de Cross R. L. y Parker, A. *The Hidden Power of Social Networks*.

Como estas redes operan de manera más rápida, se ahorran estructuras de coordinación y costos, pero también generan ineficiencias y errores. Cultivar las redes y aprender a aprovecharlas es un gran recurso que ayuda a nuestros clientes a mejorar su gestión. La calidad de las relaciones es directamente proporcional a la calidad de los resultados, por lo tanto gestionar relaciones estratégicas y operativas es clave.

De organizaciones como máquinas a organizaciones como organismos

El verdadero organigrama de cualquier empresa es una telaraña entramada de relaciones informales, y aunque insistamos en forzar las estructuras piramidales, el flujo de trabajo natural se muestra distorsionado. En respuesta a este modelo, que no encaja con el mundo VICAH (Volátil, Incierto, Complejo, Ambiguo e Hiperconectado), se crean otras estructuras que buscan mayor dinamismo y flexibilidad. Las compañías necesitan mayor infraestructura para dar soporte a las redes formales, remover cuellos de botella y aprovechar el talento. Por eso, más que intentar armar un modelo basado en la pirámide y buscar que la información ahora venga de abajo hacia arriba para agilizar las cadenas jerárquicas de comando y control, se están creando modelos alternativos que favorecen el intercambio de conocimiento y aceleran los ritmos de colaboración y de información, y por ende, de resultados.

Aunque hay una lucha entre quienes siguen buscando atesorar sus posiciones y trincheras y los modelos colaborativos que son más holocráticos, cada día más empresas buscan acelerar su ejecución y lograr que el cliente se sienta satisfecho. A veces no hacen un cambio radical, pero sí crean oficinas y espacios más orgánicos aislados de la cultura mecanicista de los equipos tradicionales, como una Dirección de Tecnología, una Fábrica de Ideas o de Innovación o un Departamento de Atención al Cliente.

En las organizaciones como organismos las personas colaboran de forma rápida y efectiva, las líneas y cajas son menos importantes, y se pone foco en la acción y la entrega de valor. Se busca tener agilidad para satisfacer al cliente, con líderes orientados a dar servicios que brinden dirección y libertad, y que operen como un catalizador, establezcan un sistema transparente para todos, con pocas reglas pero mucha alineación, de modo que cada quien aporte lo mejor de sí mismo.

Las organizaciones que se conforman como células o escuadrones logran que sus empleados se expongan a cierta cantidad de libertad e incertidumbre y a estresores propios de la realidad y de las demandas del cliente, para ayudarlos a que crezcan y se vuelvan más flexibles, para que entreguen la mayor cantidad de valor en el menor tiempo posible. Esta cultura centrada en la persona opera en ciclos rápidos de aprendizaje y decisión (*sprints*), habilitados por la tecnología, la cercanía y la transparencia, guiados por un fuerte propósito compartido.

Somos una sociedad cada vez más orientada al conocimiento y la información, y para los millennials –que son mayoría en la población de las organizaciones– trabajar en un entorno mecanicista es obsoleto. Quienes crearon este tipo de modelo buscan divertirse más, ser líderes que sirvan, ser más que un jefe, donde los clientes se vuelven la fuerza central y están activamente comprometidos con el desarrollo de productos y servicios dentro de su reto.

Cuando nuestros clientes ejecutan los planes y proyectos construidos en el contexto del coaching, se enfrentan a su traducción en la realidad. En ese momento la sociedad del coach y el cliente debe estar alerta a las fuerzas que impulsan y detienen las iniciativas, y por eso consideramos importante compartir con ustedes otras formas de organización y coordinación de acciones, para abrir la curiosidad a las tendencias que están generando impacto.

La agilidad se está volviendo una alta prioridad estratégica para varios managers con los que trabajamos. Cada vez más, las compañías están transformando las actividades en varias partes de la organización –desde la innovación y la experiencia del cliente hasta las operaciones y la estrategia–, para volverse más ágiles, persiguiendo una mayor capacidad de respuesta.

Mentalidad agile es una forma de pensar, un marco de trabajo, prácticas, organización, metodología y filosofía a la vez, por eso no la queremos circunscribir a una nueva metodología de management. Se trata de la capacidad de reconfigurar rápidamente la estrategia, la estructura, los procesos, las personas y la tecnología para crear oportunidades de valor y protección de valor.

La agilidad requiere estabilidad y dinamismo a la vez. La estabilidad es dada por una plataforma de aspectos que no cambian, es la columna vertebral que se convierte en un punto de anclaje mientras que otras cosas mutan constantemente, cultivando la confiabilidad y la eficiencia. Las prácticas dinámicas, en cambio, permiten a las empresas reconfigurarse y responder de manera ágil y rápida a los nuevos desafíos y oportunidades.

Las organizaciones y los líderes que comprenden este tipo de entramado e instalan ceremonias y prácticas ajustando el modelo de coordinación de acciones a un modelo menos mecanicista y más *agile*, logran:

- Aumentar su habilidad para manejar cambios de prioridades.
- Dar visibilidad de los proyectos.
- Dar alineación entre TI (Tecnología) y Negocio.
- Mejorar la moral del equipo.

- Aumentar la velocidad de sacar productos al mercado.
- Incrementar la productividad del equipo.
- Disminuir el riesgo.

Cada decisión que se toma en la sede central le quita responsa-bilidad a la gente de otras partes de la organización y reduce el número de personas que sienten que están haciendo una contribución real a la organización.

DENNIS BAKKE

Puntos de dolor. Aprender a mirar anomalías y vacíos

Observar qué le duele a nuestro cliente nos ha resultado muy productivo porque a ellos les abre espacios de acción e interacción. La pregunta: "¿Dónde te duele la empresa en la que trabajas?" evidencia dolores que también se pueden mirar como anomalías, y si se quieren resolver, una forma de hacerlo es mirar las recurrencias de esas anomalías y cambiarlas, intervenir en lo que se repite y no produce los resultados deseados.

Podemos conocer cuáles son los dolores más frecuentes en cada nivel de la organización. Por ejemplo, a los directores generales les duele que no se cumplan las expectativas de los inversionistas, la rentabilidad, que disminuya el valor de las acciones; o en el caso de pequeñas empresas, el valor de su patrimonio o de su posicionamiento. También podemos trasladar este tema a las escalas de los diferentes mundos de las organizaciones, las Pymes o empresas familiares: "Si no respondemos a la dinámica de la industria, nos quedamos fuera".

Dependiendo del mando y el tipo de organización, escuchamos diferentes dolores. Nuestro secreto está en poder traducir esas anomalías en una oportunidad para generar valor.

Cuadro 2. Dolores, inquietudes y preocupaciones recurrentes

Rol	Preocupaciones e inquietudes
Director general	- Rentabilidad. - Impulsar el cambio cultural de acuerdo a las macrotendencias. - No lograr cumplir con las expectativas de los inversionistas. - No cumplir con las expectativas de otros actores clave (*stakeholders*). - Reducción del valor de la empresa. - Incapacidad para responder a la dinámica del mercado. - Innovar y detectar nuevas oportunidades. - Demasiadas elecciones tecnológicas. - Falta de visión de los líderes.
Gerencia alta	- Compromiso en las utilidades o rentabilidad. - Presión por entregar resultados rápidos. - No lograr cumplir con la estrategia. - No se cumplen los objetivos de crecimiento y desarrollo. - Rotación. - Falta de diversidad de perspectivas. - Falta de agilidad de cambio. - Falta de talento adecuado. - Fortalecer el liderazgo. - Falta de compromiso.
Gerencia media	- Implementar planes y objetivos. - Bajar planes estratégicos. - Temor a equivocarse. - Entregar resultados y eficiencia. - Desarrollo individual. - Lograr que los equipos implementen los planes. - Desarrollo de equipos. - Rotación. - *Change management*. - Mejores prácticas de cambio.
Mandos operativos	- Lograr resultados. - Encajar en el puesto. - Comprender su rol. - Desarrollo individual y crecer en la organización. - Temor a equivocarse.

Por ejemplo, a veces, en empresas no muy grandes, piden a los directivos compromiso en las utilidades, pero la dirección general o los dueños no comparten la información de los números de la empresa. Por lo tanto, piden números a quienes no pueden comprometerse porque desconocen esa información que de alguna manera está blindada u oculta. Es en este tipo de espacios que, como coaches, escuchamos anomalías.

¿Cuál es nuestra capacidad de acción aquí? Poder traducir esos dolores en una oportunidad de generar valor.

Experiencia

Carmen es la mano derecha del presidente de una Pyme no tan Pyme, y como CFO tiene a su cargo la dirección financiera de la empresa. Ella tiene en sus objetivos un compromiso con respecto a la rentabilidad. Sin embargo, nos comentaba que la dirección general no compartía con ella la información completa acerca de los números de la empresa. En ocasiones el director general manejaba algunas operaciones por su cuenta y solo le informaba el valor de la operación para que la agregara a una cuenta del balance comercial o, a veces, si ella tomaba una decisión con respecto a no permitir que cierta unidad tome horas extras, ya que debían pagarlas un 50 % más y este valor impactaba no solo en el mes sino en la prima vacacional y el aguinaldo, entonces el director de planta, convencía al dueño y simplemente se autorizaba. Ella lo notaba diez días después del cierre del mes, y ya no había mucho para hacer. Esas anomalías manifestaban que no había solo un problema de rentabilidad. Es evidente que en el trasfondo había un problema de relación y de confianza. Carmen comienza a dudar de sí misma, no parece ser la misma, ya no opina en las juntas de dirección como lo hacía antes. Ella antes de proponer una idea piensa para sí misma; ¿será esto lo que quiere escuchar mi jefe? Su jefe, que ni cuenta se dio acerca de la forma en la que Carmen era desautorizada por él frente a otros compañeros, lo atribuyó a un problema de motivación y falta de compromiso. Esos son los aspectos en lo que podemos intervenir, como observadores externos, comprendiendo una dinámica que va más allá de lo que se ve. Estas anomalías en las relaciones y forma de coordinar acciones están presentes en las dinámicas interpersonales.

La invitación que les queremos hacer a ustedes es que empiecen a observar cómo hacemos para atender las anomalías desde la oferta de valor del coaching.

¿Para qué buscan coaching?

La cuestión que más surge en la contratación de compromisos de coaching refiere a que las empresas necesitan líderes con inteligencia emocional bien desarrollada para guiar e influenciar a los equipos a través de la ambigüedad. El nivel de turbulencia en el entorno laboral exige que los líderes entiendan a sus equipos: su nivel de estrés, intensidad de compromiso y motivación. Cuando hay problemas, los líderes deben aprender cómo resolver estos desafíos desde un compromiso y perspectiva de productividad. Si bien la automatización se está infiltrando en el lugar de trabajo, los equipos siguen compuestos por personas, y el reconocimiento del "toque humano" es necesario.

Últimamente han crecido las solicitudes de procesos de coaching que apunten a la felicidad y el bienestar en el trabajo, y surgen medidores específicos sobre esto, pues hay líderes que, si bien logran buenos resultados, son tóxicos para sus equipos. Nos piden coaching diciendo que "están maltratando al equipo, no lo dejan ser y por ende no lo están desarrollando".

Motivos frecuentes de contratación

De los asuntos por los que más se contrata CE, queremos abordar cada uno de los casos para ilustrar necesidades y alcances de nuestra gestión.

- Coaching por elección u obligación.
- CE para el liderazgo directivo.
- CE para el desarrollo de talento.
- CE para superar limitaciones en la gestión.

Coaching por elección u obligación

El CE se puede contratar directamente por el usuario del proceso o puede ser contratado por la organización para otras personas. No siempre el cliente elige el coaching como estrategia o apoyo para sus resultados. Es frecuente encontrarnos en situaciones en donde la primera entrevista con el cliente es incómoda para ambas partes, por eso es imprescindible ser claro en términos de expectativas, alcances y propósito, de forma tal que sea el cliente el que vea en esta disciplina una oferta para su desarrollo. Este es el momento de crear la relación y de escuchar, de responder a inquietudes y clarificar.

Coaching ejecutivo para el liderazgo directivo

El coaching ha resultado de suma utilidad para trabajar con líderes dentro de las organizaciones. Es un catalizador de desarrollo, un espacio óptimo para la reflexión, la planificación y el diseño de estrategias. Potencia la calidad de las relaciones, la mirada sistémica, el foco e impacto de las acciones y sobre todo el espacio para declarar posibilidades. El CE produce profundas transformaciones en los líderes impulsando el compromiso con resultados sin precedentes desde un lugar renovado, arriesgado y responsable, y con capacidad de crear equipos de alto desempeño, declarar nuevos horizontes y volverse un modelo a seguir dentro de la organización.

Coaching ejecutivo para el desarrollo de talento

El desarrollo de talento es un gran campo de aplicación para el CE, que ha demostrado acelerar la incorporación de competencias fundamentales para uno de los activos más importantes de las empresas: los talentos que constituyen el semillero de los futuros líderes de la organización. Nuestra experiencia realizando esta tarea fue sumamente satisfactoria, porque las personas están ávidas de recursos para maximizar su desarrollo y demostrar de qué son capaces, aman la innovación, están dispuestas a correr riesgos y encuentran en el CE un cauce para mostrar sus ideas y propuestas de valor.

Coaching ejecutivo para superar limitaciones en la gestión

A veces se contrata un coach ejecutivo para trabajar temas clásicos de gestión, como pueden ser delegar, trabajar en equipo, desarrollar proyectos, mejorar relaciones, comunicar asertivamente, lograr una eficiente coordinación de acciones, o alcanzar resultados en tiempo y forma, entre otros. Para cada una de estas acciones existe una traducción en resultados, que se pueden medir y que pueden ser visibles para la organización. La traducción de estas habilidades en resultados concretos permite darle al proceso un peso específico que de otra forma se diluiría en intentos o percepciones personales.

3. Documentación

Lo que se puede medir, se puede mejorar.
PETER DRUCKER

¿Por qué es importante la visibilidad?

El proceso de CE y sus objetivos tienen que ser visibles para todas las partes involucradas: el *sponsor* o patrocinador (que en ocasiones es Recursos Humanos, en otras es el director del área o del equipo), Recursos Humanos, el jefe del cliente, el cliente y el coach.

La visibilidad comienza en la promesa del servicio de CE, presentada en una propuesta que incluya el alcance, costos, política de cancelación y de confidencialidad, y un acuerdo relacionado con el proceso de coaching y los objetivos que se persiguen. Lo visible del proceso no es necesariamente el contenido, pero si es la empresa quien contrata al coach, tiene derecho a saber qué es lo que está pagando y a pedir informes sobre el avance a lo largo del proceso.

Se creó un mito alrededor de nuestra disciplina: si una persona está siendo coacheada, no se puede preguntar sobre ese "espacio sagrado". Pero para nosotras, los coaches que realmente son profesionales y hacen promesas que saben que pueden cumplir se comprometen a hacer visibles los resultados. De no ser así, ¿cómo se evidencia el efecto del coaching? Si las personas solo se basan en el cambio de su estado de ánimo, la sensación es pasajera. Si el estado de ánimo va pegado a un indicador, tiene cuerpo y peso propio.

Las grandes preguntas a hacer en este dominio son: ¿cómo serán visibles para los involucrados –directa e indirectamente– el *output* del proceso, los resultados? ¿De cuántas maneras posibles puedes medirlos y darles visibilidad? Las respuestas a estos interrogantes robustecen cualquier propuesta.

La documentación es muy importante porque, además de funcionar como entrega visible del proceso de coaching, es la evidencia que tenemos como coaches de haber realizado nuestro trabajo. Desde nuestra experiencia profesional, podemos afirmar que en medio del proceso hay un período de meseta en donde parece que no está pasando nada. También, cuando a partir de las conversaciones de coaching salen a la luz patrones sistémicos, temas no resueltos, búsqueda de culpables, incertidumbre, sensación de pérdida de control, puede ocurrir que ante la falta de toma de responsabilidad la mirada gire hacia el coach bajo el juicio de "esto no está funcionando". En estos casos la documentación es parte del argumento de "por qué sí funciona".

Si hemos documentado el proceso, el acuerdo de coaching y los reportes de avance para la organización, la planilla de sesiones entre coach y cliente (confidencial) son, en definitiva, más que suficientes para iniciar la conversación en un nivel en donde los coaches mostramos nuestro trabajo: allí están los datos.

Nos permitimos hacer una salvedad: que estén los datos y la evidencia no implica que necesariamente el proceso de coaching esté funcionando, ni que la calidad del proceso cumpla con los estándares ni con las promesas realizadas al cliente y a la organización. Por eso insistimos, una vez más, en el marco de seriedad y profesionalismo que apunta a nuestra identidad como coaches ejecutivos. Nuestras promesas como coach y las expectativas como cliente quedan plasmadas en el acuerdo y cada coach ejecutivo sabe si cuenta con las competencias o experiencia para cumplirlas. De cara a la organización y a los procesos de selección y contratación de coaches, el hecho de contar con la documentación de nuestro trabajo y la visibilidad que da al proceso de coaching es una manera de comprometernos con nuestra labor, así como el estar disponibles para evidenciarlo cuando lo pidan.

Acuerdo de coaching ejecutivo

El acuerdo de coaching es un documento en donde quedan por escrito los objetivos, metas e indicadores del proceso. Se elabora entre la primera y la segunda sesión –para dar tiempo a hacer ajustes y correcciones–, y para tener validez debe estar firmado por el cliente, el coach y el jefe del cliente.

Si bien el contenido del acuerdo le pertenece al cliente, el coach aporta mayor visibilidad y claridad en los enunciados a través de preguntas específicas. También puede trabajar con la exigencia, ya que a veces los clientes establecen demasiados objetivos para la cantidad de sesiones que tienen (y es un buen momento para comprender el tipo de observador que es y cómo se relaciona con sus propios resultados).

Partes del acuerdo

El acuerdo de CE tiene una estructura a la que cada coach le da un toque personal que hace de ese "su acuerdo". Recomendamos que esté escrito en hojas membretadas para un aspecto más formal, y que tenga:

- **Introducción.** Qué es y para qué sirve el acuerdo (diez renglones aproximadamente).
- **Presentación de las partes.** ¿Quiénes participan del acuerdo? (coach, cliente, jefe o *sponsor*, área de la empresa que hace la contratación).
- **Objetivos del coaching.** Se enumeran los grandes objetivos sobre los que el cliente quiere trabajar. Son títulos que después se partirán en metas para hacerlos más tangibles y alcanzables. Por ejemplo: alcanzar ciertos resultados de su área de gestión; reducir indicadores (gastos, rotación, etc.); aumentar indicadores (calidad, retención, porcentaje de talentos, etc.); desarrollar habilidades (delegar funciones, trabajar en equipo, etc.); mejorar en la coordinación de acciones. Los objetivos estarán relacionados con el nivel en el que se desempeña el cliente.
- **Metas.** Para comerse un pastel entero, la mejor manera es dividirlo en porciones. El pastel son los grandes objetivos, las porciones son las metas.

Roles del coach y del cliente

Cada uno debe dejar escrito en el acuerdo cuáles son las acontabilidades (aquello por lo que rinde cuentas) de su rol. Esto ya viene impreso a la hora de compartirlo con el cliente, pero si el coach lo desea pueden diseñarlo juntos como parte del proceso de coaching.

Promesa de confidencialidad

En este apartado queda plasmado que el contenido de las sesiones es confidencial y que no se compartirá sin permiso del cliente. Si el cliente planeara causar daños a la organización o al equipo, hay que conversar con él, y si mantiene su posición, los coaches tenemos el compromiso moral de informar a la organización rompiendo el acuerdo de confidencialidad.

Acerca de las sesiones

Aquí se detalla el número de sesiones que se contrata, la frecuencia, la duración, la modalidad, el medio de comunicación entre coach y cliente, la fecha de comienzo y la fecha estimada de terminación del proceso.

Políticas de presentismo y cancelación

Se refieren a la asistencia a las sesiones, la puntualidad, tolerancia de llegadas tarde, y a la política de cancelación. Cada coach debe decidir qué hacer si el cliente cancela la cita. En nuestro caso, si la cancelación se avisa con 72 horas de anticipación, la sesión se repone; si es con menos anticipación, se pierde y se resta del cupo de sesiones del cliente. Si la cancelación se da por parte del coach, la sesión se repone siempre.

Vigencia del acuerdo

Establecer un plazo de vigencia del acuerdo, que empieza a correr a partir de la fecha de firma y aceptación. El acuerdo debe manifestar la conformidad de todas las partes involucradas. Por ejemplo, si el jefe no firmara el acuerdo o no coincidiera con los objetivos que el cliente quiere trabajar, es responsabilidad de este último llegar a puntos de acuerdo en miradas y objetivos (un hecho así indica que hay que trabajar sobre la relación con el jefe, la comunicación, la coordinación de acciones, las expectativas, etc.).

Planilla de seguimiento

Es un documento privado que se maneja entre el coach y el cliente. El diseño es a elección de cada coach dependiendo de su estilo de trabajo y preferencias.

Sugerimos que incluya:

- **Fecha de la sesión.** Incluye el día, la hora y el lugar o medio.
- **Temas por trabajar en cada sesión.** Recordar la diferencia entre el objetivo de la sesión y el objetivo del programa. En cada sesión se pueden trabajar uno o más objetivos en particular, que en suma apuntarán al logro de los objetivos del programa.
- **Tareas.** Nos gusta dejar tareas que tengan que ver con llevar a la acción lo trabajado en la sesión. Está comprobado que la asimilación es mucho mayor cuando se pasa al cuerpo.

La planilla de seguimiento debe enviarse después de cada sesión, solicitando al cliente que la lea y valide nuestra devolución. Este es un testeo permanente para el coach de su manera de escuchar.

Registro de sesiones

Este documento por lo general se maneja entre el *sponsor* o quien tenga a su cargo controlar y realizar los pagos de las sesiones y el coach, y sirve para que puedan llevar un seguimiento del proceso en términos operativos. El diseño es acorde con las necesidades de la organización y los datos que el coach se compromete a ofrecer para mostrar el avance del proceso, cuidando siempre la confidencialidad de las sesiones.

En algunos casos, también se establecen las fechas de pago acordadas en la propuesta. Cada cuánto tiempo se entrega este informe es algo que se consensúa con el *sponsor*.

A continuación, compartimos con ustedes algunos de los documentos que nosotros usamos con nuestros clientes. Hemos creado un software que facilita este proceso, generando diferentes vistas, de acuerdo a quién esté vinculado con el proceso. El jefe, al igual que el *sponsor* y recursos humanos, solo pueden ver el acuerdo de coaching y las fechas de sesión. El cliente tiene acceso a la misma información que el jefe y a las notas compartidas de la sesión y el progreso de los objetivos. El coach tiene acceso a toda la información y a un espacio de notas privadas que puede tomar durante la sesión.

Modelos de documentación

Uso personal

liderarte
performance & coaching s.a. de c.v.

Acuerdo de Coaching Ejecutivo

COACHEE:

Este documento es un acuerdo entre el participante (coachee) y su coach. Tiene como finalidad identificar los objetivos del proceso de coaching, así como las metas que se desean alcanzar y los métodos para medir el éxito, definiendo los roles del coach y el participante, cómo ambos emplearán el tiempo de coaching y la confidencialidad.

*Las personas que tendrán acceso a este documento son: el coachee, el coach, el/los jefes del coachee, el Administrador de RRHH y el Project Manager de **Liderarte**.*

Instrucciones:
1. El coach y el participante llenan este acuerdo después de la primera o la segunda reunión de coaching.
2. Ambos firman este acuerdo y el coachee gestiona la firma de su jefe.
3. El coach entregará copia al Administrador de RRHH y al Project Manager de **Liderarte**.

Objetivos y metas del proceso de coaching

Objetivos	Metas	Indicadores

Nuestros roles

El rol del coach:
El rol del coach es facilitar mediante preguntas y conversaciones que amplíen y aceleren el aprendizaje, brindando una serie de distinciones lingüísticas, emocionales, somáticas, etc., que le permitan tomar conciencia de sí mismo para identificar los obstáculos que lo frenan, ofreciendo puntos de vista y distintas maneras de interpretar lo circunstancial, desafiando paradigmas y creencias respecto a lo que falta. Su orientación es a la acción y al logro de resultados extra-ordinarios.

© GRANICA

El rol del participante:

Aceptar un proceso de Coaching Ejecutivo implica ir a la conversación de coaching con el compromiso de aprender y con interés para llevar a la práctica tareas para crear comportamientos y habilidades nuevos. Participar activamente para crear nuevas perspectivas acerca de quién es y/o necesita ser para jugar los diferentes roles en su vida. Partiendo de esta base, el coachee realizará nuevas acciones que no eran accesibles o habituales antes de comenzar el coaching.

Cómo usaremos nuestro tiempo de coaching

Fecha de comienzo del coaching:	
Plazo máximo de vigencia del programa:	
Cantidad de sesiones:	
Duración de la sesión:	
Frecuencia entre sesiones:	
Modalidad:	
Forma de mantenerse en contacto:	

**Acuerdo de confidencialidad y presencia en las reuniones pactadas*

Confidencialidad:

Mantendremos la confidencialidad de nuestras conversaciones como coach y coachee, aún después que este acuerdo haya concluido. El coach no discutirá con ninguna persona que no sea el coachee, ningún contenido de las sesiones, sin antes obtener el permiso del participante. Hay, sin embargo, una excepción a la confidencialidad y es cuando un participante indica que va a causar daños de gran magnitud, ya sea a sí mismo, a otros, o a propiedad ajena. Esta excepción sucede muy infrecuentemente. Sin embargo, de suceder, el coach aclarará la situación con el participante y de no poder resolverse, lo comunicará a la organización.

Fechas pautadas entre las partes:

Una vez acordados los horarios de coaching entre ambas partes, podrán realizarse cambios con 72 hs. de anticipación por ambas partes. En caso de que así no suceda por causas del coachee, dicha sesión se considerará como tomada, restando al cupo de cada participante. En caso de que sea el coach el que haya tenido un inconveniente insalvable, este deberá reemplazar esa sesión en otra fecha de común acuerdo.

Cuando se trate de reuniones grupales ya acordadas, se mantendrá la misma regla.

Nota:

Este acuerdo mantiene su vigencia por el periodo arriba mencionado a partir de la fecha de la firma. Una vez agotado este plazo las sesiones pendientes se pierden. Este acuerdo puede ser cancelado por el coach o el participante en cualquier momento, informando al Administrador de RRHH y al Project líder de Liderarte los motivos de dicha cancelación.

Firmas y fecha:

Coachee	**Coach**	**Superior del Coachee**

*Este acuerdo rige en función del Código de Ética de ICF (International Coach Federation).
Para más información: https://icfargentina.ar/etica/

Modelo de planilla de seguimiento

liderarte	Coach:	Coachee:		
performance & coaching s.a. de c.v.				
Planilla de Seguimiento				
FECHA COACHING	TEMA	KPI	TAREAS	PROXIMA JUNTA

Modelo de planilla de reporte de fechas de sesiones

liderarte
performance & coaching s.a. de c.v.

Planilla de Reporte de Sesiones

NOMBRE Y APELLIDO DEL COACHEE	NOMBRE Y APELLIDO DEL COACH	SESIÓN 1	SESIÓN 2	SESIÓN 3	SESIÓN 4	SESIÓN 5	SESIÓN 6	SESIÓN 7	SESIÓN 8	SESIÓN 9	SESIÓN 10

Modelo de planilla de logros

liderarte
performance & coaching s.a. de c.v.

REGISTRO DE RESULTADOS Y AVANCE

PROCESO DE COACHING INDIVIDUAL

Nombre del coachee:

Coach asignado:

Cantidad de sesiones totales: .... sesiones tomadas:...........................

Fechas:

Comentarios Generales:

TABLA DE RESULTADOS AL ......de .... de

Resultados acordados	Indicadores de Medición	Logros obtenidos

Agenda para los próximos pasos:

Modelo de encuesta de satisfacción

Encuesta de Satisfacción
Programa de Coaching Ejecutivo

Este cuestionario de satisfacción está orientado a evaluar tu programa de coaching ejecutivo. Tu opinión es importante para nosotros. Las respuestas serán confidenciales y servirán para evaluar la calidad de nuestro servicio.

Completa lo siguiente	
Fecha	
E-mail	
Teléfono de Contacto	
Nombre de tu Coach	
¿Cuántas sesiones de Coaching Ejecutivo has Tomado?	
El Programa de Coaching Ejecutivo: a) Cumplió tus Expectativas b) Excedió Tus Expectativas c) Quedó por debajo de tus expectativa	
¿Por qué?	

Valora lo siguiente M-Malo, R-Regular, B-Bueno MB-Muy Bueno, E-Excelente	
Cumplimiento de los compromisos	
Claridad en los objetivo del proceso	
Gestión del Tiempo	
Conclusiones y Acciones a Realizar	
Solidez del conocimiento del Coach	
Capacidad de escuchar y comprender tu situación y circunstancias específicas	
Calidad del Diálogo (Grado en el que te ha alentado a reflexionar, aprender, o explorar nuevas opciones	
Utilidad del conjunto de sesiones	

Midiendo tu Proceso de Coaching. Valora del 1 al 10, donde 10 es el máximo		
Claridad de Objetivos	Tengo Clara la meta a lograr y sé cuando mis acciones son consistentes con ella o no.	
Logros extraordinarios	Aparecen nuevas oportunidades. Logré cosas que hasta ahora no había logrado.	
Auto-Corrección	Puedo observar cuando mi desempeño está alineado con las metas o cuando necesito hacer ajustes	
Auto-Generación	Estoy persiguiendo objetivos que hasta ahora no había logrado y obtengo beneficios del proceso en otras áreas de mi vida.	

Finalmente:

¿Cuáles han sido tus logros más importantes hasta aquí como resultado del coaching?

¿Qué recomendaciones de mejora propones?

4. Diseño de propuestas. Oferta de valor

La gente no compra por razones lógicas,
compra por razones emocionales.
ZIG ZIGLAR

El aporte del CE en las organizaciones se traduce en impactos en las relaciones y los resultados, y en eso la propuesta es crucial porque transparenta información e indica en qué objetivos y metas estamos trabajando con el cliente. Hablamos de valor porque, como coaches, colaboramos en la resolución de las inquietudes del cliente, y buscamos –de acuerdo a sus necesidades– la manera en la que se pueda medir lo que pretenden alcanzar, y cómo el resultado obtenido se hará visible para todos.

Nuestro valor agregado se mide en los términos en lo que es claro para el cliente y para nosotros, demostrando la importancia que tiene el negocio desde nuestra perspectiva. Dejamos de funcionar como entes aislados externos y pasamos a formar parte de la red sistémica que es la organización.

Como vimos, la propuesta incluye una breve descripción y los acuerdos relacionados con el servicio y pagos, y se entrega exclusivamente a la persona indicada por la organización. En ocasiones, y sobre todo en las empresas multinacionales, el valor del servicio se negocia previamente así como el alcance general. Esto implica ser parte de su grupo de proveedores autorizados, y hasta que no se hagan nuevos acuerdos, nuestros servicios estarán acordados por anticipado en un contrato marco que se utiliza como la base general a la cual se le agregan anexos por cada servicio particular.

Compartimos un ejemplo de propuesta de CE, dejando un espacio para que incluyan lo que sea significativo para ustedes. Antes de iniciar un proceso por primera vez, es importante hacer un encuadre y entrenar al cliente y a las partes interesadas acerca de qué es coaching, qué esperar del proceso, en qué consiste y cómo medir el progreso.

Elementos de las propuestas

Quiénes somos

La idea es que al cliente no le lleve más de 45 segundos hacerse una idea cabal de quién es el coach y cuál es su potencial. Algo corto, que le llame la atención y quiera seguir leyendo, para ganarte su credibilidad. Aporta algún indicador que hable de tus capacidades, trayectoria y una frase clara del problema que ayudas a resolver. Compartimos en el siguiente ejemplo, nuestra forma de comunicar quiénes somos.

Ejemplo

Formamos un equipo multidisciplinario que desde hace más de veinte años facilita procesos de desarrollo y CE de alto nivel en empresas multinacionales, asistiendo a miles de líderes y sus equipos para que logren resultados que hasta ahora no han podido alcanzar. Somos líderes en el campo del coaching y transformación organizacional, con una amplia red de especialistas en todo el mundo, escuchando, entendiendo y valorando juntamente con el cliente soluciones a la medida.

Antecedentes

Aquí referimos todo lo que aconteció previo a la presentación de la propuesta: quién pide la propuesta o a quién se la ofrecemos (si la propusimos nosotros), y la descripción breve del proceso hasta llegar a la presentación.

Ejemplo

Hemos sido convocados por (nombre y cargo dentro de la organización) para presentar esta propuesta. En diversas reuniones conocimos las condiciones de la situación actual, que de acuerdo a lo que escuchamos tiene las siguientes características (enumerar), lo cual nos llevó a un mayor entendimiento. A continuación presentamos el propósito y el alcance de nuestra intervención.

Propósito

En esta parte del diseño, nuestra recomendación es ir directo al grano. La claridad en el propósito es uno de los puntos en donde podemos captar el interés del destinatario de la propuesta. En pocas palabras, si le interesa seguirá leyendo, y si no, la dejará para otro momento.

El propósito es nuestra promesa a la organización, el norte de nuestra propuesta de valor como coaches, el "para qué" vamos a trabajar. Es el marco de todo el contenido que viene después. Generalmente se enuncia de las siguientes maneras:

Ejemplo

El propósito de esta propuesta es trabajar con el ejecutivo (nombre) para desarrollar sus habilidades de liderazgo y que esté listo para crecer al siguiente nivel de la organización.
Trabajar con el ejecutivo (nombre) para que pueda fomentar el trabajo en equipo con sus reportes, enfocán-

donos en ciertas competencias como: delegación, confianza, etc.
Trabajar con el ejecutivo (nombre) para cambiar el enfoque de su gestión de una operativa a otra más estratégica, dada su posición en la organización y los resultados que se esperan de su área.

Una vez establecido este marco, pasamos a detallar en objetivos este gran propósito. A veces el propósito puede sonar muy general, pero eso no importa tanto porque se refiere a cuál será el foco de nuestro trabajo, y en los objetivos podremos enunciar más específicamente a qué nos referimos en el propósito.

Destinatarios

En el caso de CE las propuestas pueden dirigirse a:

- El cliente: se menciona nombre y apellido del mismo, su posición y la empresa para la cual trabaja.
- El *sponsor*: se menciona nombre, apellido, cargo del *sponsor* y mencionar con quién será el trabajo de CE: nombre, apellido, cargo del cliente; y finalmente la organización.

Si hablamos de un *sponsor* (Recursos Humanos, por ejemplo) para varios clientes, se menciona el nombre y apellido del *sponsor* y su área, luego a quiénes iría dirigido el proceso de CE y de qué áreas son, y finalmente la organización.

Objetivos

Mencionar cuáles son los objetivos de la intervención, preferentemente en *bullets*. El hecho de enumerar permite mayor facilidad visual para el lector y clarifica la generalidad del propósito.

Ejemplo

- Aumentar la capacidad de análisis de los problemas de toma de decisiones.
- Generar mayor relación con los miembros del equipo.
- Delegar por lo menos el 50 % de las tareas operativas.
- Lograr el 100 % del proceso (nombre del proceso).

Nuestra sugerencia es que la explicación de los objetivos la haga el coach durante la presentación de la propuesta. Otra opción es preguntarle al que recibe la propuesta si quiere que sea hecha por escrito.

Metodología

En la metodología nos referimos a los "cómo". Si son conversaciones uno a uno: ¿cuántas?, ¿con qué frecuencia?, ¿se puede ofrecer *shadow coaching*?, ¿de qué manera se mantendrán las conversaciones?

Esto tiene que ver tanto con la preferencia del coach y sus habilidades, como con las necesidades del cliente. Hoy en día los tiempos de traslado son cada vez mayores; también las líneas de reporte en las empresas y la ubicación física de sus ejecutivos es muy variable, con lo cual las formas de dar coaching se han flexibilizado y extendido. Hoy prácticamente no existen diferencias entre un coaching presencial y uno on line. Se debe tener en cuenta que las empresas tienen protocolos de seguridad informática y pueden permitir solo cierto tipo de plataformas, y entran en juego las habilidades del coach y el saber adaptarse al entorno sugerido para la sesión. Estamos convencidas de que la familiaridad con el uso de aplicaciones se adquiere con la práctica y perdiéndole el miedo a explorar las distintas opciones.

En cuanto a la cantidad de sesiones, saber en cuántos encuentros somos capaces de lograr los objetivos que prometimos, es algo que se adquiere con la práctica. En nuestro caso, entre 10 y 12 sesiones es un buen promedio.

Si el cliente quiere extender el contrato para aumentar el número de sesiones, nuestra sugerencia es que lo converse con el *sponsor* (si es que lo tiene) o con la persona indicada dentro de la organización, y que él mismo especifique a qué serán dirigidas estas sesiones o si se trata de un nuevo contrato para otros objetivos.

Ejemplo

Facilitamos procesos de coaching a la medida, acompañando a las personas para que aprendan a encontrar soluciones por ellas mismas y adopten conductas que expandan sus posibilidades e impulsen su desarrollo y el de otros. Es un proceso donde el participante lleva el rol protagónico a través del diálogo, dinámicas, información, entrenamiento y participación.

Previo. Enviamos un kit de bienvenida donde explicamos qué es coaching y algunos puntos particulares.

Fase 1. **Entrevista y diseño del proceso:** el resultado de esta entrevista sirve para hacer química entre el coach y el cliente, y clarificar y acordar el propósito del programa de coaching y sus objetivos. Contamos con un equipo diverso de coaches para que nuestros clientes puedan elegir cuál es el perfil de coach que mejor se adapta a sus necesidades.

Fase 2. **Conversaciones con algunos actores clave:** dependiendo del tipo de programa podremos incluir algunas conversaciones con el jefe u otras personas de manera previa al inicio de las sesiones o durante el proceso.

Fase 3. **Sesiones de coaching para encuadrar el proceso y crear el acuerdo de coaching:** destinaremos una o dos sesiones para establecer la línea de trabajo y completar el acuerdo de coaching con indicadores de logro y de progreso, los que servirán para alinear el programa. Revisaremos algunos puntos importantes y dudas acerca de la dinámica y la logística.

Fase 4. **Aceptación del acuerdo de coaching por parte del jefe:** una sesión entre el cliente y el jefe para revisar y acordar los objetivos del proceso. Es recomendable que a esta reunión se sume el coach para conocer las expectativas y las formas de medir el progreso. Estas sesiones son de mucha riqueza porque el jefe puede ampliar o desafiar los objetivos a alcanzar o definir prioridades estratégicas. Dependiendo de la naturaleza del proyecto, otras personas podrán formar parte de la sesión de aceptación del acuerdo.

Fase 5. **Sesiones y revisiones periódicas del acuerdo de coaching:** durante las sesiones de coaching individual se trabajarán los objetivos del cliente para el programa, y se establecerán las fechas en las que se realizarán revisiones del avance y si las mismas involucran sesiones con el jefe u otras partes interesadas. Estos encuentros permitirán:

- ✓ Mantener presente el resultado final en todo momento.
- ✓ Desarrollar respectivamente foco en el corto y mediano plazo estableciendo un vínculo directo con los resultados esperados (medibles).
- ✓ Anticipar contratiempos.
- ✓ Expandir fortalezas y reconocer áreas de oportunidad.
- ✓ Liderar y coordinar acciones que aseguren la calidad del proyecto.

Fase 6. **Cierre del proceso.** Es de vital importancia cerrar el proceso para consolidar el aprendizaje y celebrar los logros. La reunión de cierre servirá para:

- ✓ Hacer una presentación del proceso y los resultados obtenidos.
- ✓ Hacer un recuento de los aprendizajes.
- ✓ Hacer un reconocimiento individual por el trabajo realizado.
- ✓ Cerrar el proceso de coaching.
- ✓ Completar los documentos requeridos.

Tiempos

Si bien en el punto anterior hablamos del número de sesiones, es necesario definir un marco temporal para llevarlas a cabo. ¿En cuánto tiempo haremos el *delivery*? Si son 12 sesiones, tomando en cuenta la frecuencia acordada, ¿cuánto tardaremos en cumplirlas?

Servicios

Aquí proponemos la serie de ítems más comunes a la hora de armar un programa de coaching. Estos son los servicios que incluye tu propuesta.

Evaluación de personalidad / comportamiento / estilo de decisión / motivadores y valores / respuestas frente al estrés, etc.

Cantidad	Servicio
	Entrevistas con jefe, reporte directo y otros actores clave.
	Sesión de alineación estratégica y aceptación del acuerdo de coaching con el jefe.
	Sesiones de coaching con una duración de _____ cada una.
	Sesiones de coaching grupal con una duración de _____ cada una.
	Sesiones de *shadow coaching* con una duración de _____ cada una.
	Sesiones de revisión de avances y logros.
	Sesión de cierre con una duración de _____.

Modalidad

Definimos la forma en la que se dará el servicio, la locación, plataforma o códigos de acceso. Las sesiones serán en línea, telefónicas o presenciales.

Política de cancelación de sesiones

Son las políticas que debemos aclarar acerca de cómo se gestionarán y repondrán las sesiones en caso de ser canceladas.

Ejemplo

Para poder reponer la sesión y no descontarla de las sesiones restantes, se deberá avisar al coach con 72 horas de anticipación, para reprogramarla. Si la cancelación se da por parte del coach, la sesión se repone siempre.

Confidencialidad

Es importante entrenar a los clientes acerca de la confidencialidad. En ocasiones alguien de Recursos Humanos, o una persona de nivel dentro de la organización, puede pedir información acerca del proceso con el cliente, y hay que prestar atención para no revelar información que él te confió e incumplir el código de ética.

Ejemplo

En nuestra consultora nos comprometemos a mantener y promover la excelencia del coaching, adhiriéndonos a los principios de la conducta ética de la ICF, manteniendo los niveles más estrictos de confidencialidad, en relación a toda la información que el cliente comparte con el coach durante las sesiones, excepto el acuerdo de coaching y los documentos mencionados como compartidos.

Inversión

Cuanto más clara sea esta parte, menos engorroso será el proceso. Se debe incluir el valor total de la propuesta, y en el caso de una negociación sobre el monto, cada uno sabe hasta dónde llega con su precio. Nuestra posición aquí varía en términos de volumen de horas y clientes. También es posible que exista un valor preestablecido dado el nivel y la posición del cliente dentro de la empresa. Si hay plan de pagos es necesario especificarlo dentro de la propuesta, y se deben incluir los datos necesarios, tales como cuenta bancaria, y la información fiscal de la empresa para realizar la facturación.

Ejemplo

El valor del programa de coaching es de $ _____ + IVA.

Condiciones

Especificar qué incluye y que no incluye la propuesta. Por ejemplo: traslados, viáticos, alojamiento, plataforma on line de video conferencias, etc.

Ejemplo

Incluye:

✓   Kit de bienvenida en formato electrónico y los servicios indicados en el apartado Servicio.

✓   Plataforma on line.

No incluye:

✓   Viáticos, traslados y alojamiento.

✓   En caso de ser sesiones presenciales foráneas se le adicionará un valor de $_____ en concepto de tiempos de traslado.

Política de cancelación

Recomendamos incluir un apartado donde quede claramente determinado el reembolso en el caso de que el cliente cancele el programa, así como el tipo de flexibilidad con respecto al comienzo o duración.

Ejemplo

Este programa tiene una vigencia de seis meses a partir del momento de la primera sesión. En caso de extenderse en más de 30 días posteriores a la fecha de finalización, se realizará un acuerdo particular. En caso de no existir dicho acuerdo, puede darse por concluido el proceso.

Si por alguna razón el participante no puede asistir al programa de coaching contratado por caso de fuerza mayor o por elección, el mismo podrá transferirse a otra persona o reagendar el comienzo dentro de los siguientes tres meses a partir de la aceptación de la propuesta.

La firma de esta propuesta o la aceptación por escrito implica un compromiso entre el cliente y el coach.

Forma de pago

Los procesos se pueden cobrar de diferentes maneras. El pago por *performance* es cuando se pacta un pago de acuerdo a ciertos indicadores o logros. En este caso nuestra recomendación es que el coach tenga muy clara la forma de medir y evaluar el progreso y cómo se calculará ese honorario, dejando el cálculo por escrito y preestablecido. En la mayoría se pactan pagos que pueden cobrarse por avance del proyecto (de acuerdo a la cantidad de sesiones impartidas), y en otros podemos acordar un pago inicial, uno intermedio y otro final, o un valor fijo mensual. Dependiendo del país podría incluirse una cláusula de ajuste por inflación o por otros índices.

Vigencia

La vigencia de la cotización implica poner una fecha en la que se respetará el precio y el acuerdo.

Curriculum del coach

Además del CV, se adjuntan acreditaciones o credenciales profesionales, como ACC, PCC o MCC en el caso de ICF, o credenciales de AACOP, FICOP, EMCC u otras organizaciones locales o internacionales a las que el coach pertenezca.

Parte 2

EL *FLOW* DEL PROCESO DE COACHING EJECUTIVO: MODELOS DE INTERVENCIÓN Y PRÁCTICA

5. Relación = Resultados

El futuro mostrará los resultados y juzgará a
cada uno de acuerdo a sus logros.
NIKOLA TESLA

Las bases de la ecuación R=R

En todos estos años de trabajo como coaches en el ámbito organizacional hemos tenido la oportunidad de aprender tanto de nuestros clientes como de las organizaciones a las que estos pertenecían. Y después de mucha práctica y varios métodos, pruebas y errores, llegamos a una ecuación que, al menos para nosotras, es la fórmula para el éxito:

Relación = Resultados

Entendemos a las organizaciones como un sistema de redes de conversaciones definidas por las relaciones que se mantienen en ese contexto. En otras palabras, la calidad de las relaciones interpersonales desarrolladas por los líderes es el contexto que define la calidad de los resultados obtenidos en la gestión.

Si bien la velocidad de circulación de la información, el incremento considerable de la precisión de las métricas y la mayor cantidad de datos disponibles son resultados observables, el sistema relacional no es tan claro.

Una persona u organización no se destaca solo por las capacidades técnicas o bienes y servicios que provee, sino también por la capacidad de coordinar efectivamente sus acciones y compromisos con otros y cumplirlos, y por eso nos interesa que se desarrollen competencias de acción efectiva que surjan desde el compromiso, la libertad y la responsabilidad personal.

La temática de intervención propuesta en nuestra oferta debe apuntar a definir cuál es la relación que permite los mejores resultados, y cuál es la responsabilidad y las competencias del líder en su diseño y operación. El postulado sería algo así como: la calidad de nuestras relaciones es directamente proporcional a la calidad de nuestros resultados. O, dicho de otra manera, nuestros resultados son el corolario directo de la calidad de nuestras relaciones.

Ejercicio

Pidan al cliente que piense en los resultados de un área dentro de la empresa. Una vez que los tenga identificados, debe calificarlos del 1 al 5. Siendo 1) la excelencia, la diferencia evidente, el máximo valor agregado; 2) resultados muy buenos, interesantes para ser observados; 3) resultados esperados, pero nada fuera de lo común; 4) resultados regulares y 5) malos resultados.

Luego pregunten: ¿Hay algún resultado que pueda mejorar? ¿Algún resultado que no alcance las expectativas? Consulten también al cliente si se ha preguntado por qué hay ciertos resultados que cuesta muchísimo obtener y otros son fáciles de adquirir.

Si ha respondido positivamente a alguna de las preguntas anteriores, ya deben haberse abocado a la búsqueda de la causa. Deben haber analizado las estrategias, los pasos uno por uno; habrán prestado minuciosa atención a todos los detalles para encontrar posibles errores en la cadena de valor, en los departamentos involucrados, en los reportes financieros, y así podemos continuar con una eterna lista de lugares en los cuales podríamos ubicar el motivo del fracaso.

Por último, propongan a su cliente que califique del 1 al 5 las relaciones que tienen con los integrantes de sus áreas (utilizando la misma escala de valor anterior pero aplicándola a personas y a sus relaciones con ellas). Pregunten si ese número es parecido al de la calificación de los resultados por área.

Tener la capacidad de mostrarle al cliente el impacto directo que tienen las relaciones en los resultados de su gestión es fácil: los resultados no se producen solos, detrás de cada número hay personas trabajando para producirlo. El nivel de involucramiento que tengan estas personas es un reflejo del sentido que le encuentran a lo que hacen. El problema es que casi siempre olvidamos el sentido: este se diluye o se construye, se multiplica por la cantidad de personas involucradas en la realización de un indicador, y lo que ellas piensan acerca de cómo su participación puede afectar o no que se llegue al objetivo deseado.

En las grandes organizaciones más de una persona cree que si no hace el cien por ciento de su trabajo (orientado a producir cierto resultado) no pasa nada, porque hay tantos enfocados en lo mismo que su aporte es inadvertido. Y aquí es donde el foco en la relación hace su verdadero impacto: cada persona es importante en el proceso para lograr un objetivo. Dar por hecho que lo saben es caer en la negligencia y en la deriva.

Es importante trabajar con nuestros clientes en la creación y fortalecimiento de sus relaciones clave en pos de los objetivos. Invertir en las relaciones y trabajar con las personas el sentido de su trabajo permite multiplicar la mirada en la operación y la gestión en responsables que se comprometan al cien por ciento. Sin contemplar las relaciones, esto es prácticamente imposible.

La relación es un contexto, un espacio de posibilidades. "Crear relación" se puede pensar metafóricamente como inflar un globo. La relación será del mismo tamaño que el globo: puede ser enorme o desaparecer en cuestión de segundos. A las relaciones hay que crearlas y recrearlas permanentemente para infundirles vida y sentido. Trabajar en las relaciones no significa que los ejecutivos se "hagan amigos" de sus colaboradores, sino que empiecen por el resultado que quieren lograr, y posteriormente piensen y analicen si sus relaciones están a la misma altura. Si no lo están, cabe hacer la pregunta: ¿qué falta para generar el modelo de vínculo necesario?

Diseño de modelo de vínculo

Diseñar un modelo de vínculo es un tema interesante ya que a su vez se pueden establecer los límites de la relación y todo lo que esta incluye dentro del contexto creado, y la coordinación de acciones para el logro del resultado esperado. El diseño de vínculo se da necesariamente en acuerdo con otro a quien se debe legitimar, porque si no lo hacemos corremos el riesgo de caer en la obediencia. Un modelo relacional que para seguir existiendo depende de las órdenes que demos, deja la responsabilidad del pedido en manos de quien lo hizo, apartándonos del otro, que simplemente se atiene a cumplir o no.

En el diseño de un modelo de vínculo, ambas partes están involucradas y comprometidas, las dos aportan o disienten, y llegan a un acuerdo asumiendo la responsabilidad de su cumplimiento porque tiene sentido, porque pueden ver y entender sistémicamente el impacto que tienen su aportes.

Cuando rescatamos el valor de la "individualidad", cada persona es especial y diferente. Y sabemos, por experiencia propia, que cuando nos sentimos así, damos lo mejor. A todos nos gusta "formar parte" de algo importante, aportar a un resultado, saber que tuvimos algo que ver con lo logrado. Rescatemos ese valor y a las personas que lo modifican, porque sin ellas no hay resultados.

Si las relaciones cambian, cambian indefectiblemente los resultados. Las relaciones proporcionan el marco de lo que es posible dentro de la organización, son el espacio perfecto para la declaración de compromisos y la coordinación de acciones, el contexto para los acuerdos –y los desacuerdos–, y pueden cambiar de un minuto a otro. Casi igual que los resultados. El foco en las relaciones y en su expansión impacta además en el aumento de los niveles de confianza y compromiso entre los miembros de un equipo y en la organización. El hecho de que la relación provea un espacio de comunicación abierto y directo, justifica el diseño de conversaciones orientadas a los resultados.

Dado que el espacio de lo posible está determinado por el tamaño y la calidad de las relaciones, para mejorarlas y hacerlas crecer se trata de determinar, a partir del resultado esperado, el tipo de relación que podemos crear. Estos son algunos de los indicadores que usamos para ambos dominios:

Indicadores de relación

- Cumplimiento de promesas.
- Promedio relacional (a través del mapa de relaciones).
- Proyectos compartidos.
- Calidad en la coordinación de acciones.
- Niveles de confianza.
- Declaración de contratiempos.
- Gestión del error.

Indicadores de resultados

- Porcentajes.
- Pesos.
- Números.
- Calidad de servicio.
- Satisfacción del cliente.
- Tiempos.
- Cantidades.

La fórmula en acción

En el diseño de la relación con el cliente, hay dos vectores para tener siempre presentes: el ser y el hacer del cliente para lograr los resultados que se propone, resumido en dos preguntas: ¿Quién vas a ser (el ser), y cómo vas a hacer (las acciones) para lograr estos objetivos (el qué)?

Mostramos la ecuación R=R desde el inicio del proceso, trabajando los datos de ambas y haciendo visible el estado actual. Los resultados de hoy son consecuencia de la calidad de las relaciones actuales, y llevándolo al estado deseado, ¿qué calidad de relaciones y resultados quisieran tener al final del proceso? Esto permite hacer foco en lo que es necesario cambiar.

Lo importante es crear con el cliente una manera de desarrollar formas de medir que sean válidas para él en los dominios de la relación y de los resultados, para saber cuándo hemos alcanzado los resultados esperados.

Cuando decimos que el coach no necesariamente tiene que saber lo mismo que el cliente es porque él ya sabe del negocio y cómo se miden los resultados que se esperan, pero nosotros sabemos cómo observar las relaciones y medir en ese dominio. En nuestros años de experiencia aprendimos diversas formas de usar "las erres", y queremos impulsarlos a que ustedes encuentren las suyas.

Hagamos un ejercicio que evidencia la fórmula: ¿alguna vez trabajaron con su mejor colega en un proyecto? ¿Qué era posible dentro de esa relación? Si surgía un problema, ¿cómo se tomaba? ¿Cómo hablaban entre ustedes? ¿Cuánta disposición tenían para buscar alternativas de solución? ¿Eran creativos? Ahora, respondan las mismas preguntas imaginando que en vez de su mejor compañero de trabajo les toca ese con quien no pueden ni verse.

Cuando nos referimos a la calidad de las relaciones nos referimos a crear el tipo de relación que sea necesaria y acorde a los resultados que queremos alcanzar como equipo. Se trata de tener claridad sobre los objetivos y pensar cómo podemos establecer una relación colaborativa.

Por lo general, los indicadores de resultado ya existen y abarcan los indicadores de negocio, los KPI (*Key Performance Indicators*) o los OKR (*Objetives and Key Results*), los resultados de ventas, el porcentaje de rotación, etc. Hay un capítulo entero dedicado a medición de resultados. Ahora quisiéramos ilustrar el traslado de "las erres" a un ejemplo.

Experiencia

En la primera sesión de coaching con un director de ventas, pregunté:

—¿Qué es lo que quieres lograr?

—Lo que yo quiero lograr es llevar mis ventas a un 50 % más.

En ese momento comencé a dibujar una tabla con dos columnas, una para Relación y otra para Resultados. Coloqué ese indicador en la columna que corresponde a los Resultados y continué preguntando:

—¿Cuánto representa ese porcentaje de ventas en dinero?

—Un millón de pesos.

Coloqué el número debajo del indicador de ventas, haciendo una lista.

—¿Qué más te gustaría lograr?

—Quiero clientes nuevos.

Para poder medirlo, pregunté cuántos clientes nuevos.

—Necesito tener cinco clientes nuevos.

Una vez más, agregué ese número en la lista de Resultados, y continué:

—¿Qué más?

—Bueno, lo que pasa es que yo soy una persona muy nerviosa, entonces la gente de mi equipo se siente presionada y se va.

Encontré aquí una oportunidad de trasladarlo a otro indicador, y consulté:

—Entonces, ¿de qué estamos hablando?

—Necesito bajar mi porcentaje de rotación. Todo el tiempo estoy teniendo gente nueva en mi equipo que se siente presionada, se siente exigida y justo cuando estamos por concretar algo, se van a otro lado.

Para aclarar el indicador, pregunté a cuánto quería bajar el porcentaje.

—¡Yo quiero tener un equipo estable, que nadie se vaya! ¿Cero?

—Bueno, ¡ponemos cero! ¿Qué más?

—Quiero también dos productos, ¡mi equipo no me propone nada! No vienen con nada, yo siempre les digo que estoy abierto a escuchar y que estoy abierto a nuevas ideas, pero nadie me propone nada.

—Entonces ¿cuántos nuevos productos te gustaría que te propusieran?

—Bueno… Por año tenemos cuatro productos, yo estaría feliz si ellos propusieran agregar un producto nuevo más a la lista.

—¡Genial! Un producto nuevo.

Y seguí haciendo una lista. Hasta entonces casi no había tocado la columna de la R de *Relaciones*.

En nuestro caso, el cliente ya estaba en otro estado de ánimo, esperanzado y confiado por haber encontrado un socio que lo acompañara en esta aventura. Sentí el entusiasmo y las ganas, así que, como coach, continué la conversación.

—Muy bien, ¿esos son los resultados que quieres? ¿Cuáles son los resultados que tienes hoy? ¿Dónde estás parado ahora?

—El equipo completo ha rotado dos veces en el año, no tenemos ningún producto nuevo... ¡nadie propone nada! Están todos asustados, escondidos y viendo cuándo me voy a volver loco, ¡con cero productos nuevos! Vendemos la mitad de lo que te digo, si te digo un millón, vendemos quinientos mil, 50 % menos de lo que te estoy diciendo.

—¿Cuánto tardan en general estos resultados?

—Y... vivo picándoles la cabeza para que hagan y hagan, y los controlo y los persigo y estoy ahí. Soy el único que tira del carro. Tengo uno que otro que me sigue un poco, pero en realidad de las cinco personas que tengo en mi equipo, hay tres que no están permanentemente, entonces nadie me dura.

—¿Esta realidad que relatas se parece a la relación que tienes con tu equipo hoy? Porque hoy, tal y como está tu equipo en calidad de relación, es directamente proporcional a los resultados que obtienen. Entonces, para lograr los resultados que quieres, ¿qué le falta a la relación del equipo?

—Bueno... me falta la confianza, ¿pero qué voy hacer? ¿Hablar de confianza?

—La confianza se puede medir —aseguro con firmeza.

—¿Cómo se va a poder medir la confianza?

—¡Se puede medir!... Tiene cuatro dominios, o sea, si yo tengo una confianza de cuatro, todos los dominios de la confianza están cubiertos, pero puedo tener confianza de tres, confianza de dos o confianza de uno, o cero, ninguna confianza.

Y así seguimos construyendo, en la conversación, los indicadores de la R de relación.

Medir la R de relación

Hay casos en los que los clientes manifiestan ser muy duros con su equipo, por ejemplo, y otras veces solo esperan que les propongamos trabajar un menú de temas comunes que existen en todas las organizaciones: gestión del error, calidad de la comunicación, valoración de las relaciones clave para

ESTRATEGIAS DE COACHING EJECUTIVO

sus objetivos, gestión del aprendizaje, calidad de la coordinación de acciones.

Si el cliente plantea: "Quiero mejorar el resultado de mi encuesta de clima", debe saber que el resultado de su encuesta de clima es también un estado de ánimo instalado, que está construido en función de acuerdos cumplidos y no cumplidos, promesas rotas, capacidad de logro. ¿Cuántos de los pedidos que hacemos se cumplen y cuántos no? ¿Cuántas veces piden por cuadruplicado porque no saben quién les va a cumplir? ¿Cuánto se encargan solos y el equipo está esperando que le deleguen algo y no lo hacen para permanecer con el control, porque "nadie lo va a hacer ni mejor, ni más rápido, ni más eficiente que yo"? Cuánto tardaba antes en hacer algo y cuánto se tarda ahora es un indicador de la calidad de nuestra coordinación de acciones que pertenece al dominio de la relación. Pareciera que no, pero ¡las relaciones se pueden medir!

Si R es igual a R, ¿desde qué bases se pide colaboración? La Relación es como el abono de los Resultados.

La pregunta siempre pasa por cómo se mide, qué es lo que observamos que nos permite hacer juicios de valor. Podemos crear escalas para hacer mediciones de satisfacción (totalmente satisfecho a totalmente insatisfecho), de calidad (excelente, muy bueno, bueno, regular y malo), y así buscar, encontrar y crear infinitas maneras de medir. El propósito de la medición es dar visibilidad y volver asequible aquello que aparentemente solo pasa por la percepción. Si lo puedo medir, lo puedo "ver", y lo puedo cambiar.

Como coaches ejecutivos somos expertos en llevar a indicadores la relación. ¡Todo se puede medir! Y si no hay un indicador, ¡lo inventaremos!

Gestión del error

La gestión del error es un tema sensible porque puede verse como un atentado a la identidad corporativa, pero evitarlo no hace que los errores desaparezcan, y resta oportunidades de aprendizaje individuales y grupales. Para abordar este punto, nosotras solemos empezar por preguntar qué es lo que pasa cuando alguien se equivoca, cuáles son las consecuencias. Hay veces en que los errores se ocultan por tanto tiempo que cuando son detectados ya es demasiado tarde; y una mala gestión del error puede impactar, por ejemplo, en la rotación del personal (evidenciando el vínculo entre Relación –miedo a declarar los errores– con Resultados –desvinculación–).

Algunas preguntas para el cliente pueden ser: ¿cómo se traduce la gestión del error en el resultado? ¿De qué porcentaje de errores de tu equipo te enteras en la actualidad? Y ese porcentaje ¿qué impacto tiene en la gestión? Se le puede proponer al cliente definir un porcentaje de errores que quiera saber. También podemos indagar en mayor profundidad: ¿cómo gestionas el error? ¿Cuántos errores se convierten en oportunidades de aprendizaje? ¿Hay permiso para equivocarse? ¿Hay permiso para decir "Me equivoqué, no sé qué voy a hacer"? ¿El error se condena o es una oportunidad de aprendizaje?

Calidad de la comunicación

Es posible medir la calidad de la comunicación con preguntas como: ¿en qué porcentaje se cumplen los pedidos? ¿Incluyen las condiciones de satisfacción que establecieron? ¿Se cumplen las promesas? ¿Se cumplen los tiempos? ¿Cuántos ofrecimientos se hacen? ¿Se puede decir que no? Otra forma de medir la comunicación puede relacionarse con la escucha: ¿Cuánto tiempo o cuántas oportunidades das de escuchar a los demás? Es bien sabido que los líderes que más escuchan a sus equipos son los que mejores resultados tienen. Es más, profundizando en la escucha podemos obtener retroalimentación a tiempo, no solo del avance de los

© GRANICA

119

proyectos, sino de los estados de ánimo y del compromiso de las personas con las que estamos trabajando o están dentro de nuestra red. Podemos extender la escucha para obtener además retroalimentación de la calidad de nuestras relaciones con clientes, *stakeholders* y el mercado en general. El tiempo que dedicamos a escuchar y la cantidad de oportunidades que buscamos para hacerlo se pueden medir.

Forma de trabajo

Otra manera de medir la R de relación es la forma de trabajo. Es común que las organizaciones trabajen en silos o compartimientos estancos, donde la información se mantiene dentro del área y todo se maneja de manera entrópica con escasa relación hacia fuera, es decir, con otras áreas del negocio. Esta modalidad se puede transformar en comunicación y coordinación de acciones entre áreas, y medirse convocando a cierta cantidad de reuniones con todos los integrantes en lugar de hacerlas separadas por área. Llevarlo a la R de resultados sería algo así: definir un escenario en el que todos participen, un proyecto común que haga que valga la pena que todos se reúnan, coordinen y se comuniquen.

Para lograr este nivel de vínculo, las relaciones internas del equipo deben ser las de socios estratégicos. Se pueden establecer modelos de relación que permitan que la confianza crezca, y fortalecer las oportunidades de colaboración mutua, por ejemplo, armando equipos de pares de diferentes áreas que funcionen en el escenario del proyecto y generando acuerdos de colaboración o acuerdos de servicio entre personas o roles. Si el proyecto es común, se favorece la alineación de objetivos sin importar el área de pertenencia.

También se puede trabajar con el modo en que un jefe tiene de relacionarse con sus colaboradores: ¿Cómo será el modelo de vínculo que impulse la apertura para que todos los puntos anteriores se logren? Por ejemplo, en lugar de un modelo donde se giran instrucciones y se dan soluciones, moverse a buscar soluciones en los demás a través de preguntas. Se puede medir el contenido de las conversaciones de esta persona calculando cuántas preguntas hace hoy y cuántas hará en el nuevo modelo, cuánto de lo que se implementa surgió de su manera de observar la realidad e intervenir, y cuánto surgirá de soluciones e ideas propuestas por otros, cuántos líderes existen hoy en el equipo, cuántos habrá, midiendo el porcentaje de proyectos que se delegan hoy y cuántos se delegarán en el futuro. Esto implica ayudar a los colaboradores a convertirse en líderes de proyectos, tendrán una curva de aprendizaje que llevará su tiempo y habrá que tolerar la demora y falta de coordinación.

Otro punto interesante en altos niveles de mando son los cuadros de reemplazo. Los líderes organizacionales no son eternos, pero es normal que funcionen como si lo fueran. Para eso podemos indagar y medir cuántos se están preparando que podrían continuar con su gestión, qué acciones toman para ello, y cuál es el criterio para elegir a quienes conformarán su reemplazo.

Escala de confianza

La confianza se conforma de cuatro dominios, y podemos hacer la analogía de una mesa con cuatro patas. La primera pata de la confianza es la *competencia*. Por ejemplo, la mejor colaboradora es incondicional, pero no es competente para el pedido actual. Va a aceptar porque es incapaz de decir que no, y en ese caso la responsabilidad es del jefe, porque no está ocupándose de que esta persona demuestre que sabe hacer lo solicitado. La competencia se refiere a saber hacer lo que se solicita y demostrarlo.

La segunda pata de la confianza es la *honestidad,* y representa el valor de la palabra: si alguien dice que sí, ¿es sí, o no se debe tomar en serio esa respuesta? Ante el pedido de hacer un plan de negocios, por ejemplo, si la respuesta es sí, establecemos un marco de tiempo, un acuerdo. Si a la semana siguiente la persona no presenta el plan de negocio, es posible dejar de pedirle cosas, porque aunque sea competente no es honesto y no cumple con los compromisos que asume.

Cuando la honestidad se ve afectada, en este ejemplo en el cumplimiento de tareas, empezamos a centralizar en las personas que sí cumplen su palabra, y la consecuencia es la sobresaturación de una parte del equipo y el desbalanceo de cargas de trabajo. Es posible tener una conversación en la cual decir: "La última vez que hablamos, de tres cosas que te pedí solo hiciste una. Me dijiste que sí a todas. ¿Cómo podemos hacer, si yo sé que eres competente, para que me digas honestamente qué es lo que sí puedes hacer y lo que no? ¿O negociar qué necesitas para poder encargarte de esto, y establecer un orden de prioridades?".

La tercera pata de la confianza tiene que ver con la *confiabilidad*, que es la capacidad que tienen las personas de mantener su palabra en el tiempo. Ser capaces de mantener el entusiasmo, hacer lo que debemos hacer. Cumplir de manera consistente con lo que se promete.

Y la cuarta y última pata, que en las organizaciones es fundamental es la *vulnerabilidad*. Esto significa saber que cuando las cosas se compliquen, esta persona me va a cuidar. No significa ser cómplice, sino más bien asumir el cuidado de una relación que se desea mantener a largo plazo. En lugar de desentenderme o desconocer un compromiso asumido, cuido la relación y me apego a los acuerdos realizados desde un comienzo; si veo que no voy a poder cumplir, pido ayuda o aviso con el debido tiempo.

Es frecuente que en el mundo empresarial, ante la pregunta incómoda por un proyecto o un resultado, al sentirse evaluado, alguien responda despegándose del conflicto.

Otro involucrado piensa que el problema está en su equipo, comparten objetivos corporativos, y se pregunta a qué se debe esta reacción ahora. Seguramente por dentro le recrimina el no haber sido claro en su postura en otro momento, no haberlo conversado oportunamente, replantear los acuerdos o el alcance, en lugar de "lavarse las manos" cuando las cosas no salieron bien y asignar la responsabilidad a otro. ¿Acaso no eran un equipo? Este tipo de actitudes generan aislamiento, desconfianza y que la R de Relación se vaya a pique, porque es probable que para el siguiente proyecto compartido que comiencen, la persona tome medidas para sentirse segura: hacer acuerdos por cuadruplicado, o mandar un mail con copia a toda la organización para que quede registrado quiénes están involucrados en el tema. Estos son indicadores de falta de confianza. Para cuidarnos a nosotros mismos buscamos respaldo y testigos.

Es posible tener conversaciones bien dirigidas sobre cualquiera de los cuatro dominios para reconstruir la confianza, si es que ese es nuestro compromiso como coaches.

Piensen en su trabajo, en la confianza en estos cuatro dominios, y fíjense cómo evaluarían sus propias competencias como coaches ejecutivos, como parte de un equipo de coaching o una consultora. A quienes tienen colaboradores a cargo, como líderes de equipos de sus empresas, ¿cómo calificarían a sus equipos? ¿En qué dominios les parece que tienen que trabajar? Las conversaciones que tengan con las personas se van a parecer bastante a una conversación de coaching, porque van a tener un foco particular, en donde los otros pueden tomar acciones, si es que quieren, para cambiar.

Promedio relacional: mapa de relaciones

Para medir la R de Relación a través de una escala de calidad, podemos usar el mapa de relaciones, estableciendo un rango del 1 al 5 y asignando un valor a cada número, de modo tal que nos sirva para abordar la realidad de nuestro cliente.

Proponemos un ejemplo de escala que utilizamos con frecuencia.

1. Una relación 1 es *excelente*. La coordinación de acciones es impecable, el nivel de confianza cubre los cuatro dominios. Es incondicional. Se cumple la palabra, hay permiso para el disenso y lo que prima es el compromiso. La relación es el contexto para que todo sea posible. Podríamos decir que la comunicación es telepática, las personas se entienden con la mirada.

2. Una relación 2 es *muy buena*. La coordinación de acciones es eficaz, se disfruta el trabajo en equipo, es divertido, hay confianza plena. El equipo es una red de funcionamiento efectiva, en donde se cumplen los acuerdos, hay un buen estado de ánimo y predisposición para trabajar juntos.

3. Una relación 3 es *neutral*. No complica ni facilita las gestiones. No interfiere en el desarrollo del otro. No hay un gran desarrollo del vínculo y existe cordialidad pero sin compromiso.

4. Una relación 4 es *regular y hostil*. Se está a la defensiva y se percibe malestar. Un encuentro en una reunión se pronostica como problemático, las partes piensan que el otro atacará, los pondrá en evidencia o perjudicará, menospreciará los proyectos propios, criticará y actuará por la espalda.

5. Una relación 5 es *mala y tóxica*. No coincide con la base de los valores, la convivencia es imposible, y se evitan reuniones o contextos de encuentro porque no se sienten psicológicamente seguros de estar en esa relación. La base es la desconfianza.

En la dinámica organizacional, esta escala puede servir para hacer un mapeo de relaciones, pero a grandes rasgos nos sirve para darle visibilidad a una incoherencia a la cual somos mayormente ciegos: le pedimos a una relación 4 los resultados de una relación 1. Volviendo a R=R, una relación 4 da resultados de 4, una relación 1 da resultados de 1, es directamente proporcional siempre.

Siguiendo el mapa, podemos obtener un promedio relacional de una forma muy sencilla: sumando el número que nos da la calidad de relaciones y dividiéndolo por el número de relaciones que hemos calificado. Eso nos da una idea del tipo de relaciones que se están estableciendo en general.

El director de ventas del ejemplo del apartado anterior, ¿qué calidad de relaciones tenía con cada una de las personas de su equipo? Si el promedio relacional da 3, que es neutro, ¿por qué esperamos resultados de 1? Tenemos que trabajar en los otros dos puntos que faltan, tres de tres resultados neutros muestran dónde está la oportunidad.

Vale la pena aclarar que de ninguna manera pretendemos que todas las relaciones sean 1. El valor de calidad de relación al que aspiramos va a estar determinado por el tipo de resultado para el cual vamos a trabajar sobre ella. Hay veces que con una relación 2 es más que suficiente. Otras, pasar de un 4 (hostil) a un 3 (neutro) hace toda la diferencia. O simplemente pasar de una relación neutral (3) a una muy buena (2) destraba ciertos aspectos que nos permitirán alcanzar nuestros objetivos con el cliente.

La utilidad del mapa de relaciones es mostrar el paralelismo de la ecuación R=R, e iniciar desde un lugar muy claro el camino hacia los resultados deseados.

Nuestra invitación es a que exploren la fórmula y la hagan suya. Seguramente descubrirán nuevos indicadores a medida que la usen. No se desanimen si al comienzo cuesta un poco de trabajo o les sale torpemente, todo eso va mejorando a medida que la practican una y otra vez. Recuerden que para incorporar una habilidad el secreto está en repetirla tantas veces como sea necesario hasta hacerlo sin darse cuenta.

6. Objetivos de las sesiones y objetivos del proceso

Para que las personas desarrollen su autoestima, además de acumular
éxitos, necesitan saber que se debe a su propio esfuerzo.
JOHN WHITMORE

Como coaches ejecutivos, debemos tener la mirada puesta en dos puntos a la vez: el valor que se agrega en cada sesión, y el valor que con cada intervención se va agregando al proceso general. Reconocer el valor de cada sesión es un indicador de avance del proceso de coaching, y pedirle al cliente que en cada encuentro distinga cómo el objetivo de la sesión le aporta al objetivo del proceso, lo mantiene presente en el "para qué" del coaching.

La relación entre objetivos es parte del trabajo del cliente. Cuando se alargan los programas (porque se espacian mucho las sesiones o porque se agregan más) es fácil perder de vista el propósito, pero la documentación cobra relevancia: se puede revisar la planilla de lo realizado y recuperar el sentido del trabajo, o ajustar los objetivos a las necesidades actuales.

Hay veces que no estamos conformes porque el cliente no logró el cien por ciento de los objetivos asumidos, y sentimos que no hicimos bien nuestro trabajo de coaches. Pero ese juicio le corresponde al cliente en términos del compromiso que puso en su programa. Lo que sí podemos hacer es una evaluación de nuestro trabajo y, si hay brechas, revisar qué nos falta y pedir coaching o supervisión para cerrar los gaps detectados y explorarlos como espacios de aprendizaje.

Una vez establecidos los objetivos del proceso de coaching, las sesiones son básicamente para reflexionar y conversar acerca de cómo va a hacer el cliente y quién va a ser para lograr sus objetivos. Por eso, definir el marco de la relación y sus límites, así como el enfoque del trabajo, contribuyen al espacio de la relación coach-cliente. La información queda documentada en el acuerdo, y la línea de intervención se verá a lo largo del proceso, sesión por sesión, hasta lograr los resultados.

¿Cómo ligar el objetivo de una sesión al objetivo de un proceso?

Nuestra responsabilidad como coaches es encontrar la unión de cada sesión con el proceso, la coherencia. El acuerdo de coaching presenta claramente los objetivos que vamos a trabajar, los grandes propósitos, y hacia ello vamos a enfocar cada una de las sesiones para ver cómo contribuyen individualmente con lo declarado. El cliente no tiene por qué estar poniendo el ojo ahí, pero nosotros sí, porque lo que trabajamos en cada sesión tiene que tener sentido, alimentar al gran resultado que busca el cliente.

Se puede incluir al comienzo de cada encuentro la pregunta por el objetivo de la sesión, y una vez establecido, preguntar cómo se relaciona ese objetivo con los objetivos del proceso. También rescatar, al finalizar cada sesión, qué se lleva el cliente y en qué estado de ánimo queda, para traer a la conciencia de qué se dio cuenta y cuáles son las siguientes acciones a partir de allí.

Muchas veces hay sesiones en donde el cliente trae temas que no entendemos qué tienen que ver con los grandes objetivos que quiere lograr; pareciera que nos cambió de tema, que se fue del impulso grande de lo que empezamos

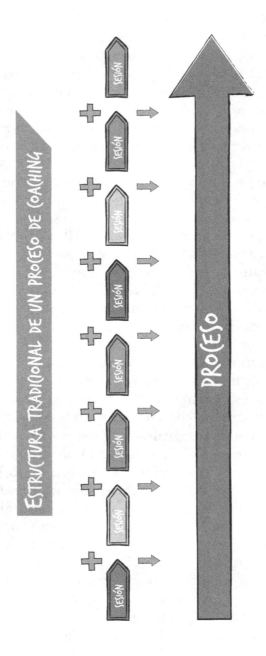

Gráfico 3

ESTRUCTURA TRADICIONAL DE UN PROCESO DE COACHING

SESIÓN + SESIÓN + SESIÓN + SESIÓN + SESIÓN + SESIÓN + SESIÓN + SESIÓN

PROCESO

a trabajar, y habla de algo que parece totalmente desligado. En esos casos se le pregunta cómo lo que trae para trabajar en la sesión se une o tiene sentido con los objetivos que declaró en el acuerdo de coaching. Nosotros hacemos la pregunta, él busca la unión: los que traemos a la conciencia la relación entre la conversación y el objetivo, somos nosotros.

Es muy importante preguntar, porque al interpretar nos relacionamos más con nuestro mundo que con el del cliente, que es justamente nuestro escenario de trabajo. Solo a través de preguntas podemos entender por qué ciertos modelos de relación le dan sentido al otro.

Los modelos de relación sirven a los resultados que el cliente produce en el momento presente (R=R), y el interés por cambiar ese resultado le devuelve su capacidad de elegir. El objetivo, el cambio, es siempre su decisión. Así establecemos la distancia entre el estado actual y el estado deseado. No recomendamos empezar ningún proceso de CE sin indicadores de ambos extremos, porque trabajamos para acompañar al cliente en el cierre de esta brecha.

Si bien hay momentos del proceso en los que se produce una especie de meseta y se pierde visibilidad del proceso y los resultados, estos dan cuenta del tiempo en donde el impulso del comienzo ya tomó cierta inercia. Y ahí es cuando el acuerdo sirve para reevaluar el progreso.

El cliente puede decidir cambiar el acuerdo, y como coaches debemos evaluar y medir el avance de lo previamente acordado y ver si se redirecciona el rumbo. Pero si esto ocurre en todas las sesiones, debemos declarar la incoherencia y escuchar lo que nos dice del proceso. ¿Se repite este patrón en el dominio de su trabajo? Situaciones así no deben interpretarse *a priori*, sino que son una oportunidad para preguntarle al cliente, para seguir conociendo su mundo de inquietudes y preocupaciones. Si es una persona que cambia de acuerdo permanentemente, afecta a la identidad. ¿Cómo reaccionan los colaboradores ante los cambios continuos? ¿Para qué sirve esta modalidad de trabajo en la convivencia con otros? ¿Cuánto dura la pasión por el objetivo? ¿Cuántas veces en el planteo de objetivos, de planes, de estructuras a largo plazo, mantiene el foco en el resultado final? ¿El objetivo le sigue pareciendo igual de "sexy" o quiere cambiar? Hay que evaluar cuántas veces quiere cambiar, porque también puede ser una manera de no hacerse responsable de lo que planteó al comenzar.

Si el acuerdo tiene doce sesiones y el cliente sigue cambiando los objetivos en la quinta sesión, tenemos que dejar en claro, con datos, que nos comprometimos a un número de sesiones para lograr un resultado, pero como cambió hasta la quinta solo quedan siete para lograr lo que habíamos prometido. Está en juego nuestra capacidad de asegurar el sentido de las sesiones asociado a los objetivos finales declarados al comienzo y debemos acordar con el cliente si el nuevo objetivo se podrá lograr en el tiempo que nos queda.

Los coaches trabajamos para el mundo de los clientes, queremos comprender lo que tiene sentido para ellos. Si el cliente se da cuenta de que no tiene sentido, podemos empezar a indagar y, como mencionamos al inicio del capítulo, está bueno mostrarlo como dato, para conocer cómo podemos ayudarlo a que vuelva al objetivo.

A medida que avanzamos y unimos el objetivo cumplido de cada sesión en particular, lo que generamos son indicadores de avance. Al acercarnos al objetivo, podemos marcar ciertos hitos de avance del proceso, y es válido que al final de la sesión pregunten de qué manera lo que se conversó fue acercándonos más al objetivo general, y cómo los temas que vimos resuelven o se hacen cargo de estos grandes propósitos.

¿Cuánto dura un proceso de coaching ejecutivo?

Cuando nos preguntan cuántas sesiones tiene un proceso de coaching, recomendamos que empiecen por investigar en cuántas sesiones cada coach es bueno para cumplir las promesas que le hicieron al cliente. Tras años de práctica nos dimos cuenta de que nosotras somos efectivas en 10 a 12 sesiones, con objetivos ambiciosos de parte del cliente. Pero solo lo sabemos por haber coacheado, coacheado y coacheado durante más de veinte años.

Si todavía no saben en cuántas sesiones son efectivos, les sugerimos estructurar sus propuestas en bloques, y proponer al cliente trabajar primero en un bloque de cinco, lograr hasta un punto y dejar abierta la posibilidad de contratar otras cinco. No hay nada menos atractivo para el cliente que no saber cuándo se termina un proceso. Es preferible, como dijimos antes, que hagan una promesa pequeña y cumplible, con principio y fin, y que el cliente quiera y pida más, que hacer una promesa que no tiene fin.

Si no establecemos un límite de tiempo específico, todo lo que vamos construyendo con nuestro cliente se va desluciendo porque no sabemos cuánto falta para terminar y quedamos a la deriva de nuestras voluntades para llegar a los objetivos. Poner un número de sesiones nos ayuda a todos a

Gráfico 4

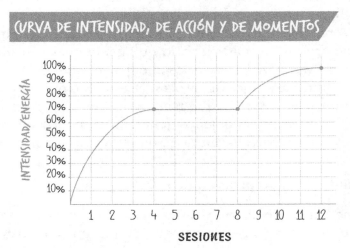

tener en la mira cuántas sesiones tenemos para lograr estos grandes objetivos.

¿Cómo se mide el avance?

El avance se puede trasladar a porcentajes, preguntando al cliente ¿en qué grado consideras que estás en relación con lo que quieres lograr al final del programa? Hay personas que dicen: "Si en esta sesión yo siento que avancé un 10 %, un 20 %, en la próxima sesión voy a lograr un gran avance". Hay progresos importantes que se dan en cuanto el cliente se pone en acción y empieza a resolver, por eso es tan relevante animarlo a que KPIaccione, y que en cada sesión haya por lo menos alguna tarea de transferencia en donde llevar a la práctica lo conversado.

Si ubicamos muy lejos el objetivo final del programa y no nos hacemos cargo de eso, se empieza a caer en la inercia, las ganas de ir a las sesiones de coaching se desvanecen, y empieza a perder sentido y foco. Los clientes sienten que las sesiones pierden el atractivo, el compromiso, la creatividad y la emoción, y se convierten en conversaciones muy generales y etéreas o del tipo "más de lo mismo", o *business as usual*, las cosas de todos los días del negocio.

Hay que resaltar que en cada sesión nos acercamos a lo que se quiere lograr, y enunciar cómo vamos, cómo se relaciona, es mantenerlo con el objetivo presente. Es fomentar una práctica que después, cuando terminemos, queda instalada para la próxima vez que quiera encarar un proyecto solo y quiera replicar lo que aprendió en sus sesiones de coaching.

Flujo del proceso

1. La curva ascendente. Sesión por sesión, avanzamos, y somos capaces de observar qué pasa en el fluir del proceso. Durante las primeras cuatro sesiones, si hiciéramos una curva de intensidad, de acción y de momentos, la curva se tornaría marcadamente ascendente y en diagonal. Se ven hábitos, emociones, sentimientos y otros aspectos que antes no se veían por formar parte de los puntos ciegos del cliente que ahora se revelan y se nombran. Lo más probable es que arranque con un ímpetu muy grande de acción y observación que le va a habilitar un mundo diferente del que percibía, y por ende, resultados diferentes de los que tenía.

2. La meseta. Todos los momentos de descubrimiento luego tienen que apalancarse en la acción, y comienza una meseta en la cual la gran emoción que producen estos descubrimientos se vuelve costumbre, y se trata de llevar la gestión a este nuevo nivel. Para eso se necesita un tiempo en donde la clave es repetir y practicar para incorporar en la biología lo que se está logrando hacer, y el aprendizaje de lo nuevo que antes no estaba disponible. En este momento de meseta, entre la cuarta y la séptima sesión, el cliente puede referir que ya no está igual de entusiasmado como al principio, que el progreso no es tan evidente y que no hay mayor descubrimiento en su mundo. Nuestro recurso es tomar la planilla de seguimiento y pedirle al cliente que haga una reflexión sobre su propio proceso de aprendizaje, mostrarle la evidencia del progreso desde la primera sesión, repasando el contenido, las tareas y los resultados obtenidos sesión tras sesión. Es una forma de diferenciar si el cambio que está haciendo es permanente o pasajero. Con esa evidencia el cliente se da cuenta, y puede reconocer que aprendió y que hizo cambios que colaboran con todo su proceso y lo acercan a su objetivo.

Los estudios de Daniel Kahneman demuestran que cuando evaluamos nuestras experiencias pasadas, solemos recordar los momentos mejores y los más recientes, y prestamos poca atención a todo lo demás. Es lo que se conoce como "la regla del apogeo y el final". Si alguien nos pide que le relatemos brevemente lo que nos dejó el proceso de coaching, nos va a venir a la mente el momento cumbre y el final. Es por eso que como coaches debemos dar un espacio para recapturar la experiencia.

Uno de los motivos de sufrimiento organizacional más recurrentes es que las personas no se toman un minuto para reconocer y celebrar lo que están logrando, y entonces la sensación de logro queda anulada por la ansiedad por el futuro y la falta de presencia. Como coaches recomendamos tener presente los hitos que sirven para revisar la distancia recorrida, los momentos de aprendizaje más significativos y relevantes, y reflexionar sobre ello.

Combinar acción con reflexión es una fórmula balanceada para la relación, hacer un traslado a la biología, al cuerpo, evitar anestesiarnos, y estar alertas a la tendencia de filtrar solo con la cabeza. Instemos a aceptar y agradecer que tenemos un cuerpo que nos acompaña y que es el elemento que lleva a la acción todo aquello que conversamos, porque si el cliente no habilita estas pausas, tampoco lo hará con su equipo de trabajo, y los objetivos comunes van perdiendo sentido, propósito y conexión con las personas.

3. Final de la curva. Por lo general, en las últimas sesiones la curva asciende en función de los objetivos que se van concretando y otros nuevos que pueden surgir que no fueron mencionados al inicio. La proximidad del final genera un impulso de acción poderoso que nos reconecta con la sensación de logro y satisfacción.

Si bien recomendamos revisar el acuerdo periódicamente, sugerimos que un par de sesiones antes del cierre evalúen el grado de avance y logro de los objetivos para enfocarse en lo que falta y contar con el tiempo suficiente para cumplir con lo pactado. En tantos años de práctica, hemos notado que hay muchos indicadores de progreso y logro de los cuales nosotros como coaches no somos conscientes, sin embargo nuestro cliente puede registrar claramente algunos hitos, porque se trata de él y de lo que le es familiar.

Ejemplo

En una ocasión me contrataron para ayudar a una clienta
a mejorar su estilo de liderazgo y el grado de aceptación de
sus equipos hacia ella. Tanto ella como sus jefes reportaban
avances importantes del proceso y se sentían satisfechos, a
punto tal que volvieron a contratarme para otros procesos.
Con el tiempo me enteré que ellos hacían evaluaciones periódicas con un índice de liderazgo (una métrica interna
de la compañía) en las que mi cliente comenzó teniendo
una calificación negativa y luego mejoró en más del 200%.
Esta información la obtuve gracias a que mi clienta comple-
tó el formato de logros al finalizar el proceso, agregando
valor con un dato representativo que yo desconocía.

Por eso sugerimos que sean los clientes quienes completen, para el cierre, los avances y logren cuantificarlos. Esta actividad además nos ayudará como coaches a registrar y cosechar
nuestra narrativa de eficacia en los procesos. Nos habilitará a
compartir (cuidando la confidencialidad) la forma en la que
nosotros hemos logrado que nuestros clientes pasen de estar
en cierto nivel a otro y poder proveer la evidencia necesaria.

**Al momento de hacer un acuerdo de coaching,
el coach tiene que ser capaz de saber
cuál es su nivel de competencia para
comprometerse al cumplimiento de las promesas
que van a hacer en ese documento.**

La acción siempre está en el terreno del cliente, pero el nivel de la relación y de las conversaciones que tenga con el coach
es lo que va a determinar el mundo de posibilidades que se abre
para esa persona, nuevos estados de ánimo que lo predisponga
de otra manera a lidiar con las situaciones de su día a día.

Autoevaluación del coach

Vamos a enfocarnos en autobservarnos a lo largo de las sesiones y el proceso, poniendo énfasis en puntos como la

confianza en nosotros mismos, el dar consejos y en nuestra capacidad de elección.

Confianza en nosotros mismos

Hagámonos algunas preguntas como coaches: ¿cuánto confiamos en nuestra capacidad de acompañar a un cliente a lograr lo que nos dijo que quiere lograr? ¿Nos sentimos capaces de hacer esto? ¿Nos sentimos competentes? ¿Podemos declarar al cliente lo que no sabemos, proponerle que investiguemos y descubramos juntos? ¿Somos capaces de decir: "No tengo todas las respuestas"?, ¿y de preguntar y no tener vergüenza de hacer ciertas preguntas? ¿Somos capaces de poner sobre la mesa lo que no nos atrevemos a decirle?

Esta autoevaluación como coaches tiene que ver con la confianza en nosotros mismos, y es tan importante como el nivel de confianza que le pedimos al cliente: si ese acto de honestidad no existe, en la relación de coaching va a faltar información, van a existir incoherencias. Y antes de preguntarle al cliente pregúntense ustedes cómo están jugando, cómo están en esa relación y cuánto de lo que está pasando es el resultado de las conversaciones internas que ustedes tienen y que no están sabiendo poner afuera.

Esto no significa que como coaches no podamos pedir ayuda a un colega que nos coachee, e inclusive pedir supervisión. Nosotras lo hacemos todo el tiempo; si nos trabamos con un cliente pedimos ayuda, preguntamos, sacamos la cabeza del hoyo de nuestros propios supuestos, de donde ya tenemos encasillado al cliente. Podemos decir: "No puedo salir de acá, tengo estas opiniones sobre mi cliente y no puedo avanzar. Todo lo que me dice lo vuelvo a meter en la historia que ya tengo". Tener la mirada de otro y mantenernos "en salud" como coaches está buenísimo. Aprovechen esta red a la que pertenecen hoy para saber que tienen un montón de colegas en quienes confiar. Los coaches no tenemos que saber todo.

Nosotras creemos que el principio básico de la relación de coaching es ser honestos con nosotros mismos, pedir ayuda si es necesario, y declarar nuestros niveles de incompetencia. Eso nos pone a la par del cliente, si no, estamos como un escalón más arriba, mirándolo y evaluando qué hizo, y eso no es una relación de coaching. Estamos en la cancha al mismo nivel, uno jugando y el otro afuera. La acción está con el cliente, dejamos que él haga, que esté pleno de recursos. Cuanto mejor observador se vuelve el cliente de su mundo, mejor para nosotros, los coaches.

Aconsejar

Cada vez que los coaches aconsejamos a nuestros clientes, estamos haciendo un intento por aplicar una solución de nuestro mundo al mundo del otro, y lo privamos de pensar y aplicar sus propias soluciones. Si queremos que la acción del cliente sea realizada basada en consejos, no estamos confiando en él, ni apelando a su mejor versión y mucho menos a su desarrollo. Y el día que falta el coach, los clientes se quedan sin soluciones. Si aconsejamos, le impedimos llegar a una conclusión por su cuenta. Démosle recursos para llegar a la acción por sus propios medios: hacer preguntas abre el espacio de la creación y el diseño personal.

Hay veces en que los clientes nos piden consejos, y podemos ahondar en la conversación frente al pedido respondiendo que podríamos contestarle, pero desde nuestro propio mundo y nuestra propia historia, que no es la de ellos. Podemos empoderarlos recordándoles que el recurso más potente que tienen y tendrán siempre es reafirmarse en lo que ellos harían, en lo que esté disponible en su mundo. El poder de acción es del cliente. Debe confiar en sus propias habilidades, en sus propios recursos, en lo que ellos son capaces de hacer desde su grandeza.

Recomendamos estar atentos a la tendencia de poner al

cliente al servicio de normas en lugar de poner las normas al servicio del cliente. Si somos buenos coaches vamos a hacer que el coaching funcione para él, no que él funcione para el coaching: es de sentido común. En cada sesión ya está pasando algo.

Nuestra responsabilidad es que las cosas pasen hechas por ellos, de ahí la importancia de confiar en el proceso. Hay muchos factores que se están reubicando. Es importante cuidar la ecología de nuestras intervenciones para que los cambios que el cliente realice no atenten contra otros sistemas que también son significativos para él. Acompañémoslos a reconectar con su libertad de elección, su dignidad, su poder y su adultez.

Capacidad de elección

Nosotros no tenemos ningún control sobre las acciones del cliente, estamos hablando entre adultos en donde el punto de partida del coaching es la capacidad de elección. El cliente elige estar en este proceso, elige trabajar en esa empresa, los objetivos de la empresa, el jefe que le tocó y lo que está en su contexto. Si no lo elige, no puede hacer nada con eso y adopta el papel de víctima. Desde el momento en que trabajan en una organización –y esto se lo decimos a nuestros clientes siempre– eligen todo lo que va a pasar y todo lo que pasó. Y además pueden elegir irse.

Desde una mirada sistémica, el cliente no está aislado del mundo, sino que vive en un contexto organizacional, es una célula viva en intercambio con su medio: le afectan las políticas de la organización, los cambios, las decisiones, lo que pasa en su área, lo que pasa en el mercado, lo que pasa en el mundo, lo que pasa en el país para ese negocio. Debemos observar todo lo que rodea al cliente, no solo el micromundo que relata, porque muchas veces el sistema emocional del cliente puede estar afectado por otras cosas que pasaron que no están dentro de la organización. Empecemos a mirar con ojos más grandes el mundo de nuestro cliente y el mundo donde ese mundo está inmerso, los clientes viven en un mundo propio de inquietudes y preocupaciones vinculadas a su medio, y es desde allí donde podemos indagar profundamente qué es lo que quiere lograr. Nuestro papel es reconectarlo con la plenitud de recursos con la que cuenta, reconectarlo con su poder personal que es, en definitiva, su capacidad de movilizar recursos en el mundo.

En este contexto, el coaching no deja de ser una conversación entre dos seres humanos, en donde a una persona le importa lo que otra persona quiere lograr. Y lo va acompañar a lo largo del camino, lo acompañamos, vamos juntos, nos arriesgamos juntos, lo escuchamos, le preguntamos, lo desafiamos, y desarrollamos mucho sentido común. Y una vez más, el que se va a mover, el que va a cambiar cosas en su vida es el cliente. No podemos actuar por él, el cuerpo lo va a poner él. Que tenga una narrativa de sí mismo que le permita tomar acción en lo que no había tomado antes, que lo conecte con su objetivo y con que vale la pena correr riesgos. Eso es lo que hacemos los coaches: ayudar a crear una historia que permita o habilite en los clientes acciones nuevas, diferentes, alineadas con su objetivo. Mientras respeten un marco ético de no dañar al otro, hagan lo que puedan para estar a su servicio, porque creer que el cliente va a hacer algo porque se lo dijimos nosotros es un alarde de egocentrismo.

Primero, confíen en ustedes mismos, porque si eligieron la profesión es porque algo de ustedes está conectado con esta práctica y esta manera de ser. Conecten con las sutilezas que van ocurriendo en la conversación en todo el proceso. Confíen en su propia intuición, en sus propias elecciones. Y confíen en que el proceso de coaching se va a desenvolver, se va a desarrollar.

¿Cuál es el norte para cuando nos perdemos? El acuerdo de coaching. Siempre vuelvan a los resultados.

7. Objetivos

Si no sabes a dónde vas, no importa qué camino tomes.
LEWIS CARROLL

¿Cuál es tu relación con los objetivos?

Esta es una pregunta que hacemos frecuentemente y aparece en el trasfondo de todas nuestras intervenciones. Cuando hacemos esta pregunta, las respuestas que encontramos son "me gustan", "me abruman", "me desafían", "me dan mi norte", "me encantan", "me perturban".

Lograr plantear un objetivo bien formulado lleva varios pasos, aunque eso varía de acuerdo a cada persona. Es fácil notar cuando la mente comienza a "divagar" en una suerte de resistencia a la propuesta de formular objetivos. Incluso hasta cuando proponemos conectar con esos objetivos "irresistibles", la sala se llena de comentarios generalizados, poco aterrizados y difíciles de concretar. Cuando somos testigos de este fenómeno, hay tierra fértil para trabajar: en vez de corrernos de esa zona de "incomodidad", indagamos amorosamente, porque sabemos que detrás de esa necesidad de salir librados, de manera imprecisa y vaga, está el gran premio de conectar con un espacio de crecimiento y transformación. También es importante ser cuidadosos y estar atentos para no quedarse con objetivos que se quedan a mitad del camino.

Una de las presuposiciones de la Programación Neurolingüística, según Joseph O'Connor, sostiene que no hay errores o fracaso, solo hay retroalimentación. El fracaso es una forma de describir un resultado y podemos utilizarlo para corregir la dirección de nuestros esfuerzos. Las personas no han "fallado", sino que simplemente han encontrado lo que no funciona. Nos gusta acercar esta interpretación en los ecosistemas en los que intervenimos, porque libera tensiones y abre un espacio de relación más nutritiva con algo tan importante como nuestra carta de navegación y nuestra capacidad de transformarnos. Cuando intentamos indagar por qué hay resistencia a los objetivos, cuando en definitiva son una guía, descubrimos dos grandes aspectos: uno biológico y otro relacional.

Biológico

En tan solo una conversación de coaching nuestros clientes llegan a cambiar su manera de ser en el mundo. El hecho de articular y declarar un objetivo modifica nuestra forma de interactuar con lo que existe y con lo posible. El límite no está en nuestras capacidades, sino en nuestra mente. Somos individuos abiertos a la transformación, Humberto Maturana y Francisco Varela lo explican de maravilla en su libro *El árbol del conocimiento*: estamos permanentemente acoplándonos al entorno, y en cada interacción se activan cambios estructurales en nuestro propio sistema.

La mente ejerce mecanismos de control con el objetivo de gastar la menor cantidad de energía posible, y la Teoría de la Mente (TDM) postula que el cerebro es una máquina predictiva: tiende a comparar la información nueva con la que ya tenemos aprendida. Eso justamente es lo que pasa cuando abrimos la conversación de objetivos: nuestros clientes piensan "no es posible para mí", "tengo miedo", "no sé cómo hacerlo", "nunca lo hice". Esto ocurre de forma automática, sin darnos cuenta estamos haciendo ese proceso que se vuelve un patrón de conducta.

Investigaciones recientes han descubierto que hay un neurotransmisor, la dopamina, que se encarga de darnos el empujoncito que necesitamos para adentrarnos en el mundo de los objetivos y la acción. En este proceso se activa la corteza prefrontal y genera una alta intensidad de energía. A su vez, ponemos las experiencias previas al servicio de los nuevos objetivos que perseguimos, para gastar la menor cantidad de energía posible. Esas autopistas mentales ya fueron recorridas, y muchas veces trazar objetivos más grandes que nuestra historia nos obliga a crear nuevos caminos, lo que implica consumir más cantidad de energía para generar nuevos hábitos y crear nuevos aprendizajes.

La plasticidad cerebral es un concepto difícil de definir, pero a grandes rasgos hace referencia a la capacidad de nuestro sistema nervioso para cambiar su estructura en respuesta a las demandas que tenemos del entorno. Podríamos decir que un "objetivo bien formulado" es una nueva demanda de nuestro entorno, y por lo tanto puede activar este mismo proceso de aprendizaje, cambio y resistencia. Recomendamos a los coaches leer e informarse en neurociencias ya que a la hora de intervenir no podemos dejar de tener en cuenta estos aspectos biológicos que nos constituyen.

Relacional

En nuestro trabajo encontramos a personas que tienen una relación tóxica con los objetivos, tienen un encuadre cargado de prejuicios limitantes que logramos indagar a partir de preguntas poderosas, estando presentes en la relación, y generando un espacio que los habilite a mirarse. Luego de buscar una causa más profunda, y de mostrarles el patrón de evasión que articulan sin darse cuenta, nos dicen, por ejemplo: "Ponerme objetivos y no cumplirlos es malo", "Prefiero no poner objetivos para evitar confrontar contra ellos", "¿Qué pasa si no los cumplo, soy insuficiente? Estoy mal, no quiero sentirme peor", "No estoy seguro de saber cómo lograrlo", "En otra ocasión intenté hacer algo así y no me funcionó". Lo relacional puede ser cultivado, regulado y apreciado, es posible generar la capacidad de adaptarnos, de cambiar e ir por lo que queremos.

Nosotras buscamos acompañar a nuestros clientes para que conecten con un fin, un lugar desde donde venir, un propósito que los atraiga y que haga que el camino sea apasionante y fantástico. Sin embargo, llegar a plantear objetivos bien formulados, parece ser más que una técnica, un arte.

Ir hacia y venir desde

Los objetivos no son un lugar a donde llegar, sino un lugar "desde donde venir". Cuando en 2013 nos propusimos que Liderarte Performance y Coaching fuera una consultora de categoría mundial, no pensamos qué es lo que teníamos que hacer para llegar allí, más bien intentamos sentirnos allí: mirar, caminar y atender el teléfono como alguien que ya estaba en ese lugar a donde nosotras queríamos llegar. ¿Qué piensan, qué sienten o sobre qué conversan las fundadoras de una consultora de categoría mundial? ¿Qué tipo de propuestas hace una consultora de categoría mundial? Eso es parte del secreto de nuestro éxito: "venir desde el resultado que queríamos lograr", entender la diferencia de "ir hacia" y "venir desde". Y eso es lo que hacemos con nuestros clientes.

Sostener ese espacio como contexto para que los objetivos emerjan es fascinante. Las personas se empiezan a amigar con los objetivos y los utilizan como el impulso que atrae a esas nuevas maneras de ser y hacer para alcanzar lo que quieren. Los objetivos nos sirven para calibrar y medir la distancia y diferencia entre el estado actual y el estado deseado. ¿A dónde estamos ahora? ¿A dónde queremos ir? ¿Cómo podemos llegar? ¿Qué está en el camino? ¿Qué falta y qué sí tenemos?

Distancia y diferencia

Si le preguntamos a una persona qué tan lejos está de alcanzar un objetivo, probablemente responda con palabras y gestos, por ejemplo, poniendo sus manos muy por arriba de su cabeza, dónde no las ve. Este tipo de gesto nos da información: a veces las manos están tan atrás que aunque mueva su cabeza sigue sin verlas, o tan abiertas que hay un espacio enorme entre una y otra.

Gráfico 5

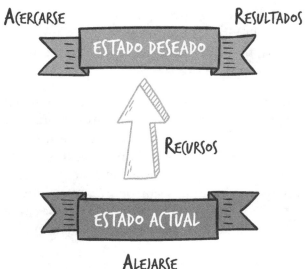

¿Qué es eso que tiene arriba o atrás de su cabeza y que no puede ver? Son indicios de cuán cerca o lejos, asociado o disociado, está del objetivo que está planteando, y qué tan grande o pequeño, fácil o difícil piensa que es.

Si el cliente necesita alejarse del estado actual para acercarse al estado deseado, hay cosas implícitas en ese juego: alejarse y acercarse también tiene que ver con soltar las certezas y abrazar incertidumbres, abrazar el espacio de lo que no conoce. Nosotros, con preguntas, también podemos jugar el juego de alejarse y acercarse y puede ser una gran sesión de coaching: ¿De qué nos tenemos que alejar y a qué nos tenemos que acercar? ¿Qué está perdiendo fuerza, y qué está queriendo emerger?

Un objetivo también es una narrativa sobre lo que la persona ve como posible, y trae implícita su historia y su futuro al momento presente, donde ese objetivo representa un anhelo.

- Si no hay un objetivo, no hay qué cambiar.
- Un objetivo es una dirección, es un punto de referencia.
- Un objetivo dirige nuestra atención.
- Un objetivo habla de cómo vemos el mundo y las posibilidades con las que nos relacionamos.
- Del objetivo dependen el tipo de acciones que emprenderemos.

Un ejemplo podría ser: "Quiero venderle a 10 nuevos clientes el siguiente mes". Eso nos permite mirar no solo de cara al futuro, sino empezar a crearnos una historia alrededor de ese deseo. Si la persona habla de nuevos clientes, podríamos ver cuántos clientes nuevos logra cada mes. Si es una meta ambiciosa, si es una meta pequeña, si está buscando más de lo mismo, si quiere algo diferente, ¿por qué esto es importante para él ahora?, ¿qué historia se cuenta la persona acerca de eso?

Nos gusta pensar en objetivos y referirnos a los afanes

y anhelos. Abrir la conversación con el cliente preguntándole cuáles son sus afanes, o cuáles son sus anhelos, genera una conversación llena de propósito alrededor de un objetivo que se vuelve irresistible.

Objetivos bien formulados

Cuando les preguntamos a nuestros clientes qué quieren lograr, normalmente empieza un proceso que va de lo general a lo particular: "Quiero ser mejor líder", "No quiero trabajar tanto", "No me gusta esta relación", "Quiero ser feliz". Estas frases están llenas de distorsiones porque las personas deformamos la información. Si las frases presentan vacíos o solo parte de la información relevante, hace "eliminaciones". Cuando universaliza aspectos particulares, tomando algunos aspectos y pensando que constituyen la totalidad de la categoría, son "generalizaciones". Para ello acompañamos el diálogo de nuestros clientes con preguntas que los ayuden a conectarse con su propósito y plantear objetivos bien formulados.

Recomendamos acompañar el ritmo del cliente. A veces queremos descargar un montón de preguntas para que el cliente aterrice y no estamos dejando que haga su proceso. Cuando ayudamos a nuestros clientes a encontrar ese propósito y dar con el objetivo –que es el corazón de nuestra intervención–, el cliente parece un helicóptero: sube y baja en su esquema de pensamiento, plantea un objetivo inespecífico, alto, que después no puede explicar con el lenguaje, baja un par de escalones, se vuelve más específico y concreto, después vuelve a subir y bajar, y tenemos que encontrar un camino que nos lleve a aterrizar ese helicóptero en un terreno fértil, que lo llene de energía vital para que pueda hacer lo necesario para alcanzar sus objetivos y crea que eso vale la pena. En este proceso, cada quien tiene sus propios filtros, pasando de lo general a lo particular, o de lo negativo a lo positivo, se acerca o se aleja, va de las ideas a la acción, o de la acción a las ideas. Nosotros hacemos preguntas que sirvan para poder acceder y conectarse con el espacio de posibilidades que se abre cuando se plantea un gran objetivo y logra crear una imagen mental de cómo se ve el objetivo concretado o alcanzado.

Nuestros clientes necesitan datos e información que puedan tomar con sus cinco sentidos, que puedan ver, oír, oler, escuchar o tocar. Esa es una forma de aterrizar los objetivos, y desde allí ir al mundo de objetivos bien formulados. Cuando enseñamos esta técnica nos gusta plantearles a nuestros alumnos el desafío de la observación. ¿Cuántas preguntas de las que hacen para definir un objetivo bien formulado vienen desde el ego o desde la desconfianza, desde el "yo sé y tú no sabes"? A todos nos pasa, nadie está exento, porque ponemos energía en cómo hacer la pregunta inteligente en vez de ayudar a nuestro cliente. Cuando queremos trabajar los objetivos desde el ego, aparece esa resistencia, a veces nos damos cuenta, y a veces no. Pero hay que hacer el esfuerzo para no quedarse con la idea de que el cliente no está comprometido.

Nuestra sugerencia es que aprendamos a habitar la respuesta, quedarnos en calma, siendo testigos de cómo acompañamos a nuestros clientes desde nuestra mejor versión, presentes, afectuosos, atentos con su trabajo y su conexión con el futuro que lo está convocando. Podemos volver a recuperar la presencia, haciendo una observación a un gesto, o un efecto corporal, del tipo: "Vi que te pusiste colorada, cuando te preguntaba acerca de cómo te dabas cuenta de que eras una mejor líder", o "Cuando me estabas contando acerca de lo que te veías haciendo cuando eras una mejor líder, vi que te acomodaste en la silla de esta manera, ¿significa algo para ti?".

Antes de iniciar una sesión donde haya objetivos que trabajar, reconecten con su corazón. Pongan la mano en el corazón y repitan: "Voy a vivir la posibilidad de escuchar con el corazón y voy a ver qué pasa". No hay un resultado preciso, hay experiencia. Podemos ajustarnos con el tono de voz, el ritmo, el timbre, nuestra fisiología, acompasando la de nuestro cliente. Si sentimos que hay una desconexión, creemos lazos para un proceso poderoso y vulnerable, donde nuestro cliente se abra para conectar con sus más altas posibilidades. Recuerda que nuestra labor no es solucionar, es transformar. No debemos reducir un compromiso transformacional en un problema a solucionar.

Experiencia

Hice esta actividad con un equipo que estaba trabajando objetivos dentro de pequeños grupos y noté que no podían concretarlos. Entonces puse una silla vacía en el centro de la sala, eran 70 personas, y logramos sacar más de doscientos objetivos bien formulados en una jornada de tres horas. Les dije:

—Vamos a utilizar "La prueba ácida". Si ustedes pueden poner el objetivo que declararon arriba de esta silla, yo lo anoto en la planilla. Si no, haremos un nuevo intento y lo vuelven a trabajar.

Ellos tenían que declarar objetivos que pudieran materializarse en una acción o un entregable, entonces, se escribía en la planilla. Si no lo lograban, el mismo equipo ya se daba cuenta cuando no era concreto y medible. Muchos se paraban y regresaban a su lugar, porque al momento de declararlo notaban que no podía medirse, no había un entregable, entonces pasaron de plantear objetivos inespecíficos a objetivos medibles.

—Si tuvieras un dron siguiéndote arriba de tu cabeza y filmándote, ¿cómo se va a dar cuenta ese dron que tú estás haciendo eso que quieres hacer? —les decía para ayudarlos. Los objetivos comenzaron a fluir. Ya no eran del tipo: "Mejorar la relación con el equipo de planta", sino más bien: "Una junta de estatus con planta al mes", "Tiempo de máquina operando el 98 % del tiempo", "Entregar a finanzas el cien por ciento de los recibos de mercadería verificados antes de las seis de la tarde de cada viernes". La diferencia entre el planteo inicial y el último en términos de calidad de objetivos era evidente.

Dieciocho preguntas para un objetivo bien formulado

Durante la formación que tomamos de Metacoaching con Michael Hall, nos enseñaron a aplicar las 18 preguntas de un objetivo bien formulado. Hay cuatro secciones de preguntas, y cada una identifica uno de los cuatro elementos que están dentro de un objetivo bien diseñado.

Tema

1) ¿Qué quieres lograr?
2) ¿Qué verás, escucharás, sentirás cuando obtengas lo que quieres?
3) ¿Por qué quieres lograr eso? ¿Qué te dará?

Contextos

4) ¿En dónde quieres esto?
5) ¿Cuándo es posible lograrlo?
6) ¿Con quién lo harás, si es que necesitas a alguien?

Procesos para lograrlo

7) ¿Qué tienes que hacer para obtener lo que quieres?
8) ¿Eres capaz de hacer eso? ¿Puedes hacerlo?
9) ¿Lo has hecho antes?
10) ¿Cuántos pasos y etapas hay para lo que tienes que hacer?
11) ¿Tienes un plan o estrategia para tus acciones?
12) ¿Hay algo que interfiera o te prevenga para que lo hagas?
13) ¿Cómo vas a monitorear tu progreso y qué retroalimentación quieres?
14) ¿Tienes los recursos externos? ¿Tienes los recursos internos que necesitas?

Revisiones

15) ¿Es este objetivo ecológico, holístico y realista?

16) ¿Sigue siendo apetecible para ti?
17) ¿Lo vas a hacer? ¿Has hecho un compromiso?
18) ¿Cómo vas a saber que lo has logrado?

A nosotras nos gusta sofisticar un poco la típica pregunta disparadora ¿qué quieres?: ¿Qué es eso que quieres, que es importante para ti, y que si lo logras transformará significativamente la manera como vienes operando hasta hoy? ¿Qué te gustaría trabajar hoy, que además tendrá un impacto positivo en tu área?

Una clienta dueña de una empresa me dijo: "Quiero ser más empresaria, no tan mamá de mis equipos". Utilizaremos este ejemplo para poner en marcha el modelo de Objetivos bien Formulados que aprendimos en Metacoaching con Michael Hall.

No hemos usado el orden de las 18 Preguntas de Objetivos bien Formulados, porque no es un proceso mecánico, sino que vamos acompañando el diálogo del cliente y generando *insights* de aspectos que nos parecen significativos.

Experiencia

Tema. Lo que es relevante sobre la meta u objetivo

—¿Qué es lo que quieres?
—Quiero ser más empresaria, no tan mamá de mis equipos.
(Nota para el lector: Asegúrate que está puesto en positivo, no como negación. Aquí hay algo que quiere y algo que no quiere, me pregunto qué será más importante.)
—¿Qué verás o escucharás cuando seas más empresaria y no tan mamá de tus equipos?
—No sé, me sentiré mejor.
(Nota: Intentamos identificar las variables empíricas de la meta si es tangible. Aún no lo es, por eso sigo preguntando en la misma línea.)
—¿Qué más verás y escucharás?

—(Sonriendo) Ya no veré tanta gente en mi oficina, ya no me veré haciendo el trabajo por ellos...

(Nota: Al observar que comienza a encontrar esas variables, que serán de gran apoyo en nuestro trabajo como coach, le muestro que noté que sonreía cuando me lo comentaba.)

—Noté que sonreíste cuando me lo comentabas...

—Sí, es irónico porque me acabo de dar cuenta de que soy yo quien los llama constantemente.

—¿Qué es irónico?

—Creo que yo estoy provocando este comportamiento, me quejo de su dependencia de mí y me veo creando dependencia en ellos.

—¿Por qué es importante para ti dejar de provocar esa dependencia?

—Mi empresa necesita mi dirección, en ocasiones me distrae demasiado de otras prioridades.

(Nota: Identifico los valores intencionales e inspiracionales de la meta. Aquí es ocuparse de otros aspectos que solo ella puede hacer.)

—¿Cuáles son esas prioridades que requieren tu atención y no puedes hacer por estar haciendo el trabajo de tu equipo?

—Hay una solicitud de crédito que tengo que presentar para no perder esa oportunidad, y siempre digo: "Se me pasó el día, hoy no pude hacerlo porque tengo un equipo de incompetentes, si yo no les hago las cosas, nadie lo hará". Oh, por Dios, ¡entonces yo soy la incompetente con lo del crédito, ahora me doy cuenta! Si yo no hago esto nadie más lo va a hacer.

—Entonces, ¿qué quisieras lograr en esta conversación?

(Nota: Aquí intentamos que el cliente identifique el tema y la intención. Quiere ser más empresaria, delegar, aplicar para ese crédito.)

—Ver cómo hago para presentar la solicitud de crédito.

(Nota: Realiza la pregunta una o varias veces si es necesario, si después de cuatro o cinco intentos el cliente no logra concretar algo que quiere, deberás inferirlo de lo que está implícito en sus comentarios, lo no dicho, las metáforas, etc., y realizar una propuesta al cliente sobre el tema. Podrías preguntar: "¿Este es el tema más importante en el que debemos invertir nuestro tiempo y esfuerzo?".)

—¿No hay nada más importante? ¿Vale tu tiempo y dinero desarrollar esta meta?

—En realidad, si logro quitarme algunas actividades que ya deberían estar haciendo mis colaboradores, tendría tiempo para dedicarle a lo del crédito y a ser más empresaria.

Contexto. El ambiente en términos de espacio, tiempo, personas.

—¿Cuándo quieres lograr quitarte esas actividades?

—Quiero empezar esta misma semana.

(Nota: Es el marco de tiempo para lograr la meta. Saca a la luz el sentido del tiempo de la persona y también pone a prueba qué tan realista es la persona al relacionarse con la posibilidad y el tiempo.)

—¿En qué área específicamente ocurrirá este objetivo o meta?

—Hay unos registros de facturas que yo hago cada mes, si me siento con Arturo y configuramos el sistema, ya no tendré que hacerlo más y él podría completar esa tarea. También le dedico mucho tiempo a cargar los gastos de caja que no tiene caso que yo lo haga.

(Nota: El lugar, dominio o área de la meta. Con esta pregunta ella acaba de darse cuenta.)

—¿Con quiénes harás esto?

—Tengo varias actividades que son de características similares, no sé por qué las estoy haciendo yo, si podrían hacerlas perfectamente. Son cuatro personas: Fabián que se encarga de logística, Mariela que lleva los gastos, Arturo que maneja lo del sistema y Enrique que lleva los registros en la planta.

(Nota: El contexto social y las relaciones requeridas. Podría haber elegido no hacer esta pregunta si ya viene implícita. Sin embargo, aquí fue productiva porque aparecieron más implicados. Entramos ahora en una parte central de la conversación, donde el cliente verdaderamente empieza a concretar el objetivo de la sesión. Esta pregunta es clave. Primero elijo una pregunta cerrada, sí o no.)

—¿Sabes qué es lo que tienes que hacer para obtener lo que quieres, delegar en ellos cuatro y tener más presencia empresarial?

(Nota: Aquí hay dos opciones, que luego de las preguntas anteriores ya sepa qué tiene que hacer; o que diga que no tiene idea. En ambos casos, estamos listos para hacer un acuerdo para la sesión.)

—No sé si tengo claro lo que tengo que hacer, pero sé que algo tengo que hacer.

—Entonces, ¿te parece que nos dediquemos a esto durante el resto de la sesión, a encontrar qué es eso que tienes que hacer?

—Sí.

(Nota: Todas estas preguntas que siguen tienen que ver con el proceso, cómo el cliente va a obtener lo que quiere, se trata de una conversación de coaching para obtener claridad, para desafiar sus creencias limitantes, decidir, planear, generar recursos, planificar, etc.)

Acciones. Los comportamientos requeridos para lograr el objetivo.

—¿Qué es lo que tienes que hacer para lograr lo que quieres?

—Tengo que hablar con ellos y decirles que a partir de hoy me van a ayudar a que les de dirección sin invadirlos, más bien tengo que lograr pedirles lo que necesito de ellos. Me parece que hacer una lista podría funcionar.

(Nota: Las acciones que se tienen que emprender.)

Poder. La capacidad y competencia para lograr el objetivo

(Nota: ¿Está esto dentro de tu área de control? Si la meta es intrínseca para iniciarla y sostenerla. En este caso no le voy a hacer esta pregunta porque dada la posición que tiene, es claro que esta meta depende de ella, y que tiene la autoridad para llevarla a cabo. En ocasiones las personas plantean metas que no pueden ser autoiniciadas, es decir, que no depende de ellos. En ese caso, hay que ayudarles a encontrar cómo es que ellos pueden hacer algo al respecto o ayudarles a explorar cómo pueden influir, con preguntas del tipo: ¿Qué grado de probabilidad tienes de impactar en esto? ¿Qué parte de esto depende de ti?)

—¿Puedes? ¿Tienes la habilidad para llevarlo a cabo?

—No estoy segura de lograrlo, me estoy imaginando esta conversación con ellos y también me da miedo que las cosas no salgan del todo bien, por eso prefiero meter las manos.

—Si sigues metiendo las manos, ¿cuál es tu hipótesis de qué va a pasar en el futuro?

—Nos vamos a fundir, porque no voy a poder aplicar para el crédito y mi empresa seguirá sin su directora general, que es lo que debería estar haciendo, y no operando como analista.

—¿Te escuchaste lo que acabas de decir? ¿De qué te das cuenta?

—Me doy cuenta de que hace un año me enfrasqué en la oficina y me olvidé de dirigir la empresa, me olvidé de la empresaria, no sé en qué momento me perdí y me volví analista.

(Nota: La capacidad y habilidad para lograr la meta tiene que ver más con un tema mental que con un tema real, tiene que ver con un juicio acerca de su poder personal y la capacidad de hacerse cargo de la situación, o de estar a la altura del desafío.)

—¿Alguna vez has logrado quitar las manos de la operación y confiar en el equipo que tenías?

—Sí, muchas veces, antes de iniciar este negocio tenía un equipo enorme a mi cargo, y realmente me iba muy bien como líder. En la otra empresa decían que en mi oficina se fabricaban líderes; mucha gente está agradecida de la cantidad de oportunidades que di para crecer en la organización.

—Suena a que sabes cómo hacerlo. ¿Qué fue lo que te funcionó en aquella oportunidad?

—Tenía claro qué esperar de cada quien, ellos también sabían cómo hacer y completar su trabajo. En un principio me sentaba con ellos a revisar expectativas y asegurarme de que comprendieran su trabajo y sus entregables, me doy cuenta de que eso nunca lo hice con mi gente actual, estaba tan ocupada operando la empresa que quedé alterada, como loca, y hasta me volví un cuello de botella.

(Nota: Aquí hacemos una revisión de las soluciones que se han intentado previamente para que pueda utilizarlas en esta situación y aplicar fórmulas que funcionaron antes o recuperar la confianza en ella misma. Al cambiar el contexto o el tema, uno encuentra esos pedazos de habilidad que quedaron en suspenso en la situación actual. Con este proceso de *insight* ella se da cuenta cómo puede transferir de una habilidad a otra.)

Planeación. La estructura sobre cómo hacer real el objetivo o meta.

—¿Que te serviría en este momento?

—Estoy anotando, son varias cosas. La primera es identificar con ellos cuáles son sus áreas clave de resultados, es una sesión que puedo tener con cada uno –tuerce la boca.

—Observé que torciste la boca, ¿algo por ahí?

—Sí, no sé por qué te iba a decir que les asignaré las áreas clave a cada uno, y luego recordé lo que hacía antes que me funcionaba, y era que el proceso de definición de metas y objetivos lo hacía con ellos. No me gustó ese impulso.

—Bueno, parece que recuerdas rápido y solo quedó en un impulso, es bueno tener la habilidad de autobservarse y corregirse tan rápido. Eso es una buena señal, ¿no lo crees?

—Sí, sin duda.

—¿Entonces vas a tener una sesión de objetivos con cada uno?. ¿Algo más que tengas que hacer?

—Sí, definir un plan de medición del progreso. Tendría que conversar con ellos para que me digan cómo se ve el resultado del éxito en cada una de las actividades que vamos a plantear.

(Nota: Aquí aparece el número de pasos y etapas hacia la meta. Cuantos más pasos, más necesidad de planear.)

—¿Qué más necesitas?

—Tengo que asegurarme de no caer en la desesperación de hacer el trabajo de ellos. Me parece que el plan más que nada es generar esas conversaciones esta misma semana. Pedirles tal vez un trabajo previo para que vengan con ideas de cuáles son sus áreas de resultado clave y las actividades más importantes que hacen, y yo tengo que hacer lo mismo con mi rol. Voy a escribir mis metas y áreas clave de resultados. Voy a rescatar una planilla que usaba en mi otro trabajo que era buenísima, ¡qué buena idea me diste!

(Nota: Eso es muy normal, el cliente es el que piensa y hace todo el trabajo y te dice "¡qué buena idea me diste!", cuando en realidad todo sale de ellos. Aquí vemos la estructura organizacional de la meta u objetivo. Orden en el tiempo, aparece una serie de coordinación de acciones, peticiones, ofrecimientos, promesas.)

—¿Cómo vas a monitorear tu progreso?

—Muy sencillo, esta semana va a estar cargada, pero si al final de la siguiente semana logro tener una reunión de estatus con cada uno, donde ellos sean los que me presenten los resultados y yo no meta las manos en los objetivos que acordamos con cada quien, podría decirte que estoy progresando.

(Nota: Es importante dejar clara la retroalimentación que tienes que buscar y los puntos de referencia que vas creando con el cliente, para ir marcando sus logros y generando visibilidad. En qué te vas a enfocar para saber que estás progresando. Aquí buscamos indicadores de que va avanzando, más que indicadores de resultados finales son hitos en el proceso.)

Recursos. El proceso para moverte hacia tu meta

—¿Qué podría detenerte?

—No sé, tal vez que alguno de los chicos no dé el ancho, se comprometa con cosas que luego no puede cumplir. Pensándolo bien, al que veo flojo es a Arturo, los demás están listos para tomar acción. Me pregunto si estoy lista para enfrentarme a mi lista de empresaria.

—Imagínate con la lista en mano, ¿qué emoción te viene?

—Ansiedad y enojo...

—¿Ansiedad y enojo?

—Sí, en verdad que es algo que debería haber hecho mucho tiempo atrás.

—Algo te impediría hacer esa lista personal de tus áreas clave como empresaria.

—La verdad que no. Tengo claro lo que tengo que darle a mi empresa, y sé que puedo hacerlo. Me entusiasma pensarlo.

(Nota: Las interferencias, obstáculos y bloqueos hacia la meta es un aspecto potente a explorar en una conversación de objetivos bien formulados. Le da agencia a la acción, ayuda a explorar qué obstáculos, qué problemas podemos anticipar, y también sirve para darle la justa dimensión a los bloqueos. En este caso son más mentales que otra cosa. Si hay algún obstáculo, la pregunta que sigue es "¿qué vas a hacer al respecto?".)

—¿Hay otros recursos externos que requieras?

—En realidad no, todo depende de mí. Bueno, tal vez podría contratar al proveedor del sistema para que les dé un curso a todos y eso sin duda me ahorrará mucho tiempo que podré destinar a ser empresaria (se ríe de ella misma).

—Qué bueno que en esta conversación recuperamos a la empresaria y líder exitosa, y a unos cuantos que tenías subvencionados.

(Nota: Aparte de usar un poco de humor, aprovechamos para que explore los recursos requeridos. ¿Qué es lo que es externo a la persona que le servirá para impulsar su objetivo? Dinero, tiempo, relaciones, etc.).

—¿Tienes la fuerza interna que necesitas? ¿Se te antoja ponerlo en marcha?

—Sí, no veo la hora de hacerlo realidad. Está más cerca de lo que pensaba.

(Nota: A veces el recurso interno que nos falta tiene que ver con miedos, inspiración, creencias limitantes, permiso interno, si así hubiera sido el caso podríamos haberle preguntado, "¿Te das permiso para ser una empresaria exitosa?", "¿Te das permiso para dejar de meter las manos en la operación?". Esta técnica es de Michael Hall, quien sugiere que le pidiéramos al cliente que lo diga en voz alta: "me doy permiso para (lo que sea que tuviera que darse permiso)". Aquí pueden salir infinidad de temas, objeciones y consideraciones, como por ejemplo: "Mi padre siempre decía que el trabajo sin esfuerzo es una vergüenza", "No puedo hacerlo, siento que si soy exitosa, nadie en mi familia me va a aceptar". Es importante acompañar a la persona a explorar esta consideración y revisar qué tanto pertenece a su momento actual o es parte de una historia que ya perdió fuerza o vigencia.)

—¿Tu objetivo te suena holístico y realista?

—Sí, veo que todos salimos ganando, la empresa, los colaboradores, la gente de las otras áreas, y yo. Hasta mis clientes ganan, seguro que esto me dará tiempo de generar más relación con ellos.

(Nota: Es el control de calidad con respecto a los valores de la meta. Buscamos aquí si hay algo que impida o se interponga, o quede en desequilibrio.)

Cierre

—¿Sigue siendo atractivo e interesante?

—Sí, por supuesto, más que nunca.

(Nota: Revisamos aquí el nivel inspiracional de la meta. Sigue siendo relevante. Si a la persona le brillan los ojos, entonces sabes que estás en el camino correcto.)

—¿Vas a hacerlo?

—Sí, mañana mismo.

(Nota: Es una forma de chequear que la decisión para comprometerse con la meta sigue vigente y la va a poner en práctica. Da buena pista si la persona durante la conversación habla en tiempo presente del objetivo como si lo estuviera viviendo, eso nos indica que está implicada y lo está vivenciando, incorporando como si se ya se viera. En PNL le llamamos la primera posición. Ya se ve haciéndolo. Eso nos habla de un alto grado de integración.)

—¿Cómo vas a saber que lo has logrado?

—Voy a tener tiempo para diseñar nuevas colecciones y para irme de vacaciones sin que se caiga la empresa.

(Nota: Es el proceso que pone en evidencia que se siente convencida con respecto a cuándo logrará lo que se propone. Es medible y hasta lo podríamos poner sobre una silla junto con las nuevas colecciones de ropa y accesorios y el billete de avión. Será la evidencia o indicador de que ha tenido éxito.)

$$***$$

Así cocreamos con el cliente un objetivo bien formulado. Aprendernos esta fórmula no fue fácil, en el camino hubo veces que nos quedamos a la mitad del proceso. En otras oportunidades no teníamos las preguntas tan a flor de piel. Pero practicamos, practicamos, practicamos, intentamos estudiar esas preguntas para tenerlas mejor articuladas y han sido un factor de éxito en nuestro camino. Hemos ayudado con esta técnica no solo a plantear objetivos bien formulados, sino también a que nuestros clientes encuentren nuevas formas de relacionarse con las soluciones y las respuestas que necesitaban. Con esta técnica, logramos:

- Responsabilizar al cliente de los resultados y objetivos.
- Definir hitos para medir progreso y confirmar logros.
- Crear un marco de coaching.
- Definir un proceso que nos da a cliente y coach una palanca de cambio.

Objetivos *HARD* y *SMART*

Si bien por muchos años utilizamos los objetivos SMART, nos dimos cuenta de que en esta fórmula algo faltaba.

Un objetivo SMART viene del acrónimo:

S: Específicos M: Medibles A: Alcanzables R: Relevantes T: en un marco de Tiempo

El método SMART fue publicado por primera vez en 1981 por George T. Doran, en un artículo titulado: "Hay una manera inteligente para escribir metas y objetivos de la administración". Su brillante aporte ha sido utilizado durante muchos años, y seguimos apoyándonos en este para ayudar a nuestros clientes a aterrizar objetivos. Sin embargo, nosotras le agregamos nuestro toque, porque encontramos un nuevo espacio donde se confluyen significados poderosos: el propósito, los valores y las metas.

Objetivos HARD

Conocimos este método a través del libro de Mark A. Murphy *Hard Goals: The Secret to Getting from Where You Are to Where You Want to Be*, que en su introducción dice:

> Sé algo acerca de ti, quieres lograr algo realmente significativo con tu vida, ya sea lograr duplicar el tamaño de tu compañía, perder 20 kilos, correr una maratón, crecer en tu carrera o transformar todo el planeta, quieres hacer algo grande y significativo con tu vida, quieres controlar tu destino y conectarte con un propósito más profundo.

¿Qué implica un objetivo HARD? El objetivo HARD viene del acrónimo:

- *Heartfelt* (sentido): es un objetivo que significa algo para ti. ¿Qué significa para ti este objetivo? Tiene un propósito y un significado.
- *Animated* (animado): se puede describir la visión en palabras, imágenes y con los cinco sentidos "veres y oíres". Logras crear una imagen viva de los sucesos.
- *Required* (requerido): tu vida depende de ello. Son ba-

tallas que debemos ganar. Tu supervivencia depende de lograrlo.
* **Difficult** (difícil): tiene que haber un elemento de MIE-DO. No es un objetivo fácil o pequeño.

Nosotras sostenemos que es imposible controlar el destino, por eso proponemos sentirse cómodo navegando la incertidumbre, abrazar esos espacios inciertos, donde confiamos en que tendremos la capacidad de estar a la altura de las circunstancias, prepararnos o encontrar las personas y recursos que nos ayuden a llegar donde queremos, y también a aprender a conectar con lo que el futuro nos solicita o lo que la vida nos pide.

Un objetivo HARD te conecta con un espacio cargado de posibilidades, porque te lo puedes imaginar y encontrar las palabras justas para describir ese futuro sucediendo.

Cuando trabajamos con ejecutivos y sus equipos, elegimos facilitar una sesión de objetivos HARD y utilizar la metodología de OKR para que el equipo mejore su performance y se desarrolle.

Objetivos y resultados clave: OKR

Una de las metodologías más usadas en Silicon Valley se llama *Objectives and Key Results* (OKR), y es básicamente el secreto de Google, Netflix e Intel, entre otras. De hecho, en esta última trabajaba Andrew Grove, su creador. Imagina un objetivo como un destino en un mapa y pregúntate ¿cómo sabemos si estamos yendo en la dirección correcta? Usualmente no lo descubrimos sino hasta muy tarde, cuando el plazo vence y no se alcanzó el objetivo, una medida *post mortem* y un buen pasaporte al mundo de las excusas y explicaciones. Los OKR son como ese mapa, con esos puntos intermedios con un marcador de distancia.

Un OKR está compuesto de:

- Un objetivo que determina qué se quiere lograr (O).
- Una serie de resultados clave (entre 2 y 5) que miden el progreso hacia ese objetivo (KR).
- Iniciativas que describen el trabajo necesario para generar ese progreso.

En su libro *Mide lo que importa,* John Doerr cuenta cómo Google, Bono y la fundación GATES cambian el mundo con OKRs.

Gráfico 6. Cronología de análisis de objetivos

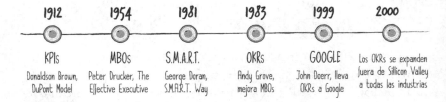

1912	1954	1981	1983	1999	2000
KPIs	MBOs	S.M.A.R.T.	OKRs	GOOGLE	Los OKRs se expanden fuera de Sillicon Valley a todas las industrias
Donaldson Brown, DuPont Model	Peter Drucker, The Effective Executive	George Doran, S.M.A.R.T. Way	Andy Grove, mejora MBOs	John Doerr, lleva OKRs a Google	

Larry Flink, CEO de BlackRock, en su famosa carta a los otros CEO les dice que tengan un propósito que vaya más allá de las ganancias. Sostiene que las empresas e inversores con un fuerte sentido de propósito y un enfoque a largo plazo podrán navegar mejor las crisis y sus consecuencias.

El propósito está teniendo un rol clave en las empresas, a punto tal que con el fin de redefinir su papel en la sociedad y cómo son percibidas por el público, en agosto de 2019, 181 directores ejecutivos de las mayores compañías estadounidenses, reunidos en la prestigiosa asociación Business Roundtable, firmaron la *Statement on the Purpose of a Corporation*. Esta nueva Declaración sobre el Propósito de una Corporación, cortó el vínculo con la filosofía del economista Milton Friedman –para quien la única responsabilidad de las empresas era aumentar sus propios beneficios– y por la que en 1997 habían sostenido que las principales responsabilidades y obligaciones de los directores y el management eran hacia los accionistas. Ahora se comprometen a liderar sus empresas en beneficio de todas las partes interesadas: clientes, empleados, proveedores, comunidades y accionistas. "Esta nueva declaración (…) afirma el papel esencial que pueden desempeñar las corporaciones para mejorar nuestra sociedad cuando los CEO están realmente comprometidos a satisfacer las necesidades de todas las partes interesadas", comentó Alex Gorsky, presidente de la Junta y director ejecutivo de Johnson & Johnson y presidente del Comité de Gobierno Corporativo de Business Roundtable. El propósito se vuelve cada vez más valioso, las compañías que lo viven tienen una mejor performance que aquellas que no lo tienen.

Un primer acercamiento

Un sentido de propósito, junto con la autonomía y el dominio de habilidades, es un impulsor clave del compromiso de cualquier persona. Antes de definir los OKRs, lo que nosotras hacemos es ayudar a nuestros clientes a evocar una imagen enfocada en los resultados finales sobre cómo se ve el futuro que nuestro cliente intenta que emerja. Está conectado a algo más grande que la persona en sí misma: las necesidades de todo el ecosistema. Cristaliza una razón de existir y su impacto en el mundo.

Algunos *tips* para comenzar a conectar con un propósito:

1. Que sea original y personal.
2. En palabras propias.
3. Desde el corazón.
4. Que provea significado y dirección.

Gráfico 7. Mapa de actores

5. Que cree sentido para las actividades diarias.
6. Que incluya una imagen del futuro.
7. Que considere el punto de vista de quienes se benefician de la acción.

Un propósito bien comunicado guía a las personas porque:

- Genera disciplina estratégica.
- Le da sentido a la acción.
- Provee perspectiva y alinea a los colaboradores.
- Impulsa la conducta ética y eleva la moral.
- Guía la cultura.
- Genera una oportunidad de contribuir en general y con la sociedad en particular.

Cómo trabajamos con el propósito

Lo hacemos de diferentes maneras, cada espacio tiene su propia magia. En una ocasión invitamos a un muralista a que inspirara al equipo con algunas técnicas y entre todos trazaron ese propósito. En otra, jugamos con Post-it® y papelitos respondiendo las preguntas básicas para un propósito significativo, las compartimos en equipo y finalmente logramos articular el propósito.

Experiencia

Hicimos un mapa de actores del ecosistema, y nos enfocamos en armar ese mapa con tres niveles (ver Gráfico 7). Por cada nivel, las personas escribían con nombre y apellido quiénes eran esos actores, e identificaban a qué grupo pertenecían (por ejemplo: colaboradores, accionistas, clientes, sociedad, comunidad, proveedores, etc.).
Luego compartían sus conclusiones y les preguntamos:

1. ¿Qué aprendieron al contemplar diversos actores clave que identificaron?
2. ¿Todos pertenecen al mismo contexto o sector?
3. ¿Encontraron diferentes actores clave de diferentes contextos?
4. ¿Cuáles están faltando aún contemplar?
5. ¿Con quiénes deberían explorar mediante conversaciones que aún no tuvieron?

Una vez que realizaron ese trabajo, nos fuimos al siguiente nivel que tiene que ver con conectar con el espacio de inquietudes y necesidades de quienes están siendo servidos e impactados con nuestro propósito. Exploramos en equipo:

• ¿Quiénes son nuestros clientes y qué necesitan?
• ¿Qué necesitan los colaboradores de nosotros?
• ¿Qué necesitan los proveedores de nosotros?
• ¿Qué necesitan los accionistas de nosotros?
• ¿Qué necesita la comunidad de nosotros?
• ¿Qué necesita el mundo de nosotros?

Finalmente hicimos un check list para corroborar si lo que articularon cumplía con los requisitos de un propósito bien formulado, que son:

- Nos muestra nuestra razón de existir.
- Considera el punto de vista de quienes se benefician y todos los actores clave.
- Demuestra que el propósito es valioso para la sociedad.
- Permite visualizar una imagen del resultado final.
- Una vez que completamos el ejercicio, podíamos decir que estábamos listos para lo que seguía: plantear objetivos y resultados clave.

Cuando colaboramos en empresas que ya lo tienen articulado, lo escribimos en grande y les pedimos ejemplos de cómo se vive el propósito en su organización. En ocasiones vemos que solo figura pegado en los muros o en la web, entonces debemos seguir embebiendo al grupo en el sentido de propósito porque tenerlo por escrito no es suficiente.

Otro modo de trabajarlo es utilizar la metodología de Lego® Serious Play®, mediante una serie de pasos iterativos para que los participantes se conecten con el propósito, construyendo, por ejemplo, sobre la premisa "¿Qué valor traemos al mundo?", que los conecta con la foto más grande de ese futuro que está ahí, vibrante y listo para ser abrazado. Para nosotras esta es la mejor forma de plantear los OKR, en un workshop virtual o presencial para trabajar sobre los OKR. Nos lleva entre cuatro y ocho horas, dependiendo del equipo. Lo hacemos a través de una serie de retos y preguntas donde cada quien construye individualmente, comparte con el equipo y luego, dependiendo del tipo de objetivos, hacemos modelos compartidos o individuales.

Hemos trabajado también sobre planillas de Excel, y lo que nos ocurrió es que tuvimos que hacer varias idas y vueltas para lograr que los ejecutivos plantearan objetivos y resultados clave de calidad, en ocasiones o bien se quedaban cortos en los enunciados o demasiado inespecíficos, del tipo, "vender más", "llegar a más clientes por año", que no terminaban siendo ni objetivos ni resultados clave.

Los OKR son de gran ayuda para viralizar y clarificar el propósito. Son un sistema para materializar estrategias y dar seguimiento a las prioridades.

Un esquema de OKR irresistible nos ayuda a tener foco, transparencia, alineación y anticipación. ¿Qué hacemos para aplicar estos cuatro conceptos?

1. Hay que ser selectivos, tener *foco*, pocos objetivos que no desvíen la intención inicial. Sugerimos un máximo de tres objetivos irresistibles. Ojo: los OKR no son una estrategia sino orientaciones estratégicas, queremos salirnos del concepto tradicional de management que implica comando y control. No buscamos marcar de manera determinista lo que hay que hacer, sino orientar conversaciones sobre mundos donde sus miembros comparten su importancia.

2. Los OKR deben ser públicos, para lograr *transparencia*: poner la información al alcance de todos contribuye a la causa. Se relacionan con cada acción de un equipo de trabajo. Dice John Doerr en *Mide lo que importa*: "Estos vinculan el trabajo de cada individuo a los esfuerzos del equipo, los proyectos departamentales y la misión general. Como especie, tenemos una enorme necesidad de conectar unos con otros (…) los OKR son el vehículo ideal para esa coordinación, porque viralizan y clarifican el propósito". Hay empresas con líderes que no tienen la cultura de hacer públicos los objetivos, y hay que ayudarlos a comprender la importancia de una causa compartida. Cuando los líderes están reticentes, sugerimos trabajar en sesiones de coaching individuales con ellos para que encuentren un meca-

nismo, aunque sea mínimo, de publicación de esas aspiraciones y su grado de avance. Puede ser en sencillas reuniones donde cada quien comparte su objetivo y resultados clave. La frecuencia sugerida es trimestral.

3. Debemos impulsar la *alineación* de cada objetivo con una visión desde las más altas posibilidades futuras; aquellas que contagian y provocan los esfuerzos de cada miembro para sumar valor, orquestan estados de ánimo de ambición, sueños y curiosidad. Sostener una mirada holística, transversal y multiperspectiva de los objetivos tiene buenos resultados.

4. Hay pocas personas que tienen la capacidad de *anticiparse*, de ver el futuro. ¿Cómo hacerlo con tus OKR? Si el objetivo es suficientemente atractivo como para llamar la atención y adopta un sentido de relevancia, entonces percibiremos cómo "nos jala hacia el futuro"; ejecución imperfecta, experimentos, aprendizaje y exploración con un firme propósito irresistible es mejor que buscar la perfección. Una gran fórmula para que las personas sigan en ese estado de magia que comentamos anteriormente: un sentido de propósito + autonomía + dominio de habilidades.

El futuro entra en nosotros (…) para transformarse en nosotros mucho antes de que ocurra y se manifieste.
RAINER MARIA RILKE

Un objetivo nos lleva a sintonizar con el futuro y sus posibilidades, nos invita a hacer sentido, a estar preparados, alerta a oportunidades inesperadas, a cultivar la fortaleza emocional para alcanzarlo y a estar fascinados por la visión que representa.

¿Qué tan provocador está siendo nuestro cliente al establecer los retos para él y su equipo? Practicar foco, transparencia, alineación y anticipación para contribuir no solo con sus colaboradores sino con el mundo.

Estructura de los OKR

Se formulan con base en dos preguntas: ¿Dónde quiero ir? Y, ¿cómo voy a hacer para lograrlo?

Voy a _____, y me mediré con_____

Esto es así porque los grandes objetivos son significativos, concretos, orientados a la acción e inspiran, cumplen con las condiciones HARD.

- Son metas ambiciosas e inspiradoras.
- Son cualitativos y tienen un componente cuantitativo
- Tienen un tiempo determinado.
- Son difíciles, pero no imposibles.
- Se relacionan con el futuro que nos está llamando.

Además están las iniciativas, que son esos experimentos, acciones o actividades que debemos poner en práctica para llegar a los resultados clave. El objetivo es: "qué quiero lograr"; el resultado clave es: "cómo mediré que me acerco al objetivo"; las iniciativas son: "qué haré para cumplir los resultados clave".

Sobre los objetivos, Doerr dice que son descripciones cualitativas de lo que se quiere lograr, y son cortos para que sean fáciles de recordar. La ventaja que tiene plantearlos así es que son aspiracionales, motivan y retan a los equipos. Según el autor, los elementos de un buen objetivo son:

- Significativos.
- Concretos.
- Orientados a la acción.
- Motivadores.

Podemos separar el proceso en cuatro fases, que pueden servir como guía para diseñar un acuerdo de coaching y caminar en conjunto con el cliente para que logre lo que se propone.

1. Definición. Luego de articular el propósito se definen los objetivos. Generalmente es la dirección de la organización o del área, la que crea una línea estratégica. El resto de la organización, tomando como base el propósito –o en el caso de organizaciones más jerárquicas los objetivos de los líderes–, crea resultados clave y objetivos alineados a los de los líderes. Pueden responder a la pregunta: "¿Cómo puedo desde mi rol, contribuir al objetivo?".

Este simple acto incrementa el nivel de compromiso: no es lo mismo trabajar sobre un objetivo impuesto del cual debemos empezar a generar sentido, que articular uno propio que ya tiene un sentido significativo y personal. Se cumple la premisa que compartimos al principio: generar autonomía en quienes participan como parte del proceso de toma de decisiones.

2. Alineación. Después de que el equipo planteó cómo va a contribuir y definió sus propios tableros de contribución, enlazados a los OKR de la dirección, es momento de analizar la estructura de coherencia: ¿Esto que definimos es coherente con el propósito? ¿Hay algunos aspectos que no contemplamos? ¿Hay algunas hipótesis o experimentos que deberíamos intentar? ¿Los resultados clave nos encaminan a lograr el objetivo? ¿Qué tan lejos o cerca estaríamos cuando finalice el plazo que nos pusimos si todo marcha bien? ¿Están todos los equipos articulados en los OKR? ¿Hay alguien excluido, que debería ser parte? Este ejercicio ayuda a que ningún OKR quede huérfano durante el trimestre y todos tengan "agencia", es decir identidad y protagonismo.

3. Ejecución. Son los puntos de revisión que mantienen alineación y motivación, nos alientan semana tras semana o quincena tras quincena a revisar avances, logros, explorar si las hipótesis y experimentos nos están acercando al resultado esperado. Aquí se pueden programar reuniones tipo PPP (Problemas, Progreso realizado, Progreso programado): el equipo conversa acerca de los inconvenientes con los que se encontró, el progreso y las iniciativas y resultados logrados, y refuerza lo programado o lo ajusta en caso de que exista un desvío importante que no se resuelva con las iniciativas ya definidas. Es un proceso continuo de mejora y aprendizaje.

Durante la ejecución invitamos a una sesión especial mensual donde impulsamos al equipo a conversar pura y exclusivamente de aprendizajes, emociones y formas de ser. Aquí se trata más bien el espíritu del equipo, los principios guía y los aspectos del carácter del grupo a seguir fortaleciendo y a modificar. Por lo general, al principio los equipos no encuentran muy efectivas estas reuniones, pero una vez que entran en ritmo y le ven el valor, las esperan con ansias para hablar de temas difíciles y para mejorar el ambiente laboral.

4. Cierre. Al finalizar el trimestre es bueno presentar y calificar los OKR, aunque no sea una sorpresa porque el progreso se mide durante el proceso. Es un ritual que aconsejamos, para celebrar y reconocer el camino andado.

Los errores más comunes

No aceptar que hay una curva de aprendizaje que sabemos que se gana con experiencias fallidas y mejoradas. No hemos conocido hasta ahora empresas o equipos que logren implementar OKR a la primera, es un proceso de ajuste entre colaboradores y líderes. Ambas partes maduran, experimentan, aprenden y dejan atrás viejas prácticas de comando y control para darle paso al enfoque de performance a través del propósito, la ampliación de las habilidades y sensibilidades de los equipos, el rastreo de lo que fue hecho y lo pendiente, la alineación del equipo hacia un resultado más grande que las simples tareas cortoplacistas.

Crear demasiados OKR. Hemos visto que existe una tentación de hacer listas de objetivos y resultados clave tan grandes que, al revisarlas, el equipo está disperso o aburrido. Es una tarea muy importante para el líder o coach ayudar a seleccionar lo más significativo, y guiar para que el planteo de esos objetivos sea de gran inspiración.

Confundir objetivos (O) con resultados clave (KR). Los objetivos son aspiracionales, cualitativos, alineados con el propósito, expresados en versión hard, tal como lo explicamos más arriba y nos ayudan a visualizar el éxito. Muchas veces se confunde uno por otro. Hay dos enunciados para ver la diferencia:

- Correcto: ser el *standout* de la industria de marketing.
- Incorrecto: vender diez millones de dólares en 2021.

Confundir resultados clave (KR) con actividades. Cuando todos los resultados clave (KR) están basados en completar una actividad, se pueden volver tan tediosos como una lista de tareas. Cuidado con bajarlos de nivel y reducirlos a algo tan poco tentador.

Definir OKR desde un modelo de arriba abajo. El espíritu que perseguimos es el de la autonomía alineada a un propósito. Buscamos gente que opera, comprende su mundo y está dispuesta a comprometerse más allá de lo posible, a dar lo mejor, a contribuir, a expresarse, a poner su voz, a equivocarse y a reparar lo que sea necesario para lograrlo.

Crear OKR de manera desconectada. Actualmente los negocios están viendo cómo se transforman y adaptan a los cambios tecnológicos. Sus miembros participan en múltiples equipos que se arman y se desarman, se asocian con especialistas externos para resolver un tema o situación, y que trabajan dependiendo de cada proyecto:

- Con un propósito compartido.
- Compartiendo intereses, impulsores y barreras de cada equipo.
- Resolviendo juntos la complejidad.
- Generando de manera dinámica acuerdos entre equipos para colaborar.

La vida de la empresa no es como era antes, donde el jefe era el que aglutinaba la acción. Nosotras preferimos otra palabra como líder o facilitador: creemos firmemente que la complejidad actual requiere de líderes y no de managers. No es posible centrar en las manos de unos pocos, semejante nivel de complejidad. Debemos compartir mundos, entendimientos y propósitos.

Dejarlos en el olvido. Hemos visto varias situaciones donde este tipo de iniciativas son "comidas" por el día a día; el equipo sigue reactivo, tratando de resolver lo que se presenta hoy y entrando en un círculo vicioso donde detenerse a mirar y a pensar parece imposible. Las reuniones programadas para revisar avances se cancelan, se posponen o simplemente unos pocos participan perdiendo el impulso y la chispa. Esto tiene que ser parte de la agenda estratégica de la dirección y de toda la organización. Al estar visibles y publicados, debe mostrarse el interés y darse el tiempo para crear esta inteligencia de negocio.

Incluirlos en la fórmula de los bonos. Alinear pago por performance con los OKR puede resultar contraproducente, ya sea porque son reconocimientos individuales, injustos o simplemente para poder atar el logro al pago se tiende a bajar la productividad para volverlos alcanzables.

Expresarlos de manera compleja. Otras veces el equipo parece estancado en la forma de expresarlos. Nuestra recomendación es: "acción mata juicio". Es preferible una ejecución imperfecta que quedarse divagando en búsqueda de la perfección. Mejor el 80 % de algo que el 100 % de nada. Nuestra sugerencia es avanzar y confiar en que, con el tiempo y la práctica, podrán ir ganando claridad y confianza hasta encontrar la propia fórmula para el equipo.

8. Medición de resultados[1]

*Empieza por el principio —dijo el rey con gravedad—
y sigue hasta llegar al final, allí te paras.*

LEWIS CARROLL

Hoy en día la medición es una forma de hacer visible lo que en ocasiones se juzga como invisible. Si midiéramos el impacto de la visibilidad en el dominio organizacional, afirmaríamos que afecta varios temas cruciales, comunes a la mayoría de los ejecutivos de nivel medio y alto, como por ejemplo la toma de decisiones. Decidir a ciegas o por pura intuición son dos posibilidades, pero en cuanto le damos fundamento a las decisiones con la demostración de ciertos hechos, tendencias o probabilidades, el peso de nuestra palabra cambia, los datos se miran con otros ojos, los errores disminuyen en la misma proporción en la que los fundamentos se manifiestan, los tiempos se reducen, los cálculos son más asertivos, y las personas tienen de dónde agarrarse. Los datos dan cuerpo a las ideas que de otra forma serían descartadas, habilitan opciones, se transforman en planes

---

1 Queremos agradecer a Eloy Bicondoa por su participación en el contenido de este capítulo. Admiramos su minuciosa dedicación y pasión por las métricas.

de acción concretos, e impactan en la administración de todos los recursos disponibles.

La forma en que se mide en una empresa probablemente sea uno de los temas que nuestros clientes tienen más presente. Al trabajar con indicadores, es necesario saber cuáles son los más importantes en las organizaciones y diferenciarlos entre sí, tener clara cierta terminología y su significado.

¿Para qué medir?

Al comienzo de nuestro trabajo como coaches, hacíamos muchos entrenamientos de trabajo en equipo, en su mayoría fuera de las oficinas, que funcionaban como excelentes catalizadores de procesos internos. Pasado un tiempo, los clientes nos decían: "¡Qué bueno, cómo nos divertimos, cómo aprendimos, qué interesante!". Pero supimos que el cambio que se genera en ese contexto, fuera de la organización, no se sostiene en la práctica.

Usar, definir y crear métricas es la forma que encontramos para que los acuerdos y los cambios que se generan se puedan mantener en el tiempo, agregando valor y visibilidad a nuestra oferta. Por eso nos encanta medir. Y queremos contagiar esta pasión a todos los que lean este libro.

Generalmente, cuando alguien entra a un proceso de pensar cómo y qué medir, hay una decisión por tomar. Y cuando queremos tomarla, lo que hacemos es buscar información para poder formar una postura propia. La información puede ser de buena o de mala calidad. Si estás midiendo y tienes un registro histórico, estamos hablando de que tienes información que no se ha modificado. Si te basas en tus recuerdos en vez de en un registro, la posibilidad de que lo que tú recuerdas no sea lo que realmente pasó, es viable. La posibilidad de medir nos da una certeza que nos permite que la información que compone nuestras historias sea de calidad. El poder diseñar una estructura de información válida podría habilitar también la toma decisiones a todos los niveles. Puede ser que esa última declaración suene provocativa, y que nos remita a pensar que en las organizaciones no deciden todos necesariamente. Pero de hecho sí, como vimos, todo el mundo decide.

Creer que no todos toman decisiones proviene del paradigma de control que para las organizaciones es obsoleto. En aquel paradigma, la información era sinónimo de poder, por ende, los que tenían la información tenían más posibilidad de controlar o de tomar ciertas decisiones. Declarar que todo el mundo decide, va totalmente en contra del lema "información es poder". Las decisiones se toman igual, con o sin información.

Justamente el tema es saber con qué calidad de información cuentan las personas, porque de eso dependerán las decisiones que tomen. De acuerdo a lo que vimos en el Capítulo 2, en cada nivel hay decisiones que las personas tienen que tomar, y lo que más queremos como coaches es que tengan la mejor información para poder tomar las mejores e impactar de la mejor manera en los resultados.

La gestión organizacional implica tomar decisiones a diario y hacerlo sobre la base de ciertos estándares. Cada quién decide basado en la autoridad que tiene, sobre la investidura que tiene, sobre sí mismo, sobre sus tareas, sobre sus procesos, sobre su posición. Ese es el fundamento que le da sentido a esta conversación. Esta tendencia podría convertirse en un modelo autogestivo de trabajo. O sea, si tienes toda la información, si tienes claridad de lo que está pasando con alto nivel de detalle, no necesitarías de un jefe que te diga lo que tienes que hacer. El jefe se dedicaría a hacer otra cosa porque tú tienes una especie de espejo en donde puedes ver cómo sales, y adoptar una postura al respecto y gestionar la mejora de tu desempeño por ti mismo. Si vemos una métrica en la cual estamos involucrados, no podremos evitar decidir, automáticamente adoptamos una postura.

Cuando hablamos de tableros de visibilidad de gestión o de métricas bien diseñadas, hablamos de los que tienen la información justa para cada nivel, que solo muestren aquello sobre lo cual se puede decidir y hacer algo al respecto, si no se combina una dosis de frustración con otra de confusión. Las métricas bien expuestas aportan claridad a los roles, los procesos y la visibilidad de todo el sistema.

Toda la gesta de este modelo tiene que ver con un trabajo previo importante que no sabemos cuántos están dispuestos a hacer, justamente porque venimos de un modelo de control. Pero hoy se trata de relacionar a las personas con la información, con las decisiones y con los resultados.

Modelo Lean

Un modelo de mejora de procesos, que tiene varios años ya en el mercado, es el *Lean*, y tal como la palabra lo dice, en inglés, habla de magro, de vitalidad, de reactividad. Básicamente mide los procesos en términos de tiempo, y postula que si algo puede ir rápido es porque funciona bien y está en condiciones de hacerlo. Además, cuanto más rápido sea, más barato va a ser, porque el tiempo tiene un precio y si los procesos son lentos y burocráticos son caros, y si involucran mayor cantidad de gente, son más caros presentes.

Para que las cosas puedan ir rápido *Lean* propone dos pilares fundamentales: uno es el *Just in time* ("justo a tiempo") y se enfoca en que la unidad de flujo de cada proceso (sean personas, servicios, paquetes, no importa de qué industria) no debe detenerse hasta llegar a atender la necesidad que le corresponde. Para que el *Just in time* pueda existir, está el otro concepto de *Lean* que se llama *Jidoka*, según el cual todo el mundo tiene que tener claro qué está pasando en todo momento, si no nunca vamos a estar *justo a tiempo*. Y para poder tener claro qué está pasando necesitamos tener la información, ni siquiera a un click de distancia, con el solo hecho de levantar la vista deberíamos poder acceder a la información que necesitamos para poder decidir en la gestión del desempeño o la sección del proceso.

Este es uno de los resultados de poder medir: llegar a generar niveles de coordinación de *Lean*. Una manera de imaginarlo es, por ejemplo, pensar que si jugáramos al fútbol con este modelo, estaríamos hablando de que la pelota no puede detenerse cuando va en dirección hacia el arco contrario.

Eso es *Lean*: no hay ningún desperdicio ni *loop* en el camino. Vamos en línea recta y sin parar, todos haciendo lo que tenemos que hacer en el momento justo. Y la pelota, la unidad de flujo, nunca espera a la estructura para ser atendida, sino que toda la estructura está lista para que cuando llegue la pelota, se procese y siga, y así pase por cada eslabón de la cadena de valor.

Métodos empíricos de medición

Douglas Hubbard escribió un libro muy interesante llamado *How to Measure Anything*, donde propone cuatro métodos empíricos de medición para quienes están empezando a proponer métricas y no tienen experiencia en el campo. Son maneras de mirar el hecho para generar una propuesta de medición: observación, descomposición, ley del 5 y preguntas clave.

Observación

Vamos a ilustrarlo con un dato proveniente de la historia: Eratóstenes (276 a. C. - 194 a. C.), un matemático, astrónomo y geógrafo erudito griego, fue conocido por ser la primera persona capaz de calcular la circunferencia de la tierra. Lo hizo comparando la sombra proyectada por objetos en diferentes ciudades y realizó su cálculo con un margen de error menor al 1 %. Lo que dice el método de observación es que si algo ocurrió o está ocurriendo, y lo puedes ver o lo pudiste ver, puedes hacer una propuesta de medición a partir de lo que viste. Si algo ocurrió y no lo pudiste ver, seguramente dejó un rastro y, si observas el rastro es probable que puedas hacer una propuesta de cómo medirlo basándote en lo que estás observando que generó el paso de ese evento.

En resumen: el método de observación sostiene que si lo puedes observar puedes empezar a pensar en una propuesta que, comparada con nada, va a ser una propuesta bastante ajustada, y si fuera necesario hacer un ajuste posterior, será mucho menor que el de una primera vez.

Descomposición

Si lo que estás observando es complejo, entonces hay que descomponerlo: dividirlo y observar cada una de las partes por separado, así se disminuye la complejidad y será posible hacer una propuesta de Pareto. Por ejemplo: ¿cuál es el 20 % de estas partes que impacta en el 80 % de mi resultado? Y podrías enfocarte en medir ese 20 % si quisieras. La descomposición se usa para poder observar un hecho de una manera más simple y más amigable para todo el mundo.

Usemos otro ejemplo: en una sala de emergencias de un hospital decidieron, para mejorar el servicio, medir el tiempo desde que entraba el paciente a urgencias hasta que era derivado a otra área del hospital o era dado de alta. Lo que ocurrió fue que el jefe de Urgencias le dijo al chofer de la ambulancia: "No bajes al paciente, date una vuelta manzana, porque cuando lo bajas empieza a correr el tiempo. Espera en la ambulancia hasta que yo te diga que estoy listo". Surgen dos temas: uno que tiene que ver con la descomposición y otro con la métrica que está mal propuesta (más adelante veremos que para que una métrica sea tal, forzosamente tiene que haber pasado por un período de pruebas que demuestre que detona la acción correcta). En este caso la propuesta de la métrica tenía el mejor de los propósitos, pero la acción que detonó seguramente no era la que estaban buscando. Si cada quien puede hacerse dueño de su parte ¿cuál es el tiempo de la ambulancia?, ¿cuál es el tiempo del camillero?, ¿cuál es el tiempo de la enfermera?, ¿cuál es el tiempo de la sala de espera?, ¿cuál es el tiempo de la consulta?, ¿cuál es el tiempo de los análisis?, podremos encontrar dónde está la mejor oportunidad de mejorar los tiempos y nadie se sentirá culpable porque cada quien va a estar observando su parte.

Otro beneficio de descomponer este proceso es que habrá menos probabilidad de que se genere una acción que no estamos buscando (aunque podremos saberlo solo sometiendo la métrica a un período de prueba). Estamos dividiendo el proceso y le estamos dando el poder a las partes, pero con un objetivo común que es entender qué es lo que está pasando y saber dónde está la oportunidad para poder fraccionar.

La descomposición en el mundo de las organizaciones nos permite trabajar sobre procesos y nos ayuda a relacionarnos con lo que necesitamos medir. Como si fuera una cadena de valor y fuéramos por partes, por eslabones, por áreas; incluso dentro de un área se pueden descomponer procesos internos.

La ley del 5

Es un modelo de medición bien simple que generalmente se usa para medir la percepción. Lo abordaremos con un ejemplo: "En esta empresa queremos contratar un coach porque estamos estabilizando el corporativo y dejando que las unidades de negocio trabajen en sus negocios reportando a un corporativo centralizado". Si vemos esa circunstancia, algo que haríamos como facilitadoras del proceso es poder acceder, entre otras cosas, a saber cómo ve la cultura esta propuesta estratégica de la centralización. Si no, ¿cómo podríamos relacionarnos con eso? En estos casos de administración del cambio, a nivel masivo, vale la pena acceder a la percepción que hay sobre el tema porque podremos, a partir de ello, diseñar una estrategia más robusta que genere mayor sentido que el que tienen hoy (si la percepción no fuera la mejor). A esto viene la ley del 5: propone que no importa el tamaño del universo, si tú eliges 5 muestras al azar de las opiniones estas tienen el 93,75 % de chance de contener las opiniones de todo el universo. Hablando de la campana de Gauss, quedarán fuera los extremos que representen el 6,20 %. Es un tema empírico muy poderoso para empezar a profundizar en cuáles son los temas de percepción clave, que si no atendemos, no podremos relacionarnos con las oportunidades o inquietudes que ese mercado tiene.

Preguntas clave

Son otro método que hace hincapié en tener en claro cuál es la decisión que está en juego y para la cual queremos medir: si está clara, ¿qué pregunta podemos hacerle que ayude a hacer una propuesta de medición? Por ejemplo, una pregunta que usamos mucho es: "¿Cuánto vale la decisión?". Hay un caso en el que Eloy Bicondoa, colega y experto en métricas, trabajó mucho: una aerolínea lo contrató no solo para medir sino para monitorear y desarrollar los niveles de servicio y su calidad. ¿Cuánto vale eso para esa compañía? ¿Mucho o poco dinero? Vale mucho. Entonces, si vale mucho dinero usa una herramienta digna del resultado que estás buscando. Si lo que queremos medir es un tema muy circunstancial, del momento, que no tiene un valor económico, lo podemos medir así nomás.

Las preguntas clave dan la oportunidad de dimensionar de qué estamos hablando antes de hacer la propuesta. Siempre que vamos a una compañía y nos piden un resultado, tratamos de buscar poner ese resultado en dinero, porque si lo pueden cuantificar ayudará a que se comprometan, y a nosotros nos va a ayudar a entender qué valor tiene ese resultado para el cliente. Visto desde el coaching, entender cuál es el impacto de esa decisión que tenemos que tomar, de cada acción que se va a desprender de esa decisión, es importante. Por eso, para entender sobre la métrica, estas preguntas clave son fundamentales. No perdamos tiempo, y separemos la paja del trigo haciendo directamente la pregunta: ¿cuánto vale esta decisión?, ¿vamos a diluirnos en eso?

Otro ejemplo puede ser llegar a tiempo: ¿es algo que yo puedo hacer que tiene un impacto en muchas dimensiones de los negocios? Nos damos cuenta de que sí, que tiene un impacto en todas las dimensiones del negocio porque además, si lo llevamos a distintos niveles, llegar a tiempo no solo aplica a mi trabajo, sino también al mercado, al cliente; en los procesos, llegar a tiempo en acuerdos y coordinación entre áreas es transversal a todo. Entonces, ¿será importante la información que yo necesito para tomar decisiones para llegar a tiempo?, ¿cuánto vale llegar a tiempo?; vale muchísimo, aunque no nos demos cuenta. Si realmente lo podemos asociar a un valor, podemos hablar de la estructura con la que vamos a monitorear eso y cuánto tiempo de la línea de reporte le vamos a dedicar.

*Otras maneras de acercarnos al mundo
de los indicadores*

En Harvard, hace aproximadamente diez años, nació el modelo llamado *gamification*, que en español se traduce ludificación. Este propone que todos nacemos con una característica natural del ser humano, que es que los juegos nos enganchan, nos llaman, nos prenden, nos convocan, nos desafían, entramos de una manera fácil a un contexto lúdico. Por esto, si se deben aplicar métricas para distinguir en cualquier desarrollo, ya sea de clientes externos o internos, una gran herramienta es hacerlo dentro de un contexto lúdico. Hay muchos ejemplos de usos que pueden dársele al concepto de ludificación, como brindar premios o poner una moneda virtual o una barra de progreso, que hoy vemos en todos lados como en campañas de marketing, de concientización o de capacitación dentro de las compañías. Nosotras utilizamos la gamificación para hacer visible el progreso, combinando narrativas e historias con aspectos "aburridos" de la gestión, asignando misiones que al cumplirlas o al tomar ciertas decisiones, los participantes avanzan y obtienen puntos, emblemas, distinciones, niveles, o acreditaciones, que dan acceso a cierto contenido e información o a ciertas nuevas posibilidades. Lo que hacemos es buscar una conducta deseada, medirla y encontrar esos contadores que generan sensación de progreso, alineados a la estrategia de negocio que queremos impactar y medir.

Otros indicadores: KPI, PI, KRI y RI

KPI (Key Performance Indicators o Indicadores Clave de Desempeño)

Para entrar en los indicadores de negocio más frecuentes, debemos remontarnos a un modelo de los años 80 que es muy popular: el Cuadro de Mando Integral, o *Balanced Scored Card* (BSC). El BSC es una herramienta de alineación estratégica que le permite a una organización grande que cada persona desde su posición sepa qué está aportando a la estrategia del negocio con cada acción que ejecuta. Le da la visibilidad a cada individuo para poder distinguir si lo que está haciendo aporta a la estrategia o no. Es el modelo más popular del mundo en empresas grandes, y no es poco. Actualmente está simplificado con el modelo de OKRs que explicamos en el capítulo 7 donde nos referimos a Objetivos. Sin embargo, nos parece relevante mencionar y explicar este modelo, ya que cubre aspectos clave a medir y a no perder de vista.

Kaplan y Norton (los gurúes que desarrollaron el BSC) ofrecieron en los años 80 cuatro perspectivas de negocio, y a partir de los 90 agregaron otras dos, para observar una empresa de manera balanceada. Estas son:

- La perspectiva financiera, el orden, no es inocente. Si observan la organización y no ven sus finanzas, podrían llegar a tener un problema. Incluye: indicadores de ventas, cobranzas, rentabilidad, etc.
- Perspectiva de los clientes. Si no están generando iniciativas en su vínculo con los clientes, existe la posibilidad de que la relación no sea suficiente en algún punto. Ejemplo: ¿Cuántos clientes nuevos tengo? Aquí también podrían entrar niveles de satisfacción. NPS (*Net Promoter Score*) con la famosa pregunta: Del 0 al 10, ¿qué tan probable es que nos recomiendes a un familiar, colega o amigo?
- Perspectiva de los procesos. Si los procesos no son eficientes podría haber un problema con los clientes. Por ejemplo: tardo siete días en conseguir un producto de calidad, pero otro más barato tarda cinco días.
- Perspectiva de aprendizaje y desarrollo. Si no estamos aprendiendo, innovando y desarrollándonos, eso va a impactar en los procesos y clientes.
- Perspectiva de satisfacción del staff. ¿Cómo va a

aprender y desarrollarse el personal si no se siente satisfecho en el contexto laboral? Una forma de medir la satisfacción de los empleados es a través de encuestas (clima organizacional, la voz del empleado) o indicadores como eNPS (*Net Promoter Score* de los empleados).

- Perspectiva de comunidad y medioambiente. Cómo se vincula la empresa con lo que la rodea geográficamente y cuál es el nivel de impacto ecológico que sus prácticas generan. Cada vez más el consumidor a nivel mundial elige comprarle a compañías que respeten el medioambiente.

Para nosotras, es importante saber diferenciar entre una métrica clave que impacta en todas las perspectivas del negocio, y una métrica que no es clave pero es valiosa, que permite observar tendencias, pero su impacto no tiene gran alcance. Por ejemplo, una métrica clave es llegar a tiempo con el producto que sea, en la industria que sea, en el proceso que sea.

- Si yo llego a tiempo ¿va a impactar en mis finanzas? Sí, porque si llego más tarde va a salir más caro.
- Si yo llego a tiempo ¿va a impactar en mis vínculos con clientes? Sí, porque si no llego a tiempo no les voy a caer muy bien.
- Si yo llego a tiempo, la posibilidad de que mis procesos estén ajustados y sean eficientes es mayor que si yo no llego a tiempo, habla de la calidad de mis procesos. Llegar a tiempo también habla del tamaño de mi gente.
- Llegar a tiempo también impacta en la satisfacción de mi gente porque no se vive igual en una empresa en donde se llega a tiempo al mercado o al cliente, que en una en donde siempre llegamos tarde, y vivimos con las quejas de nuestros clientes en la nuca dicien-

do: "No eres bueno para hacer lo que haces, me prometiste una cosa y no la cumpliste".

- En comunidad y medioambiente también impacta llegar a tiempo, porque si no llego a tiempo seguramente la huella ecológica que deje mi retardo, no la voy a tener si no hay tal.

Las métricas clave, después de un tiempo, hacen visible su impacto y generan las acciones correctas de parte de cada quien. Por otro lado, la periodicidad de la aplicación de una métrica clave debería de ser muy alta, porque si tiene ese nivel de impacto, debemos monitorearla todo el tiempo. Además, es una métrica compartida en la cadena de valor, porque si tiene ese impacto, ¿qué sentido tiene que el director general no la monitoree tanto como el protagonista que la lleva a cabo?

Si lo trasladamos al caso de una aerolínea podría ser que los vuelos lleguen a tiempo. ¿Cuánto vale que los vuelos lleguen tarde? A nivel clientes, a nivel finanzas, a nivel procesos, a nivel satisfacción del staff, a todo nivel, no tiene sentido que la dirección general no pueda levantar el teléfono cuando surge una oportunidad de llegar a tiempo y decir: "¿qué pasó?, ¿cómo apoyo?, ¿cómo se generó esto?, ¿qué puedo hacer yo desde mi lugar para hacer una diferencia?".

Los KPI les dicen al staff y al management qué hacer para incrementar el desempeño drásticamente.

PI (indicadores de performance o desempeño)

Cuando hablamos de PI nos referimos a indicadores de desempeño que no necesariamente impactan en todas las perspectivas del negocio pero igual son válidos. Se expresan en acciones igual que los KPI, y se diferencian de los RI (que son indicadores de resultado) porque no se expresan en números.

Los PI les dicen a los empleados y al management qué hacer. Marcan el pulso de la operación, permiten correcciones inmediatas por la proximidad que tienen con la gestión.

KRI (Key Results Indicator o Indicador Clave de Resultados)

Nos gusta llamar a los KRI los resultados *post mortem*, porque cuando tenemos un indicador de resultado, el tiempo para intervenir en él ya pasó. Es como recibir el resultado de la autopsia: no hay posibilidad de hacer algo, ya se sabe cuánto se vendió, cuánta rotación de personal hubo, cuál fue el ausentismo, cuál fue la producción. Son indicadores que a veces son más largos y no son accionables como los de desempeño, esto es bien importante.

Los KRI dan una visión general del desempeño pasado y son ideales para el *board* porque comunican cómo le fue al management en términos de un factor crítico de éxito o una perspectiva del BSC.

Diferencias entre KPI y KRI

En el cuadro comparativo que mostramos en la página siguiente, se ven las diferencias entre KPI y KRI.

Como dijimos, los KPI son medidas no financieras y están más orientados a la acción. En cambio, los KRI pueden ser financieros o no pero siempre van a tener algún número (retorno del capital, porcentaje de satisfacción del cliente, ventas, indicadores que dependiendo el giro en el que funcione la empresa van a aparecer).

Observen la frecuencia: un KRI se mide mensualmente, cuatrimestralmente o anualmente, son indicadores largos. No podemos intervenir en un indicador tan largo porque no tenemos la velocidad de respuesta que necesitamos, a no ser que seas un director corporativo, quien también tendría que esperar que se de ese tiempo para poder ver algo significativo porque el resultado tarda en acumularse.

Cuadro 3. Diferencias entre KPI y KRI

KRI	KPI
Pueden ser financieros o no financieros (ej.: retorno del capital, porcentaje de satisfacción del cliente, etc.).	Medidas no financieras (no expresadas en $, euros, yenes, etc.).
Se miden mensual o cuatrimestralmente.	Se miden frecuentemente (diario o 24x7).
Sirven como resumen del progreso, ideal para el *board*.	Los utiliza el *Senior Management* para tener el pulso de la gestión.
No dice qué es lo que hay que solucionar.	Todos los empleados los entienden y saben qué acciones se deben tomar para corregir.
La única persona responsable por el KRI por lo general es el CEO.	La responsabilidad se puede ligar a individuos o equipos.
Un KRI se designa para resumir la actividad dentro de un Factor Clave de Éxito.	Tiene un impacto significativo en uno o más de los factores críticos de éxito y más de una perspectiva de BSC.
Un KRI es el resultado de varias actividades manejadas a través de una variedad de mediciones de desempeño.	Tiene un impacto positivo, ej.: afecta a todas las otras mediciones de desempeño en forma positiva.
Normalmente reportado por un gráfico de tendencias que cubre por lo menos los últimos 15 meses de actividad.	Normalmente reportado en una pantalla de intranet indicando la actividad, responsable, número de reporte para poder comunicarse con quien sea necesario.

Los que se miden frecuentemente son los KPI. Cuanto más vital sea el indicador, más frecuente será la medición. Volviendo al ejemplo de la aerolínea, Eloy hizo un proceso con ellos en donde están midiendo en tiempo real cómo funciona todo lo que tiene que ver con la aerolínea. Para esto, cada jefe evalúa el desempeño de cada uno de sus colaboradores quincenalmente. Algo así como que si tú eres supervisor, gerente, jefe de aeropuertos, jefe regional de aeropuertos, te vas a acomodar como quieras, pero cada quince días tienes que haberle sacado una foto a cada quién. Por ahí tú dices, la semana uno de mis dos semanas por medir, mido tres; y la semana dos mido a los otros tres y tengo seis, o como lo quieras hacer, siempre y cuando todos tengan cada quince días una foto con la cual observarse y ajustar su desempeño.

Esto es bien importante porque si queremos medir nuestros procesos de coaching, también tenemos que saber qué es lo que vamos a medir, si es un KPI, si es un KRI y de qué se trata, y cuál será la frecuencia de medición. Además, le podemos mostrar a la empresa también que le está faltando periodicidad en la medición.

RI (indicadores de resultado)

Los RI les dicen a los empleados qué han hecho.

Para finalizar y resumir podemos decir que hay dos grupos de mediciones: indicadores de resultado que sumarizan actividades, e indicadores de desempeño que están ligados a una actividad específica.

Dos familias de métricas: de desempeño y de resultado

Las métricas de desempeño generalmente se expresan en acciones, no en números. Llegar a tiempo es una acción, no es un número. El resultado de ventas es un número y se expresa en números. Una métrica expresada en números es una métrica de resultados, porque para que el número exista las cosas tienen que haber sucedido. Entonces, si ustedes llegan a una organización y la manera de medir todo es numérica, es una empresa poco reactiva porque se entera de la oportunidad después de que las cosas pasaron. Deberían de tener un balance de sus métricas de resultados que validen que llegaron adonde querían llegar, y métricas de desempeño que permitan corregir el rumbo durante el proceso de construcción del resultado.

El ser humano no puede caminar en línea recta por sí mismo si no tiene un punto de referencia ¿lo sabías? Haz la prueba. Coloca una venda tapando los ojos a alguien que está en un espacio abierto. Dile que intente caminar en línea recta todo el tiempo que pueda. Verás lo que sucede. La evaluación de desempeño clásica de una organización se mide tres veces al año: generalmente, hay una conversación inicial con el jefe a principio del año o del proyecto, una conversación a la mitad que dice cómo está yendo, y otra de cierre que de alguna manera determina el porcentaje de bono que se tendrá ese año. Si tiene sentido que el desempeño individual se dé el lujo de tener seis meses de desviación antes de encauzarse, ¿cuál sería el mejor escenario que permitiría mantenernos en el cauce estratégico definido por el jefe o el negocio? ¿Cada cuánto podríamos mirarnos al espejo y ver si vamos derecho o torcido? ¿Qué diferencia traería ese nivel de periodicidad? Si nos miráramos en la foto una vez por semana, una vez por semana nos reencauzaríamos. La metáfora de que no podemos caminar en línea recta sin un punto de referencia se aplica a los desvíos que se pueden producir en términos de dinero, relaciones, tiempos, o cualquier otro resultado cuando carecemos de visibilidad y periodicidad.

Si vamos a hacer una propuesta para que las personas tengan las herramientas necesarias para tomar decisiones de valor y administrar su propio desempeño, habría que tener un balance entre resultado y desempeño, y el balance iría cambiando en cada nivel: un director general tiene un tipo de investidura y autoridad que le permite decidir sobre muchos temas de la empresa; una persona operativa, que está en la primera banda salarial no toma muchas decisiones porque no tiene autoridad. Cuanto más operativo, más cargado hacia métricas de desempeño debería estar el tablero. Cuanto más directivo (más poder y autoridad) más cargado hacia métricas de resultados debería de estar su tablero.

En todos los niveles de la organización la gente necesita información de calidad: si es hacia los niveles operativos para actuar peor, mejor, distinto, más rápido, más lento. Y a medida que vamos subiendo y se va mezclando con lo estratégico, más orientado hacia el resultado y no tanto hacia la acción. Dependiendo del cliente con el que trabajen, en distintos niveles de la organización podrán entender cuál es su mundo de indicadores, su mundo de decisiones y su mundo de resultados.

En resumen, se trata de llevar el indicador al mundo de las personas y sus problemáticas. Si a un operador, por ejemplo, de una línea industrial, le ponemos un indicador que tiene que ver con ventas, no será comprensible para él porque no entiende cómo se producen las ventas, aunque sí puede contar la cantidad de piezas que hace por minuto. Cualquier herramienta organizacional tiene que ser fácil, simple y útil, y si no es para todo público, no la expongan. Como coaches debemos generar propuestas para cualquiera, para el más inteligente y para el menos analítico, porque en los equipos de trabajo están todos los perfiles, todas las personalidades y todas las actitudes.

Métricas y temporalidad

Otra característica que puede diferenciar las métricas de resultados y de desempeño es la periodicidad con que se observan. Si quisiéramos ver el resultado de una organización que declara: "El último año venimos mal, no estamos pudiendo levantar cabeza", le pediríamos a ese cliente que nos muestre el estado de resultados de los últimos cinco años, para saber de dónde viene esta compañía, cuál es su tendencia, cómo está hoy respecto de su historia.

Cuando hablamos de métricas de resultados vale la pena mirar períodos más grandes. Y cuando hablamos de métricas de desempeño, la periodicidad debe ser más pequeña, casi diaria, y si fuera en tiempo muchísimo mejor. Comparado con las métricas de resultado, en las métricas de desempeño se puede medir el presente y el futuro. En la métrica de resultado es mucho más complejo, es posible pero se necesitan algoritmos o fórmulas robustas para que todo el mundo coincida en creerle al pronóstico.

En términos de temporalidad, la oportunidad está del lado de las métricas de desempeño, volviendo al ejemplo de la aerolínea: si mis vuelos llegan a tiempo, se puede medir el desempeño como tiempo pasado preguntando qué vuelos llegaron fuera de horario en los últimos meses. Una manera de medir el desempeño presente sería preguntando qué vuelos hay ahora en el aire con dos horas de retraso (lo cual genera una capacidad de reacción muy diferente al dato *post mortem*) y algo así dispararía acciones tales como que en vez de esperar al avión con una aspiradora en la próxima parada, lo esperaremos con tres, y en vez de un maletero, habrá cuatro para disminuir la demora en la ruta que sigue ese avión. Medir el presente vale mucho dinero porque nos permite salir de la contingencia en la que incurriremos si no intervenimos ahora.

También se puede medir el futuro, por ejemplo, ¿qué iniciativas van a implementar las áreas que incurrieron en los retrasos en los últimos dos meses? De esa manera, empezamos a construir un escenario de futuro que va a permitir bajar las demoras. Sabremos que las áreas están aprendiendo y hacen cosas que antes no hacían para que no les pase lo que les está pasando.

Esta es la oportunidad que habilita medir acciones, es mucho más fácil de acceder que con las métricas de resultado, en donde para poder hacer una métrica de futuro hay que contratar un experto que haga una fórmula.

¿Cuál es el indicador bueno?

El indicador bueno es aquel que genera la acción correcta. Sería muy arrogante pensar que la métrica que proponemos va a provocar lo que suponemos en todos los que la usen. Al inicio no lo sabemos, debe pasar por un período de prueba, por nuestra salud y por la salud de la organización, dado que si no monitoreamos lo que la métrica desencadena, podemos estar generando actos reflejos que no queremos, como se vio en el caso de la sala de Urgencias.

Métricas con sentido

También podemos hablar de métricas cuando se trata de la cultura de una organización observando qué es lo que valoran. Para cualquier métrica, es básico que la persona que la utilice, la comprenda y le dé sentido, si no, no la usarán ni se relacionarán con ese indicador.

Un indicador que últimamente estamos viendo en las empresas habla de la efectividad del management, medida por el resto de los colaboradores. Es un punto en la encuesta de clima o de la voz de los colaboradores que mide qué tan efectivo es su manager y no tiene un dato duro detrás, sino que es la percepción de quienes están alrededor del manager. Nosotras siempre decimos que cuando la gente no mira un indicador primero es porque no saben, porque nadie se lo mostró, porque nadie se lo explicó, y empezamos por darle esa oportunidad. Si lo mostramos, lo explicamos, si las personas lo entienden, también van a poder tener esta información de calidad que les va a permitir tomar las decisiones con mayor calidad.

El punto es, y esto es una buena pregunta para hacer como coach, ¿hay alguien que explique esto?, ¿la gente comprende cuál es la métrica que se está utilizando?,

¿sabe cómo mover la aguja o no? Eso lo va a mostrar el período de prueba.

Para trabajar con métricas, primero le damos la oportunidad a todos, ponemos las cartas sobre la mesa para que puedan probar, aprender, a ver si funciona o no. Y si no funciona, también es una buena noticia para nosotros y para la organización porque vamos a dejar de invertir tiempo en un indicador que no sirve para eso y dejamos de distraer a la gente.

Los KPI tienen un impacto significativo en uno o más de los factores críticos de éxito, y en más de una perspectiva del BSC afectan las mediciones de desempeño y, por lo general, se reportan. Hay empresas que tienen pantallas que muestran cómo se están moviendo los indicadores que les importan, o en la Intranet van mostrando la actividad, quién es el responsable o qué número de reporte para poder tomar acciones inmediatas.

Otra forma de saber qué valora la organización es mirar sus paredes: si las paredes están vacías, se relacionan con la información de una manera no muy eficiente; si en las paredes hay indicadores de un año de antigüedad, es un indicador que nadie ve, que nadie usa, que tal vez fue publicado para alguna auditoría de calidad y ahí quedó muerto.

Si la métrica no cambia es porque no se usa. Cualquier métrica que se usa tiende a cambiar, el ser humano se adapta, para eso sí que somos buenos. El cambio en la métrica es un indicador de innovación, de mejora continua, de que estas están ajustadas y han sido cambiadas. Lo mismo aplica a la métrica que ustedes propongan como coaches: si no cambia a través del tiempo, es porque no la están usando. Si la usan nos van a decir: "Ahora quiero que le agregues tal cosa". En el contrato que hizo Eloy con la aerolínea, él lleva el tablero de gestión de visibilidad y una de las cláusulas del contrato es: "Te voy a hacer todos los cambios gratis", porque eso ayuda a que los clientes usen la plataforma para medir, y si la usan, es muy lógico que la cambien. Si el cliente ya tiene indicadores, podemos preguntarle cómo miden y desde cuándo.

Lo que aparece en todos lados es lo que nos importa mirar, porque eso te habla de la cultura de la organización. Si ustedes hoy encienden la televisión, van a tener los datos de lo que está pasando en su país expuestos de manera permanente. Esos datos hablan de lo que se valora en el país en ese momento, y están a disposición de la población. Son indicadores que están unidos con un sentido, son indicadores que tienen que ver con algo que nos importa y con algo en lo que sentimos que podemos contribuir. Entonces, a veces hay cierta resistencia ¿por qué hay que medir los resultados del coaching? Hagamos la pregunta a la inversa: ¿por qué no? Si el indicador nos marca cuánto nos vamos desviando, queremos y buscamos medirlo.

Todo se puede medir

No se puede administrar lo que no se mide. Si quieren administrar el cambio, mídanlo: midan el desempeño, midan el resultado. Lo que no se mide no se gestiona. Muchas veces vamos a escuchar: "No es tan importante medir, con unos poquitos indicadores alcanza", pero depende de la profundidad que le quieran dar y cuántas alternativas encuentren para tomar buenas decisiones.

Puede ser que nos trabemos diciendo: "Eso no se puede medir", pero es mejor enunciar "No sé cómo medirlo". Hoy en día hay infinidad de información para medir (pueden buscar en internet), y se van a sorprender porque aunque creamos que somos los primeros en preguntarse cómo medir algo en una empresa, lo más probable es que ya se haya medido más de una vez.

Nosotras siempre declaramos que todo se puede medir y también que medimos lo que nos importa, y en CE es interesante poner eso sobre la mesa. Los indicadores que no están en el mundo de nuestro cliente tienen un motivo por el cual no están: porque no saben cómo o porque no les importa lo suficiente, pero si no están midiendo el impacto que algo tiene, se están perdiendo un acceso para torcer el rumbo.

La propuesta que también podemos hacer como coaches es la de crear indicadores: todo se puede medir si sabemos encontrar la manera de hacerlo. Crear indicadores es una tarea divertida y de mucha observación. Una forma amigable de comenzar a entrar en contacto con indicadores es, nuevamente, jugando con "las erres" de Resultados y de Relación.

Para crearlos hay que observar lo que muchas veces damos por obvio dentro de los procesos y pasamos por alto, sin darnos cuenta el impacto que tiene en la gestión. Otro punto a tomar en cuenta es que, por lo general, se miden los indicadores que dan cuenta de la eficiencia y de lo que funciona, y pocas veces se mide la ineficiencia que produce pérdida de tiempo, recursos y dinero.

Saber mostrar: la información visual

La la capacidad de visualizar información es el mecanismo más rápido que tiene el ser humano para entender: entendemos mucho más rápido lo que vemos que lo que escuchamos o lo que sentimos. Pueden hacerle a sus propuestas lo que se llama la "Prueba de los tres segundos": al diseñar y mostrar una gráfica, cualquiera que la vea debe ser capaz de entender lo que están queriendo decir en un máximo tres segundos. Si eso no pasa, la gráfica no sirve.

El libro *Now You See It* de Stephen Few, trata de mostrar cuál es la gráfica más adecuada para cada indicador: por qué usar columnas, por qué usar líneas de tendencia, por qué usar *hit maps*, por qué usar diagramas. Para cada tipo de información hay una gráfica que se ajusta mejor y sobrevive en la mente de quien la ve incluso después de los tres segundos.

Si una herramienta organizacional no es fácil, simple y útil no sirve, porque no es para todo público. Lo mismo pasa con la gráfica: si vamos a compartir información visual, debemos tener la competencia o la calidad de propuesta necesaria para que cualquiera la entienda.

9. Matriz de significado y desempeño

El hombre se autorrealiza en la misma medida
en que se compromete al sentido de su vida.

VIKTOR FRANKL

La matriz de significado y desempeño puede ser una buena herramienta para explorar junto con el cliente el lugar en donde comienza el proceso de coaching y el lugar adonde quiere llegar. La matriz fue creada por Michael Hall, referente de Metacoaching y Neurosemántica[2], y propone que puedas moverte a lo largo de este camino para desatar tu mejor potencial, desarrollarte y alcanzar la autorrealización.

Esta matriz está diseñada en función de dos ejes: el eje de significado y el eje de desempeño, que reflejan lo que sería el juego interno y el externo que cada uno de noso-

---

2 Neurosemántica es un modelo acerca de cómo creamos e incorporamos significados. La forma en la que lo hacemos determina nuestro sentido de la vida y la realidad, nuestras habilidades y competencias, y la calidad de nuestras experiencias. Neurosemántica es un término más científico para mentecuerpo. Como campo, la neurosemántica utiliza el modelo de Meta Estados para comprender nuestra calidad única de conciencia autorreflexiva. También es una asociación internacional de hombres y mujeres líderes en coaching y entrenamientos relacionados con liderazgo, management, negocios y autoactualización. Ver: https://www.neurosemantics.com/

tros tenemos. Los factores externos hablan de lo que se ve, los comportamientos observables en las personas, que están relacionados con acciones y resultados. Por otro lado, hay muchos factores internos que son lo que nosotros como coaches no podemos ver a simple vista, y están vinculados al propósito, la intención, la misión, los valores, las creencias, los significados.

Gráfico 8

Adaptado de *Neuro-Semantics: Actualizing Meaning & Performance* by L. Michael Hall

El eje de significado tiene que ver con los factores internos que mueven e inspiran al cliente, definen el sentido que tiene su gestión, el para qué hace lo que hace. Representa las creencias respecto de su trabajo, los marcos de referencia que utiliza para cargar de intención sus acciones, los motivos que lo inspiran a hacer y mejorar, la pasión que lo impulsa a ir más allá. Es sumamente importante tener presente este eje durante todo el programa de coaching, tanto para dar poder a los significados que existen, como para crear nuevos que enriquezcan, impulsen y respalden los nuevos cursos de acción.

El eje del desempeño está orientado a la acción, tiene que ver con las actividades, habilidades, experiencias y resultados que obtenemos al hacer nuestro trabajo. El foco es externo, hacia los comportamientos que aterrizan nuestras intenciones. En CE podemos hacer hincapié en este eje conversando con el cliente acerca del tipo de acciones que toma, la calidad en su ejecución, el norte de estas, y su correlato en resultados.

Cuando no logramos trabajar sobre estos dos ejes, lo que ocurre es un modelo reactivo de impacto negativo. Un círculo vicioso. Por ejemplo, si solo enfocamos en el eje de significados y no llevamos a la acción lo que nos proponemos, interrumpimos el camino a la autoactualización. Por otro lado, si enfocamos solo en el desempeño, mientras más hagamos sin que se vea reflejado en nuestros significados, más negativo será el impacto en la motivación, la acción perderá sentido y, en el corto plazo, dejará de tener valor. Si dividimos el espacio entre los dos ejes, agregando una línea más en el centro de cada uno, nos quedan delimitados cuatro cuadrantes que nos sirven como parámetros para saber en cuál de ellos se ubica nuestro cliente al comenzar el proceso (o cuando decidamos utilizar este recurso).

El flujo de la autoactualización y del liderazgo ocurre cuando pasamos del cuadrante I al IV, y eso lo logramos agregando más sentido y significado (historias poderosas) y llevándolo a la acción, creando un círculo virtuoso. El modelo de autoactualización hace sinergia cuando integramos los aspectos interno y externo de nuestra vida. Vamos a profundizar en cada uno de los cuatro cuadrantes, siguiendo los pasos que el doctor Hall describe en su modelo.

Gráfico 9. Los cuatro cuadrantes

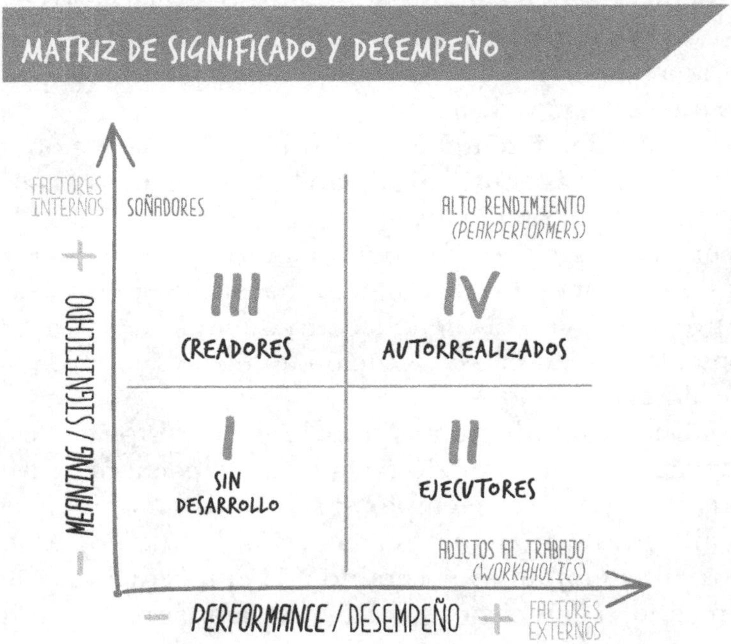

Los cuatro cuadrantes

Cuadrante I: Sin desarrollo

Comenzando por el cuadrante I, sin desarrollo, podemos ir incorporando toques de sentido (creencias, valores, significados, conexión, desafío, intención) y toques de habilidades (competencias, acciones que nos vuelven más expertos en lo que hacemos). Como nosotros tenemos predisposiciones naturales a movernos en algún eje preferido, pasaremos al eje IV (alto rendimiento) ya sea por generar más significado o más acción. Un paso para conocernos mejor sería identificar cuál es el eje que nos motiva a mejorar nuestro desempeño.

Cuadrante II: Ejecutores

Las personas muy inclinadas hacia el eje del desempeño tienen una enorme orientación externa, suelen ser prácticos, pragmáticos, sociales y extrovertidos. Alcanzan el éxito y el resultado. Cuando una persona actúa sin la interfaz de significado, puede volverse *workaholic* e hiperreactivo. Hacer y hacer sin significado se torna compulsivo y, aunque muy eficiente en la tarea, poco efectivo para la vida personal.

Cuadrante III: Creadores

Tienen grandes ideas, hermosas visiones y esquemas brillantes. Quienes habitan este espacio utilizan sus sueños, visiones y valores para crear significado y sentido. Son optimistas y confiados. Les gusta crear, soñar, diseñar y planificar. Cuando una persona actúa sin la interfaz de performance, se convierte en un soñador: puede vivir inspirado o con grandes ideas, pero sin lograr concretar sus deseos se deprime o desmotiva, o vive en un mundo imaginario y desconectado de la realidad.

Cuadrante IV: Autorrealizados, Peak performers

Las personas ubicadas en el cuarto cuadrante tienen la combinación perfecta entre significado y desempeño. Sus acciones están cargadas de intención y logran aterrizar sus planes e ideas eficientemente. Son capaces de inventar nuevas historias y significados que impulsen sus acciones y habilidades a nuevos niveles de desarrollo y logro.

¿Cómo utilizar la matriz de significado y desempeño?

La matriz sirve para darle un orden al mundo de nuestro cliente. Si estamos en una conversación de coaching y el cliente tiene buenos niveles de significados (dice: "Yo sí puedo hacerlo, tengo ganas") es posible que genere emociones positivas a su alrededor, pero baja performance. En ese caso, podemos leer dos mundos, el mundo exterior y el interior.

¿Qué podríamos decir que está pasando? Es un soñador, el típico caso que sueña en grande pero no puede bajar su intención a la acción. Los soñadores tienen alto nivel de significado, están empoderados, pero no logran resultados en la vida real. Como coaches ejecutivos, en lugar de trabajar en sus sistemas de creencias, vamos a ayudarlo a que aterrice y concrete alguna de las actividades que se propone, trabajaremos en el desarrollo del desempeño.

El caso contrario ocurriría cuando un cliente demuestra un alto nivel de performance, pero con bajos significados o con significados tóxicos. Este hace por hacer, no encuentra niveles de significado, sus acciones están desconectadas del propósito y se vuelven tareas automáticas, un *workaholic*; tal vez hay un jefe que lo obliga a trabajar más de la cuenta. De ser así, podemos invitarlo a crear un paquete de significados más positivos para que encuentre cómo trabajar de una mejor manera, presionar menos al equipo y hallar el anhelo, el propósito para un nivel de significado más alto.

Los *peak performers* son los que operan en alto rendimiento, con una combinación perfecta de factores internos positivos y factores externos. O sea, operan con un buen paquete de significados que les da poder, que los alimenta y los motiva.

Podemos usar la herramienta en sesiones individuales y, después de presentar la matriz y cada cuadrante, pedirle a nuestro cliente que ubique dónde cree que está. También sirve para trabajar con equipos: podemos pedir individualmente que ubiquen su cuadrante, y generar una conversación para definir dónde está el equipo y qué necesita para llegar al siguiente nivel.

Para facilitar la mejor calidad de proceso, y pasar al cuarto cuadrante, los coaches ejecutivos, asistiremos al cliente para encontrar su combinación más adecuada basados en su estado actual y lo que necesita para equilibrar significados de valor, propósito, intención, creencias, habilitadores y el dominio de la acción y los resultados. El coach funciona como un pivote, trabajando siempre en los dos ejes.

Experiencia

Una clienta venía de trabajar en una posición internacional muy cercana al director general, prácticamente como especialista, ella hacía cierto análisis y le iba muy bien. Le asignaron un equipo de trabajo, la cambiaron de proyecto, de país y ella se encontraba reconociendo que lo único que hacía era empujar al equipo para dar el resultado. Faltaba trabajar un propósito que le habilitara un espacio más grande. Ella no se había dado cuenta de que esta actividad, que la aburría –porque no le gustaba trabajar en equipo–, la ayudaría a completar parte de un perfil profesional que no había desarrollado hasta ahora: su aspecto de liderazgo. No solamente se trataba de empujar para el resultado, sino que podía influir en la gente, que con su estilo de liderazgo podía hacer que la gente se enganchara más o se desenganchara, o ayudar a otras personas a que cambiaran de posición y crecieran en la organización.

Trabajar en el eje de significados y propósitos, con significados positivos que agregan valor, pueden ayudarnos muchísimo como coaches para que los clientes no pierdan el sentido. Ahora que conoces el significado y el impacto de los ejes y la matriz, ¿en qué lugar de cada eje te ubicarías en tu trabajo como coach ejecutivo? ¿Qué reflexiones tienes acerca de esto?

10. Fuente de poder y fórmula del éxito

A menos que estés preparado a soltar algo valioso, nunca estarás
totalmente dispuesto a cambiar, porque estarás controlando
para siempre las cosas que no puedes dejar.
ANDY LAW

El modelo que compartiremos en este capítulo tiene sus orígenes en el libro *Immunity to Change* de Robert Kegan y Lisa Laskow Lahey. Se puede usar para grupos o individuos, y la propuesta es que a medida que vayan leyendo, vayan experimentando y poniéndolo a prueba.

Los autores presentan un abordaje para el cambio, basándose en una pregunta sencilla: ¿por qué cuando nos proponemos cambiar algo, por más que tengamos todo lo racional y repitamos que será bueno hacerlo, a veces volvemos a caer en los patrones de siempre? Podemos comprender por qué tiene sentido ese cambio, por qué es importante, pero no podemos sostenerlo en el tiempo. Kegan y Lahey investigaron sobre este fenómeno y llegaron a la conclusión de que cada vez que queremos empezar a cambiar algo, se dispara dentro de nosotros una reacción muy similar a la del sistema inmune: este nos defiende de los agentes patógenos reconociéndolos y atacando a todo lo que le es ajeno o extraño. Los autores vinculan esta reacción a las iniciativas de cambio; es decir que el cambio es percibido como una amenaza a nuestro *statu quo* y todas nuestras defensas (conscientes e inconscientes) se ponen en alerta.

Observador e identidad

Cuando hacemos CE fundamentalmente apuntamos al cambio de observador, que coloquialmente llamamos "cambio de identidad". Por lo general los clientes expresan sus deseos: "quiero cambiar esto", "quiero cambiar esta forma de hacer las cosas"; siempre lo proyectan afuera, como si lo que quisieran modificar no tuviera nada que ver con ellos. No distinguen el espacio entre quiénes son y eso que quieren cambiar. Por eso nos enfocamos más en el "quién": ¿Quién es esta persona frente al cambio que quiere realizar, a sus objetivos, a lo que se está proponiendo? Muchas veces el "quién" es pasado por alto porque nos enganchamos en el "cómo" o en el "qué", pero estos no sirven de mucho sin un "quién". Cuando hablamos de identidad nos referimos a las preguntas que apuntan a quiénes somos, cómo nos definimos, y quién somos en función de qué.

Si no hay un cambio en el observador, el motor de las acciones seguirá siendo el mismo, y el cambio no podrá sostenerse en el tiempo. Pero si se pone el foco en la identidad, es por añadidura que nuevas acciones estarán disponibles, habrá una nueva relación con los objetivos, las personas, su trabajo y sus resultados.

Si trasladamos esto a "las erres" (Relación=Resultado), muchas veces sucede que le pedimos a nuestra identidad resultados de otra. Por ejemplo, si el cliente está en un nivel de gerencia media en una empresa y tiene expectativas de nivel directivo, no ocurrirán cambios si no modifica su manera de observar: en lugar de mirar como gerente, puede comenzar a desarrollar la forma de mirar que tiene un director para relacionarse con esa identidad. Nivel medio tiene resultados de nivel medio, nivel directivo da resultados en el mundo del nivel directivo, y si existen incoherencias hay que revisar. Para eso estamos los coaches ejecutivos.

Experiencia

En una formación de coaching, trabajando con una aprendiz, ella declaró que estaba involucrada en política universitaria.

—Soy militante en una universidad.

—¿Qué quieres lograr?

—Quiero que en las próximas votaciones mi partido sume un 15 % de votos.

—¿Quién eres tú frente a ese resultado?

—Una militante.

La respuesta implicaba todo un mundo de lo que significa ser militante: lo que puede y lo que no puede hacer, las posibilidades que se abren para ella y las que no, porque es militante. Estuvimos trabajando con ella media hora.

—Ser militante (relación/identidad) te da resultados de militante. ¿Una militante puede cambiar o alterar que aumenten los votos al 15 %?

—No, no tiene poder.

—¿Quién necesitas ser para poder involucrarte o poder influenciar en ese 15 % de votos?

—Una dirigente política.

Entonces le mostré que la identidad de un militante es muy distinta a la de un dirigente político. Hay un mundo de acciones y conversaciones disponibles totalmente distinto en cada uno de los dos. El 15 % de los votos, en el mundo de posibilidades de una militante, es como pedirle peras al olmo. En cambio, el mundo de posibilidades de un dirigente político sí tiene que ver con ese resultado. El enfoque entonces, sería en la declaración de compromiso con la identidad de dirigente política.

Primera aproximación: la queja

Les proponemos entrar de lleno al mundo del cambio, la resistencia al cambio y una manera de trabajarlo. Kegan y Lahey sostienen que lo primero que hacemos cuando queremos cambiar algo es quejarnos, porque hay algo que nos molesta. Pasamos mucho tiempo de nuestras vidas en conversaciones casi automáticas de quejas. Una vez que dejamos de quejarnos y reconocemos que allí puede haber una puerta de acceso a lo que queremos cambiar, pasamos a una segunda etapa en la que podemos declarar exactamente qué es eso que queremos cambiar, enunciarlo. El tercer paso del modelo tiene que ver con darnos cuenta de cuántas cosas hacemos o dejamos de hacer que van en contra de ese cambio; cuando nuestro sistema inmune ataca eso que atenta contra la zona de confort, vamos a descubrir cuáles son los compromisos o beneficios ocultos de mantenernos donde estamos, y cuál es el centro de comando que hace que finalmente no cambiemos nada. Por último, veremos que nuestros grandes supuestos son los que nos mantienen donde estamos.

Este sería un resumen de lo que los invitamos a experimentar en el presente capítulo. Sin más rodeos, entremos al universo de las quejas.

Tómense unos minutos, y, papel y lápiz en mano, escriban su lista de quejas. Enuncien todo lo que se les ocurra. La queja tiene ciertas particularidades: nos mete en estados de ánimo, nos predispone, nos transporta a la ilusión de que estamos haciéndonos cargo de algo (la ilusión nomás), y siempre nos quedamos con las ganas de seguir.

Revisen la lista. Fíjense si sus quejas responden a algún patrón en especial, o si se circunscriben a ciertos dominios de la vida. Hilen un poco más fino y tendrán observaciones más asertivas, por ejemplo: en lugar de quejarse de los políticos, pregúntense si hay algo en la relación que ustedes tienen con el poder. No se conformen con el enunciado literal, a lo mejor esa queja tiene que ver con que nos gustaría sentirnos más poderosos, tener más independencia… Indaguen, siempre hay algo que se esconde detrás de la queja y que se usa como camuflaje. Otro lugar común de quejas está ligado a la administración del tiempo, detrás de ello podemos encontrarnos con temas como el equilibrio vida/ trabajo, o la incapacidad de pedir ayuda, delegar, cuidarse, disfrutar del bienestar y la salud.

¿Cuál es el gran tema que está detrás de esas quejas que funcionan como si fueran la punta del iceberg? ¿Lo tienen?

Para ir un paso más allá, enunciaremos algunos grandes dominios que pueden ayudarnos a "ordenar" nuestras quejas.

- Dominio personal: ¿cuánto creo yo que valgo? ¿Cuáles son mis valores?
- Dominio del poder: quejas acerca de falta de recursos, de habilidades, de capacidades.
- Dominio de los otros: incluye a los demás, la red social de relaciones, si es suficiente o no, si están pudiendo llegar a las personas que quieren llegar (como la experiencia de la militante).
- Dominio del tiempo: ¿me gustaría tener más tiempo?, ¿no tengo tiempo?, ¿quisiera distribuir mi tiempo de otra manera?
- Dominio del mundo: quejas relacionadas con mi proyección en el mundo, con la proyección de mi oferta en el mundo, con mi propio crecimiento en el mundo.

Como coaches ejecutivos podemos observar y hacer varias preguntas, porque la queja es una manifestación de lo que nos importa (nadie se queja de algo que no le importa). Además, la queja produce una sensación de que no se termina el tema, uno lo tiene presente y lo saca, lo trae una y otra vez. Podemos decir que las conversaciones que nos mantienen incompletos son aquellas en las que estamos atrapados. Si hacen un censo de conversaciones en las que están permanentemente, ¿cuántas de ellas los mantienen incompletos? ¿Cuánto tiempo pierden dándole vuelta a esas conversaciones sin tomar acción?

La queja tiene, también, un efecto alucinógeno: uno cree

que como habló del tema queda resuelto. Pero en realidad, al quejarnos, liberamos una química que nos mantiene preocupados, enojados, angustiados, ansiosos. Esas emociones nos desgastan y no resolvemos nada, no nos hacemos cargo del tema, sino que externamos un malestar y seguimos incompletos.

Enunciando el cambio

El primer paso para poder cambiar algo es enunciar qué es lo que queremos cambiar, ponerle nombre. La queja es una puerta de entrada a descubrir cuál es el verdadero cambio que queremos hacer, pero es importante que el cambio se enuncie en positivo. No se trata de decir lo que no queremos, sino de plantear frases positivas, lo que sí deseamos, por ejemplo: "quiero delegar", "quiero tener una mejor administración de mi tiempo", "ser más efectivo cuando vendo", "cumplir con mis compromisos".

Al nombrar el cambio que queremos, hay que prestar atención a las emociones que aparecen en el cuerpo. A veces reaccionamos con un poco de miedo, ansiedad, o sentimos que por el hecho de haberlo mencionado ese cambio entra en la lista de temas pendientes. Si hay una reacción física, algo se está moviendo, es un indicador de que es un buen lugar para enfocarse.

La transformación no ocurre de un momento a otro, es un proceso, un espacio que se va retroalimentando a sí mismo y crea un contexto. Por eso es tan importante que el cambio sea ecológico, un cambio radical no es sostenible a la fuerza. Necesitamos ir cambiando, ir ajustando, ir incorporando: metiéndolo en el cuerpo. Si el cambio atenta contra los sistemas que tenemos previamente instalados, que funcionan y son válidos, no va a durar. Por eso hablamos de un proceso, y hay que respetarlo.

En nuestro trabajo como coaches ejecutivos debemos

tener cuidado al abordar este tema, y tener en cuenta hasta dónde puede llegar el cliente, cómo va administrando su cambio. A veces los coaches venimos con el ímpetu de buscar y generar cambios, querer que se den lo antes posible, pero tenemos que hacer una pausa para reflexionar si lo estamos haciendo por nuestra propia identidad o por los intereses de nuestros clientes. Los cambios supersónicos la mayoría de las veces no tienen raíces, y eso genera volver violentamente a la anterior manera de ser que da seguridad.

Una vez que enunciamos lo que queremos cambiar –continuando con el modelo de Kegan y Lahey– debemos enumerar en dos listas todo lo que hacemos y todo lo que no hacemos que va en contra del cambio. Por ejemplo, si el cambio que quiero realizar tiene que ver con la administración de mi tiempo para tener un equilibrio personal y laboral:

- Cosas que hago que van en contra de mi objetivo: lleno la agenda, no pregunto nada, superpongo compromisos o los postergo.
- Cosas que no hago que van en contra de mi objetivo: no digo que no, no respeto los acuerdos que hice conmigo.

Hagan las listas al máximo detalle posible, es importante porque implica un proceso de autoobservación, de autoconciencia y mirar el tema de frente. Al finalizar estas listas, podemos decir que en el dominio de la acción se hacen muchas cosas para resistir la posibilidad de cambiar.

El siguiente paso es hacer una nueva lista que incluya todos los atributos, las cosas maravillosas que nos trajeron hasta donde estamos hoy (virtudes, conocimientos, habilidades, destrezas, capacidades), por ejemplo: hablo inglés, soy ordenada, sé administrar, tengo experiencia en tal cosa, tengo buen gusto, tengo título universitario, hice cursos de especialización, domino tal técnica, conozco modelos de trabajo, leí mucho libros, sé ofrecer, etc.

Si estamos tan dispuestos y realmente queremos cambiar, hay que soltar. ¿Recuerdan la frase escrita al comienzo de este capítulo? Dice que a menos que estemos dispuestos a soltar algo valioso, resistiremos la posibilidad de cambiar. Queremos cambiar pero no estamos dispuestos a soltar nada, queremos cambiar pero con condiciones, negociando todo y pidiendo garantías.

La pregunta aquí es directa: ¿estamos dispuestos o no a cambiar?

El nerviosismo que sienten tiene que ver con el descubrimiento de Kegan y Lahey: estamos activando el sistema inmune anticambio. ¿Lo viven? ¿Lo sienten? ¡Ahí está!

Fuente de poder y fórmula del éxito

A veces confundimos nuestra fórmula del éxito con nuestra fuente de poder, son dos contextos muy diferentes para vivir la vida. Uno es repetición y otro es creación. Cuando hablamos de la fórmula del éxito, nos referimos a todas esas cualidades a las que les atribuimos el poder de llevarnos hasta donde llegamos en la vida en varios dominios. Creemos que lo logramos "gracias" a ellas, confundimos los atributos con nuestro poder. Y la diferencia es que nuestro poder personal es una fuente inacabable de recursos, es el contexto en donde todas esas posibilidades y aprendizajes nacieron, es lo que nos permite rediseñarnos, adaptarnos y crear lo que sea necesario para la vida.

Nos confundimos y creemos que somos cada uno de esos atributos, confundimos nuestras habilidades con nosotros mismos, nos da miedo que de soltarlas nos diluyamos junto con ellas, y usamos mucha energía para conservarlas. Si todo lo que identificamos de nosotros se va, ¿quiénes somos?

Ese es el punto: las personas no somos nuestras habilidades, virtudes y conocimientos. Eso lo adquirimos a lo largo de la vida, así como seguiremos incorporando más aspectos en lo que nos resta vivir. Aferrarnos a la idea de que somos nuestras habilidades o lo que sabemos nos mantiene dentro de lo conocido, pero justamente cambiar es acceder a contextos diferentes.

No es que las personas no cambien por ser "malas" o tercas, o por falta de voluntad. No cambiamos porque, en cierto nivel imperceptible para nosotros, queremos preservar quienes somos.

Los coaches invitamos a nuestros clientes a cambiar, y de modo entusiasta les decimos que lo hagan, que van a poder, y que los vamos a acompañar en el proceso. Cuando vemos que el cliente no se anima a dar el paso, pensamos que se resistió, y esa postura no es muy ecológica. Si hemos atravesado algún cambio profundo en nuestras vidas, y nos dimos cuenta de que no somos nuestras aptitudes, ni nuestros conocimientos, que ya no somos nuestros mecanismos de control, ni nuestras tradiciones y que podemos reinventarnos todas las veces que queramos, aprendiendo lo que sea necesario y abrazando la incertidumbre con amor, empezamos a mirar nuestros cambios y nuestras reacciones con compasión y ternura. Sabremos valorar que cada vez que cambiamos, instalar esos cambios nos costó trabajo y perseverancia. Empecemos a observar a nuestros clientes y a nosotros mismos con compasión.

Beneficios ocultos

Vamos a hacer otra lista que nos ayudará a detectar cuáles son nuestros beneficios ocultos. Escribiremos, al revés, la lista de lo que hacemos y dejamos de hacer que va en contra del cambio. Tengan mucha sensibilidad para el registro corporal con esto. Por ejemplo:

- Lo que dejaba de hacer y voy a hacer: si dije "nunca digo que no" y "nunca tengo tiempo para mí", entonces ahora diré "voy a decir que no" y "voy a apartar este tiempo para mí".

- Lo que hacía y voy a dejar de hacer: si dije "me lleno la agenda", "superpongo compromisos", ahora entonces "no voy a llenar la agenda" y "no voy a superponer compromisos".

¿Qué sintieron en su cuerpo? Es probable que sientan miedo, tómenlo como una buena señal. Y si dudan, también van por buen camino: dudamos porque vamos en contra de cómo lo hacíamos antes.

Los grandes supuestos

La misión de nuestro cerebro es ser una máquina predictiva al servicio de nuestra autoconservación. Se van a activar todos los mecanismos de defensa preguntándonos para qué queremos cambiar, mostrándonos más que nunca los beneficios de quedarnos donde estamos, cuestionando cada movimiento nuevo que queramos iniciar. El cerebro hará preguntas como: ¿Cómo vas a ganar más dinero que tu padre? ¿Cómo te vas a volver independiente? ¿Cómo vas a dejar semejante empresa? ¿Cómo vas a dejar semejante casa? ¿Cómo vas a vender el auto?

Kegan y Lahey descubrieron que el centro que dispara todo este mecanismo de inmunidad al cambio reside en nuestros temores más profundos. Tenemos que contarnos una historia –o el cerebro tiene que contarnos una historia– que sea lo suficientemente fatal, literalmente fatal, como para mantenernos ahí.

Les proponemos que armen una frase que diga: "Asumo que si *(enuncien el cambio que declararon)*, entonces *(describan el final fatal de la historia)*".

En el trabajo con clientes, pueden aparecer respuestas como: "Se van a dar cuenta de que no sé nada", "Van a valorar más a mi equipo que a mí", "Me van a echar porque van a creer que hay uno mejor que yo". Otros ejemplos son: "Si me independizo, mi familia no va a comer", "Si empiezo a decir que no, entonces me voy a quedar solo, no me van a querer". Presten especial atención a cómo la frase está hecha para terminar mal, no hay ninguna historia que termine bien. Si la hubiera, todos estaríamos cambiando.

Esos son los motores que disparan el sistema inmune contra el cambio, armamos nuestra defensa para cuidar algo que tiene que ver con las bases de nuestra supervivencia, y por eso el mecanismo tiene sentido. Si nos volviéramos un poco ontológicas, les diríamos que son juicios maestros, supuestos que hacen que la inmunidad sea absolutamente necesaria.

Todos estos supuestos terminan en las tres grandes necesidades humanas, que están en la base de la pirámide de Maslow: el sentido de pertenencia, el amor y el reconocimiento de que valemos. Todo lo que hacemos en nuestra vida es para pertenecer, para que nos quieran y para aportar un valor.

Pasar por la experiencia como coaches

Atravesar nuestros propios caminos de cambio, como puede ser este proceso, nos pone en un lugar de empatía por el otro. Si no tenemos ningún registro de qué parte del proceso da nervios o miedo, ¿desde qué lugar podemos incitar a otro a animarse? Y descubrir nuestros grandes supuestos es central, porque hacen que la resistencia tenga sentido. El mecanismo de defensa no es en balde, está creado para sobrevivir. Pero nosotros no somos nuestros mecanismos de defensa. A veces es más el desgaste que nos produce la fuerza de sostener nuestros supuestos que la energía que necesitamos para iniciar el cambio. Resistimos como locos, y sufrimos como locos.

Empecemos a indagar en los grandes supuestos que nos mantienen hoy donde estamos. ¿Sabemos cuáles son? Cuestionémoslos. Porque además hay cosas que podemos elegir conservar, y si somos capaces de poner sobre la mesa lo que queremos conservar, a todo lo demás lo podemos cambiar.

Para diferenciar entre lo que queremos conservar y lo que queremos soltar, proponemos que presten atención a su emocionalidad. La resistencia está más ligada a forzar. Lo que queremos conservar viene con aceptación y amor. Este proceso es fuerte, por eso cuando lo hagan con un cliente acompañen, tengan paciencia, entiendan, sepan respetar sus tiempos, vívanlo con él.

Último paso: llevarlo a la acción

Para terminar este proceso, vamos a definir el cambio que queremos y establecer un marco de tiempo para hacerlo. Hagamos un acuerdo interno que implique probarlo por un período determinado, por ejemplo, una semana. Si a la semana no sirvió, lo descartamos, pero démonos el permiso de probar este cambio por siete días.

Lo ideal es que terminemos el ejercicio estableciendo este cambio dentro de un marco de objetivos SMART o HARD (ver Capítulo 7. Objetivos), dependiendo lo que sea que queremos cambiar, dándonos permiso bajo el acuerdo interno de probarlo.

Hay veces que decidimos cambiar y pasamos por alto los acuerdos con nosotros mismos. Pero esto nos permite renovar el trato si funciona, o hacer los ajustes que sean necesarios hasta que se sienta bien. Es una manera más ecológica de ir acomodándolo, y vivirlo en la medida de nuestras posibilidades, con más respeto por los procesos internos, más autoobservación, más cuidado.

Los invitamos a que se den la oportunidad de probar y experimentar este proceso. Para nosotras es un recurso muy poderoso y efectivo.

11. FODA PERSONAL

La mejor forma de predecir el futuro
es creándolo.
PETER DRUCKER

Uno de los recursos favoritos que solemos utilizar en coaching ejecutivo es el FODA. Es una herramienta muy utilizada para realizar diagnósticos y tomar decisiones, y se desarrolla sobre la base de cuatro variables: fortalezas, oportunidades, debilidades y amenazas (de ahí su nombre en siglas).

Como suele suceder con los recursos tomados de otras disciplinas, hemos adaptado el FODA para trabajar en la identidad de nuestros clientes, de modo tal que definan uno de acuerdo a su identidad actual, y otro para la identidad que pueden desarrollar o crear para su objetivo.

La matriz FODA nos permite evaluar el estado de situación actual de nuestro cliente frente a sus objetivos o lo que se propone lograr, porque incluye el análisis de los factores internos que intervienen en su toma de decisiones (fortalezas y debilidades), así como el análisis de los factores externos a tomar en cuenta para asegurar el éxito en la implementación (oportunidades y amenazas). A continuación, veremos en detalle qué significa cada uno de los cuadrantes, y qué preguntas podemos utilizar para profundizar en ellos.

Fortalezas

Las fortalezas son aquellos recursos o habilidades que tenemos a favor. Son factores positivos que soportan nuestras estrategias y, en definitiva, las decisiones que tomaremos. Aquí podemos realizar preguntas que abran espacios de reflexión y autobservación:

- ¿Qué te diferencia?
- ¿Cuáles son tus mejores aspectos?
- ¿Qué sabes hacer muy bien?

Debilidades

Las debilidades, por el contrario, son los puntos en los que nos sentimos endebles, problemas sin resolver, habilidades que nos falta desarrollar. Son factores negativos que, de acuerdo al FODA, deberían eliminarse o reducirse. Las preguntas para explorar este cuadrante son:

- ¿En qué quieres mejorar?
- ¿Qué barreras internas percibes?
- ¿Qué recursos necesitas?

Oportunidades

Las oportunidades son espacios para aprovechar, aperturas para expandirnos, variables que podrían ser una ventaja competitiva, y están relacionadas con las fortalezas. Las preguntas que sirven para ahondar con mayor detalle son:

- ¿Qué quieres lograr?
- ¿Qué circunstancias, cambios, tendencias observas afuera que puedas aprovechar?

Amenazas

Las amenazas son aquellos factores que podrían poner en peligro nuestras estrategias e iniciativas y obstaculizar el alcance de objetivos. Para abordar este cuadrante podemos preguntar:

- ¿Qué obstáculos ves afuera?
- ¿Qué del afuera puede limitar o atentar contra tu objetivo?

Combinaciones del FODA

El ejercicio requiere aportar ideas y jugar un poco con la intuición. No es una técnica predictiva sino más bien analítica: se trata de examinar qué es lo que observamos en función de lo que queremos lograr, y sirve para incluir el contexto y los posibles cambios que detectamos en él. Además, podemos hacer combinaciones entre cuadrantes para ser más exhaustivos en la exploración.

La combinación entre fortalezas y oportunidades (FO) tiene que ver con las potencialidades, que a su vez traen emociones asociadas: es muy importante preguntarnos cuáles son las emociones de nuestro cliente asociadas a estas potencialidades, ya que determinan la apertura o cierre de espacios de posibilidad, y abordarlas nos permite estar atentos a ciertos factores en esta combinación de fortalezas (mundo interior) y oportunidades (mundo exterior), y a la forma en que podemos sintonizar lo mejor de cada una de ellas, tanto en el presente como en el futuro.

Por el contrario, la combinación entre debilidades y amenazas (DA) ilumina las advertencias, las emociones asociadas y los espacios que se abren y cierran en cada una de ellas. Si de esta combinación surgen estados de ánimo de desconfianza o miedo, se debe prestar especial atención al mensaje que traen consigo. Si están allí es porque nos quieren mostrar algo, y si podemos verlo y tomarlo, es posible que tengan un impacto en nuestro diseño de acciones, tanto en el presente como en el futuro.

Otra alternativa de combinación de los cuadrantes puede ser la que se da entre fortalezas y amenazas (FA). Esta nos muestra los riesgos potenciales que pueden existir y nos predisponen a la acción, y es posible analizar cómo nuestras fortalezas pueden servir para hacer frente a las amenazas detectadas o, hilando aún más fino, cuáles de las fortalezas enunciadas sirven específicamente para cada una de las amenazas que percibimos.

La combinación entre debilidades y oportunidades (DO) nos muestra los desafíos por venir y nos predisponen a la acción. En este sentido, nos gusta pensar las debilidades como invitaciones a aprender. Descubrir el camino de aprendizaje para desarrollar las habilidades que nos faltan transforma las debilidades en espacios para desarrollar nuevas sensibilidades y competencias, y nos permite tomar las oportunidades plenos de recursos.

Podemos elegir a futuro cuáles son las fortalezas que elegimos conservar, aquellas que siempre nos ponen de pie y nos dan seguridad y aplomo. Las debilidades se pueden corregir, simplemente decidiendo qué es lo que queremos aprender. Las oportunidades que deseamos explotar en el mundo dependen mucho del diseño de la oferta, y cómo esta puede contribuir a preocupaciones o inquietudes de las que aún nadie se ha hecho cargo, para las cuales nuestra mirada e iniciativa puede hacer una diferencia si al expresarlas aparecen en el mundo emocional de quien las escucha y acepta. Para afrontar las amenazas, explorar en quién nos queremos convertir para hacerles frente es un buen modo de reconectar con nuestro poder personal y movilizar recursos de todo tipo.

Como mencionamos al comienzo del capítulo, durante el proceso les pedimos a los clientes que hagan los dos

FODA: uno de su estado actual y otro de la identidad que quieren lograr. Insistimos en que sean parejos en todos los casilleros; pero si no lo son, observar cuáles son los espacios con más o menos información nos da un acceso muy rico a su manera de interpretarse frente al objetivo que desea lograr, cómo se observa y observa su horizonte de posibilidades y sus características dinámicas en cuanto a abrirse o cerrarse a estas, y crea un espacio para conversaciones profundas que iluminan aspectos que a veces pasan inadvertidos.

En el FODA futuro podemos agregar preguntas para cada cuadrante que busquen sus respuestas, por ejemplo:

- **Fortalezas**. ¿Qué elijo conservar para esta identidad?
- **Oportunidades**. ¿Cuál es mi oferta personal y de qué se hace cargo?
- **Debilidades**. ¿Qué aprendizajes están disponibles y qué bloqueos para aprender puedo detectar?
- **Amenazas**. ¿Estoy preparado? ¿Qué interpretación necesito crear y quién necesito ser para afrontarlas?

Así, hay un balance entre el presente y el futuro, y mucho para trabajar en torno al diseño de la identidad pública y privada.

Es bueno desarrollar junto con el cliente estrategias para estar alerta a las "viejas costumbres". Aumentar su confianza en sí mismo para poder detectar esos hábitos, reconocer sus raíces y probar nuevos enfoques y conductas. Es una manera de robustecer e incorporar los cambios, encarándolos de forma positiva y práctica.

Trabajar en el "quién" habilita todas las opciones. De acuerdo a los estándares de la ICF (*International Coach Federation*), la calificación para MCC (*Master Certified Coach*) tiene mucho que ver con este punto: el cambio de observador. Hay una reacción física visible cuando esto ocurre, cambia la expresión, algo se abre (alguien), aparecen opciones que no estaban habilitadas dada la manera previa de observar.

Cambian los juicios acerca de las situaciones. El cliente encuentra nuevos recursos, y disfruta creando escenarios.

El cambio de identidad es una declaración que hay que saber mantener en el tiempo, concientes de que la vieja manera de ser siempre puede tomar el control, y dar manotazos de ahogado basándose en su experiencia. A lo largo del proceso de coaching podemos regresar a esta valiosa información para apalancar ciertos puntos de la sesiones a favor de nuestro cliente y sus objetivos.

Finalmente, sugerimos vincular el FODA con cuatro pasos:

- **Estrategia personal**. ¿Cuál es el diseño para esta estrategia?
- **Pasos a seguir**. Definir al menos los primeros tres pasos a realizar dentro de un límite de tiempo.
- **Plan de acción**. Hacer un diseño por etapas, puntos de chequeo, establecer una secuencia que permita medir avances.
- **Evidencia**. Qué va a poder observar que le permita darse cuenta de que está avanzando y cómo se va a dar cuenta de que lo logró.

12. JUGAR CON PERSONAJES

*La vulnerabilidad es el lugar de nacimiento
de la conexión y la ruta de acceso al sentimiento de dignidad.
Si no se siente vulnerable, el intercambio
probablemente no es constructivo.*
BRENÉ BROWN

En este capítulo queremos presentarles un recurso que funciona muy bien en distintos momentos del proceso de coaching, por ejemplo, cuando alguien quiere cambiar y no se anima, cuando alguien quiere lograr algo y no tiene valor, o cuando encontrar el acceso para enfrentar ciertas situaciones se hace difícil. Hay veces que –tanto a nosotros como a nuestros clientes– nos cuesta unir el cambio con nuestra persona: puede ser que consideremos que ese cambio sea demasiado grande, y no consigamos "vernos" en esa situación, así que lo descartamos. En esos casos, les proponemos que no se den por vencidos y prueben con este recurso, que, además de apelar a nuestra creatividad, nos regala "superpoderes" a los que podemos acceder muy rápido.

El recurso es pedirle al cliente que se imagine en la situación que tanto le cuesta atravesar, pero usando un per-

sonaje que puede ser un superhéroe o puede construirlo
como más le guste, lo importante es que sirva al propósito
de ayudarlo a pasar por ese momento, casi como si estuviese
actuando.

Experiencia

Hace muchos años trabajé con un cliente que reconocía
que tenía dos personajes: uno que era el que boicoteaba,
y otro buenísimo que salía, luchaba y hacía todo. Para mí
era mucho más fácil hablar a esos personajes que hablar-
le a él porque cuando lo intentaba aparecían las trabas.
Así, elegimos juntos trabajar con los personajes, que funcionan de la misma manera que las metáforas o las analogías, habilitándonos la representación indirecta de un
hecho y permitiéndonos adentrarnos en él con libertad
para explorar posibilidades.
Para cada situación la pregunta era: "¿Qué personaje
serías?". Así, en la vida práctica, cuando se daba una situación, él adoptaba la forma de ver de su personaje y
encontraba el valor necesario para afrontarlo. O, en otros
casos, podía distinguir que las voces que conversaban en
su cabeza eran las de dos personajes antagónicos discu-
tiendo, los observaba con desapego y elegía cuál era el
más apto para sus argumentos.

* * *

En una oportunidad, tuve una clienta a la que le habían
avisado que la iban a desvincular de su trabajo, y aunque
tenía muchos proyectos propios, se sentía más cómoda
en relación de dependencia. En el transcurso de la conversación reconoció que tampoco le gustaba tanto la relación de dependencia, pero ahora que le habían dicho
que la iban a echar tenía que sí o sí meterse a generar este
proyecto que tanto pensó y nunca concretó.
—Yo quiero ser libre, quiero hacer esto, además me se-
paré y me tuve que mudar, mi casa se la quedó mi pareja,
ahora estoy alquilando.

© GRANICA   225

—Es como si tuvieras una mentalidad de inquilina para algunas cosas y una mentalidad de propietaria para otras. Tenemos a la inquilina y a la propietaria.

Cuando ella me hablaba de los espacios de su vida que habitaba y que no le pertenecían, y tenía que permanecer ahí, era la inquilina y describía su mundo como tal: tenía que pagar la renta, era su casa, pero en realidad no lo era tanto, corría con los riesgos de renovar el contrato, tenía que pagar para estar ahí, si tuviera que remodelar la casa no podría porque no era de ella. Cuando yo le preguntaba por la mentalidad de propietaria le cambiaba la emoción. Para ella, distinguir los mundos en donde se expresaba como inquilina o como propietaria fue un recurso muy valioso, que le permitió tomar decisiones y elegir cuál era el mejor personaje para cada dominio de su vida.

En la conversación de coaching se pueden distinguir los diferentes personajes construidos por el cliente, cada uno tiene sus propias características, su personalidad y matices particulares. Hay situaciones específicas en las cuales aparecen o no haciéndose cargo de lo que ocurre, y resolviendo en la medida de sus posibilidades y recursos.

Ayudar al cliente a distinguir sus personajes y mostrarlos con habilidad y sin juicios le da herramientas también para detectarlos por su cuenta. Profundizar sobre el propósito de cada uno de ellos, el rol que ocupan y su descripción invita a la observación desde el desapego. Ponerles nombre para poder observarlos mejor es una práctica interesante. Como coaches se van a dar cuenta de que cuando los clientes encuentran el cuerpo del personaje que eligieron, pueden explorar y reconocer con mayor profundidad sus capacidades y emociones. También ustedes pueden llevar el reto un poco más allá y pedirles a sus clientes que les hablen como ese personaje, que actúen como él, que lo representen.

Experiencia

Con la directora general de una empresa, al comenzar nuestra sesión después de una reunión importante que le preocupaba, para la cual iba a echar mano de este recurso, le pregunté qué pasó:

—Apareció la nenita caprichosa en la reunión. Me puse a hacer berrinches como hago siempre, me enojé muchísimo con un gerente, me ofendí, lloré, me puse testaruda. En ese momento me di cuenta de que la nenita caprichosa no era adecuada para la reunión, y me propuse llevar a la directora general: ella es una mujer que está enfocada en el negocio, tiene una vista más sistémica, que entiende los pro y los contra de las decisiones que toma, que entiende las implicancias y consecuencias de cada una de estas cosas. Y puede relacionarse con sus errores diciendo "Se me coló la nenita caprichosa en la reunión", "Okey ¿cómo hacemos para que se vaya? ¿Quién puede sacarla de ahí?", "Puede venir esta señora que es adulta, seria y la va a invitar a retirarse para hacerse cargo de la continuidad de la junta".

Los personajes permiten administrar y elegir con libertad y responsabilidad, en lugar de ser tomados por patrones automáticos que se activan frente a determinados estímulos. Cuando llegamos al punto de poder elegir quién va a hacer tal o cual cosa, estamos actuando, ya no es tan personal. Y lo más importante es que en nuestra biología la acción se guarda de todas maneras hasta que queda incorporada por repetición y prescindimos del personaje.

No podemos inventar ni imaginar nada que no esté dentro de nuestra capacidad de logro. Por ende, cada personaje que inventemos, representa una parte nuestra con mayor o menor desarrollo, mayor o menor confianza, pero en definitiva, nuestra.

Lo que nos gusta de jugar con personajes es que es una manera súper fácil de que la gente pueda diseñarse a sí misma, y que pueda decir incluso con gracia: "El que va a resolver esta situación es Napoleón: no pierde una batalla, va con todo, sabe lo que quiere. A la otra batalla fue el de infantería y lo reventaron".

Indagar para saber qué estímulos hacen que aparezca ese personaje, en qué entornos sucede, y si su presencia es adecuada para el contexto y para lo que queremos lograr, permite empezar a relacionarnos con nuestras debilidades y fortalezas de una manera más constructiva. Algunas de las preguntas que surgen al trabajar con personajes pueden ser:

- ¿Qué características tiene cada uno?
- ¿En qué situaciones podrían aparecer uno u otro?
- ¿Qué posibilidades abre o cierra su presencia frente a determinados estímulos?
- ¿Quién los maneja?
- ¿Podrías ponerlos a "trabajar" intencionalmente para ti?
- ¿Qué quiere decirte cada uno de ellos?

Recuerden siempre que lo más importante de los recursos que utilicemos es que le sirvan al otro, y no que nos sirvan a nosotros. Cuantas más alternativas tenga el cliente, mejor.

Hay veces que el cliente todavía no construyó el personaje que puede pasar por la situación, en ese caso, ayúdenlo. No tengan miedo de jugar, las personas cuando juegan se relajan más y son más creativas. Pregúntense ustedes mismos qué personajes todavía no construyeron que los podrían ayudar a pasar por ciertas situaciones, que podrían ser de utilidad, que tengan algún súper poder. Y prueben, experimenten, ¡diviértanse!

13. Intuición y audacia

La mente intuitiva es un don sagrado y la mente racional
es un fiel sirviente.
Hemos creado una sociedad que rinde honores al
sirviente y ha olvidado el don.
ALBERT EINSTEIN

Probablemente las mejores herramientas de un coach ejecutivo sean las preguntas. Es más, hasta arriesgaríamos que es la capacidad para elaborarlas, la audacia y la gracia al hacerlas, y sobre todo, la capacidad de escucharlas. El límite más grande a nuestra capacidad de hacer preguntas es el temor al efecto que puede causarle a nuestra imagen; en cuanto esta entra en juego, se acaba la espontaneidad, la fluidez y la naturalidad. Nos educan para responder, pero los espacios más valiosos de descubrimiento y vínculo se dan en las preguntas.

Preguntar es una forma de conocer, de demostrar curiosidad y de presentar nuestros propios juicios y supuestos sobre las personas y las situaciones. Para darnos el permiso de vivir en nuestras preguntas, tenemos que liberarnos de la ansiedad del control, luchar y usar la recurrencia. La falta de conocimiento no implica la falta de preparación, por eso nuestra propuesta es empezar a soltar el control (y la imagen) y darnos el permiso para vivir la aventura entre lo recurrente y lo nuevo, descubriendo mundos con el cliente con la emoción del explorador, la curiosidad de un niño y la disposición a seguir aprendiendo.

La libertad para preguntar también es contagiosa, ver al coach danzar con las preguntas invita al cliente a hacer lo mismo, y a entrar en espacios de reflexión que lo llevan a conocerse cada vez más. Preguntar consiste en generar accesos para una narrativa, la historia que se cuenta el cliente acerca de sí mismo y sus circunstancias, y a su vez permite conocer su orientación y las historias que se cuenta acerca del futuro, qué lo inquieta, ampliando su horizonte de posibilidades. Para esto, hay que ver y relacionarse con el cliente como un espacio de posibilidades en sí mismo. El coach trabaja a través de preguntas con la reinterpretación de ese espacio a favor de lo que el cliente quiere lograr en su forma de ser y en su forma de hacer, pero por sobre todas las cosas, como ya dijimos, en su manera de observar.

Cuando nos contratan como coaches es probable que quien cierra el trato nunca nos haya visto trabajar, y por algún motivo da un salto de confianza al vacío y nos da la oportunidad de acompañarlo. ¿Qué les parece ese gesto de humanidad? ¿En qué medida nuestras sesiones se hacen cargo de ese gesto? Y encima nos pagan para cumplir las condiciones de satisfacción del cliente, por transformar esas inquietudes que declara al principio del programa en nuevos espacios de coordinación de acciones y resultados concretos.

No podemos dejar afuera el tema de la confianza. Lo que el coach realiza es una promesa, y una vez más regresamos a las expectativas: somos responsables de las expectativas generadas y del acuerdo que hemos firmado; en el hecho de cumplir recurrentemente las promesas yacen las raíces y el fortalecimiento de la confianza, así como la construcción de nuestra identidad como coaches ejecutivos. Fernando Flores sostiene que, en definitiva, lo único que nos va a salvar es nuestra honestidad y nuestro lenguaje. Y amplía diciendo:

> Constituir implica que en el momento en que hablamos, haciendo preguntas y escuchando respuestas, abrimos el juego sobre cómo vemos el mundo (cómo lo recepcionamos y lo construimos desde el lenguaje) y lo construimos con otros. La esencia de la comunicación está en lo que uno evoca en el ser del otro (no en lo que uno dice).

Los lenguajes fundamentales son coordinación de actos dentro de la coordinación de acciones que tenemos con otros. Los actos no bastan, también producimos historias, narrativas, cuentos. No solo hacemos cosas sino que también constituimos opiniones de los demás sobre nosotros.

Vivimos en un mundo de herencia y cambio históricos, gozamos y sufrimos al mismo tiempo nuestras tradiciones. El error más grande es pensar que la vida es una sucesión de éxitos, cuando lo que tenemos que garantizar es ser honestos en la lucha.

Acerca del orden de las preguntas, no creemos que haya algo tal, pero sí podemos pensar en una gran estructura que iremos nutriendo con la calidad de nuestras interrogantes: la pregunta de inicio tiene que ver con el "qué", para definir hacia dónde vamos, qué se quiere lograr. Luego, explorar el sentido que ese objetivo tiene para nuestro cliente, para qué quiere lo que quiere, conocer el mundo de posibilidades que ese "qué" declarado abre para él o ella, y cocrear juntos (en términos de darle textura, con preguntas acerca de las condiciones de satisfacción de ese resultado).

Una vez que el resultado es lo suficientemente "sexy" como para que nada nos impida llegar hasta él, indagaríamos sobre el "quién", el observador que protagoniza este logro, en quién se va a convertir esta persona si obtiene este resultado.

Y por último, trabajaríamos sobre los "cómo", dejando claro una vez más la importancia de que sean flexibles, ya que el foco está más en lo que se quiere lograr que en las formas diversas que se puedan elegir para lograrlo.

Un último paso que consideramos importante es el chequeo de la ecologa del proceso, de la incorporación del cambio. Como vimos en el Capítulo 10, lo nuevo que se integra al sistema del cliente debe ser respetuoso de los otros sistemas que interactúan con él para no generar resistencias.

El rol de la intuición

Manuel Tessi, experto en Comunicación Interna, nos regaló la mejor definición: "La intuición es una certeza inexplicable". Escuchar la intuición tiene que ver con soltar el control de lo que ya sabemos, y dejarnos llevar por impulsos que, como propone Tessi, no tienen explicación pero nos movilizan en determinada dirección. Tal vez la intuición tenga una relación con la espiritualidad, con una sabiduría que todos tenemos y a la que poco escuchamos porque habla demasiado bajo. ¿Cuántas veces nos ha pasado que la intuición nos avisó y no le prestamos atención? ¿Cuántas veces nos arrepentimos de darle lugar a aquello que no tiene fundamento visible?

Trabajar nuestra intuición es una sugerencia que depende del estilo personal y de cuánto dejemos fluir este aspecto humano. Siempre comenzamos el proceso de aprendizaje en la búsqueda de certezas más que de incertidumbres. Pero esto es una invitación a explorar y curiosear, al menos con nosotros mismos, la forma de relacionarnos con la intuición. También puede funcionar para trabajar con el cliente su propia relación con ella: acompañarlo en el proceso y darle los espacios para contactarla es una manera de iniciar un viaje de autodescubrimiento y autoconfianza que seguramente recordará como experiencia.

Uno de los límites más grandes que descubrimos en todos nuestros años de trabajo tiene que ver con la capacidad de hacer preguntas que nos metan de manera natural en espacios más poderosos e importantes. ¿Qué pasaría, por ejemplo, si nosotros no estuviéramos enganchados con nuestros propios juicios, con nuestros temores, con nuestros miedos, con nuestras creencias? ¿Qué pasaría si tuvieran la seguridad de que no los van a despedir, ni juzgar, ni los van a calificar como coaches; si pudieran preguntar con curiosidad, con presencia, saliéndose de sus propios juicios y de su propia mirada, y se dieran permiso para hacer las preguntas que siempre quisieron y no se animaban? Nos referimos a aquellas preguntas que no salen de la cabeza sino de la intuición, del corazón, preguntas poderosas fuera de la caja, preguntas enormes que tienen que ver con la capacidad de entregar resultados inesperados en la vida de nuestros clientes, que nos dejan pasmados, perplejos, y nos conectan con un espacio de posibilidad más grande.

Nosotras hemos hecho el ejercicio junto con los participantes de nuestros cursos y queremos compartir con ustedes algunas de las preguntas que surgieron:

- ¿A qué le tienes miedo?
- ¿Qué te avergüenza?
- ¿Eres feliz?
- ¿Las actividades que realizas están alineadas con tus expectativas?
- ¿Qué necesitas?
- ¿Para qué te quedas ahí?
- ¿Qué te asusta?
- ¿Para qué te sirve el miedo?

- ¿Cuál es tu desafío hoy?
- ¿Qué no estás diciendo?
- ¿Con quién estás enojado?
- ¿Qué no te gustaría que te pregunten?

Y ustedes mismos, ¿qué pregunta no se animan a hacerse? ¿Cuál es la gran pregunta que están evitando? Pueden hacer el ejercicio de imaginar esta situación: si muero hoy en la noche, ¿qué balance tendría mi vida?

- ¿Para qué quieres quedarte en ese lugar si ya no hay desafío?
- ¿Qué estoy necesitando hoy que no me permito?
- ¿Por qué no declaro el quiebre?
- ¿Qué tengo miedo de perder?
- ¿Para qué sigo haciendo lo mismo?
- ¿A quién le estoy siendo leal?
- ¿En qué momento me dejé de respetar?
- ¿Qué estoy haciendo por mí?
- ¿Con quién necesito estar hoy?
- ¿Quién está pagando el precio de mis decisiones?
- ¿Y si digo no?
- ¿A qué le digo que sí?
- ¿Qué lugar ocupo en mi vida?
- ¿Cuánto tiempo más voy a sostener esta situación?

Este ejercicio tiene como propósito conectarlos con este espacio de posibilidad, ¿se imaginan haciendo este tipo de preguntas a otros? Son preguntas que generan incomodidad, por eso, si al leerlas se sienten así, conecten con eso y con la pregunta que más les haya impactado. Apaguen la cabeza.

Estas preguntas están disponibles para nosotros. Podemos elegir dedicarles un tiempo, o dejarlas estar "en remojo", hasta que sutilmente vayan apareciendo respuestas, o quizás más preguntas.

Otro ejercicio que los invitamos a hacer tiene que ver con darle visibilidad al tipo de preguntas que hacemos. Si pudieran medir en porcentajes el tipo de preguntas que hacen a sus clientes (o a ustedes mismos): ¿cuántas de esas preguntas son seguras? Nos referimos a aquellas en donde no se corre ningún riesgo. No quiere decir que esté mal, sino que tienen una respuesta predecible, y sirven para sentirnos más seguros. Es un punto para comenzar a trabajar. Tener ese nivel de conciencia es un comienzo maravilloso, solo tengan cuidado de no juzgarse desde la exigencia.

No es necesario tener una conversación de coaching con preguntas cien por ciento de incertidumbre, riesgo, emoción pura. Basta una sola para hacer una diferencia, pero necesitamos que surja en un contexto, y que nuestro cliente nos "afecte". Volvemos al "afecto" porque para nosotras es un valor.

Cuando decimos "que el cliente nos afecte" hablamos de "afecto": tenemos que amarlo, dejarlo venir con todo, el dolor, la tristeza, la frustración, el enojo, la insistencia, la alegría, el amor, el entusiasmo. Al dejarlo venir, en ese espacio relacional que se crea, nacerán preguntas que no están en el libreto, que no forman parte del plan, y nos subimos los dos al mismo barco en donde lo que nos sostiene es la relación. No sabemos si tenemos respuestas, no forman parte del "protocolo" del coach, lo que sí sabemos es que estamos a su lado, con ellos. De esa relación surgen todas las ideas, porque no estamos más solos.

No dejen que la grandeza del otro les de miedo, es lo más maravilloso que les puede pasar. Si el otro tiene la grandeza de poner el corazón, sus sueños y llevarlos por un caminito, síganlo. El coaching es una aventura que compartimos para que el otro logre lo que quiere, sin olvidar que eso no será de nuestro tamaño, sino del suyo. ¿Tenemos la humildad para admitir cuando ese tamaño nos sobrepasa, nos maravilla, nos sorprende, nos excede? Hemos acompañado a decenas de personas con mucho poder que quería llevarse por delante a la organización, y los hemos desafiado cuestionando si esa sería la mejor estrategia. Escuchamos más allá de la respuesta inmediata, sabemos que hay algo que los mueve, que ven, una veta por donde podemos ir.

Denle oportunidad a las preguntas, una sola les puede cambiar la vida, solo si ustedes quieren. Estas no tienen poder si no tienen acción, aunque a veces les huimos como si responderlas nos pusiera en la obligación de actuar. Quedarnos en donde estamos también es una decisión posible.

Las preguntas se relacionan con el quién, el qué, el cuándo y el todo. El hecho de haber transitado a través de ellas en varias oportunidades nos habilita a hacerlas desde un lugar más empático. Si las evitamos será más complicado formularlas a nuestros clientes y sostener el espacio de incomodidad que a veces generan. Podemos trabajar el coaching para la acción y volvernos buenísimos en eso. Nuestra elección personal es arriesgar un poco más. A una de nosotras le encantan los clientes que son los "casos imposibles", los enigmas, los solitarios, los locos, porque creemos que son incomprendidos, no son ni malos, ni locos, ni solos. Nosotras arriesgamos. Nos la jugamos porque para mantener conversaciones predecibles hay mucha gente en el mercado, pero este nicho no está tan ocupado y nos da unas retribuciones increíbles, seres humanos increíbles. Nuestros mejores clientes siguen estando en nuestras vidas a largo plazo, es lo más hermoso que nos puede pasar. Son aquellas experiencias de relaciones memorables que perduran en el tiempo.

14. Gestión de las emociones. Resiliencia

Cuando llegues a ese lugar donde comprendas que el amor
y la pertenencia, así como tu valor, son derechos inalienables
y no algo que debes ganar, todo será posible.
BRENÉ BROWN

Podríamos definir a la resiliencia como nuestra capacidad de sobreponernos a situaciones adversas. Estudios de Felicidad en el Trabajo postulaban que las personas más felices no son aquellas que están todo el día con su energía alta y con una sonrisa de oreja a oreja, sino aquellas que vuelven más rápido a sus niveles basales de felicidad. Todos tenemos nuestros picos anímicos, hacia arriba o hacia abajo, pero hay una línea media que representa nuestro estado anímico natural, en el que permanecemos la mayoría del tiempo. El tiempo que tardamos en recuperar ese estado es lo que define nuestra resiliencia.

Tal Ben Shahar, uno de los referentes mundiales en psicología positiva y liderazgo, profesor en la Universidad de Harvard, muestra en un gráfico muy simple cómo funciona nuestra resiliencia. Imagínense un eje de coordenadas que cruza la felicidad con el tiempo. El eje vertical es la escala de felicidad (podemos pensarla del 1 al 10) y el horizontal, el tiempo (en meses, o años, como prefieran). Pueden hacer el gráfico y trazar una curva para buscar la línea media que muestra el nivel de felicidad en el que cada uno de ustedes vive. Esta curva o línea horizontal, es la media entre los picos ascendentes y descendentes que tuvimos a lo largo de nuestras vidas. Tal Ben Shahar también da un ejemplo narrado. El día que una persona se recibe de una carrera universitaria, hace un pico de felicidad, sube hasta el tope, pero ¿puede mantenerse en el pico o va descendiendo hasta llegar a su nivel habitual de felicidad? Si después de un tiempo ocurre la desgracia de que le digan: "En realidad nos equivocamos con la nota, tiene que volver a rendir la materia", la línea se va para abajo hasta que la persona no quiere saber nada de nada. Sin embargo, a medida que los días pasan, vuelve a su nivel basal de felicidad.

Otros estudios citados en el libro *Happiness at Work*, demuestran que un 50 % de nuestra felicidad está determinada genéticamente, un 10 % por las circunstancias de la vida (familia, lugar en donde nacimos, momento histórico, etnia, etc.) y el 40 % restante por las elecciones que hacemos, nuestro libre albedrío. Es curiosa la reacción cuando compartimos esta información en cursos, porque la gente se ve preocupada y se focaliza en el porcentaje determinado por la genética. Decimos curiosa porque la gran mayoría se enfoca en lo escaso, creen que si ese 50 % está "mal", entonces nunca serán felices. El punto es que probablemente no se hayan puesto a pensar cuál es su nivel basal de felicidad, la línea media del día a día. Tal vez no esté tan "mal", y si a ello le sumamos el otro 40 %, parece que tenemos un buen margen de maniobra para ser felices. Este porcentaje incluye las actividades intencionales que podemos hacer para regresar a ese punto a través de comportamientos, habilidades, manejo de emociones, entre otras.

Todos contamos con recursos para volver a la media revisando qué nos pasa, qué hacemos con el dolor, qué hacemos con sentimientos no tan fáciles de expresar como la vergüenza, la culpa, el miedo, cómo resolvemos las situaciones. En la medida en que podamos profundizar y reconocernos en ellos, podremos ir disminuyendo el tiempo de regreso.

Como aquí no nos referimos a una felicidad estereotipada, podemos estar tristes en nuestro nivel basal de felicidad. La muerte de un ser querido, por ejemplo, puede llevarnos hacia abajo, y al mismo tiempo a reconocer que hay misterios de la vida que no podemos resolver –como la muerte–, que van a ocurrir independientemente de nosotros. Cómo incorporamos esa situación a nuestras vidas y cómo nos relacionamos con ella sí forma parte de nuestra elección, del 40 % que nos pertenece.

La vuelta a la línea media también aplica para los picos de felicidad, y a veces nos volvemos adictos a ciertos estados de ánimo. Por eso es importante que chequeemos internamente en qué estados de ánimo vivimos la mayor parte del tiempo. Hay estudios científicos realizados por el Hearth Math Institute que muestran que el corazón está acostumbrado a latir con una determinada frecuencia acorde con . las emociones y los estados de ánimo: si pasamos la mayor parte del tiempo en estrés, buscaremos situaciones que provoquen estrés, porque el corazón está acostumbrado a esa frecuencia. Estos latidos generan una radiación electromagnética que hace que atraigamos o repelamos diferentes personas de acuerdo a esa vibración. Esta teoría explica por qué no podemos tolerar estar cerca de determinadas personas, ante las cuales sentimos un rechazo carente de motivos. Inclusive, la red neuronal del corazón es muy poderosa y en momentos definitivos, de vida o muerte, el cerebro obedece las órdenes del corazón. O sea, en las decisiones más grandes si el corazón dice "haz esto", el cerebro lo hace. Aunque para otras funciones el comando principal proviene del cerebro, en las decisiones fuertes determina el corazón.

En nuestro trabajo como coaches comenzamos a preguntarnos en qué emociones viven nuestros clientes, a qué está habituada su biología, con qué se relacionan los infartos que muchos de ellos sufren, o cuáles son las bases emocionales de alguien que se volvió *workaholic*. También nos preguntamos cómo acompañar desde el coaching para que los clientes puedan intervenir conscientemente en el diseño de sus estados de ánimo; en primer lugar para reconocerlos, y después para ver qué historia está detrás y que hace que vivan en él. La "anatomía" de los estados de ánimo se constituye en los juicios que hacemos, determinando así qué es posible y qué no para cada uno de nosotros, en el presente y en el futuro.

Si los clientes interpretan que su trabajo es como una cárcel, tendrán el estado de ánimo de un prisionero; si sienten que estar en su trabajo es como estar en el ejército, el contexto podría ser una guerra, y tendrán el estado de ánimo de un soldado viendo a su alrededor aliados y enemigos; si el trabajo es una fiesta, el estado de ánimo será de diversión. Los coaches tenemos que trabajar ahí: si cambia el estado de ánimo, cambia el resultado y cambia la relación, porque el estado de ánimo nos predispone en la relación con otros y con el mundo.

Experiencia

En una clase con Fernando Flores, revisando temas que aprendimos en su curso, uno de nuestros compañeros exclamó:

—A mí descubrir esto al principio me dio una súper emoción de "¡Wow! ¡Mira esto!".

Estaba muy contento, muy emocionado con eso, le encantaba. Piénsenlo en el eje de coordenadas, pico para arriba.

—Después esa excitación desapareció y me puse medio triste porque intentando hacer la definición de este tema me frustré y sentí que no estaba llegando a una conclusión. Como no podía encuadrar perfecto esta definición, sentí que no estaba haciendo las cosas bien.

Los juicios personales provocaron una caída, a medida

que el estado de ánimo de la exigencia de saberlo todo, entenderlo, tenerlo claro, aumentaba. Si el estado de ánimo es la exigencia, queda poco espacio para la curiosidad, emoción primaria del principiante.

La respuesta de Flores a su comentario fue:

—Eso es lo que tienes que aprender, desde la tristeza volver al momento en el que descubriste este tema que te causó tanta excitación. Si puedes volver a conectar con lo que te enganchó con el tema, vas a tener una sensación de poder y de libertad que viene con tu capacidad de elegir dónde quieres estar parado.

No es fácil hacerlo, justamente por eso, pensemos cuántas veces las ideas, proyectos o actividades nuevas que tenemos, comenzaron con un momento de asombro (¡wow!), que se va diluyendo en el quehacer diario para pasar a formar parte de la rutina. Lo que cambia es el estado de ánimo, no el proyecto. Con la caída del estado de ánimo arrastramos los juicios al proyecto.

¿Cuál es nuestra capacidad de reconectar con la historia que hizo que en principio estemos tan contentos? No pedimos volver al estado de excitación, sino mantener nuestro compromiso, porque solemos dejarlo en función de nuestros estados de ánimo y ahí caemos a la deriva. Las expectativas o los juicios sin fundamento acerca de cuán felices debemos ser (para encajar en nuestra sociedad, relaciones, organización) tienen su punto de partida en la percepción de que somos inadecuados, insuficientes y necesitamos cambiarlo para alcanzar determinados estándares.

Nuestra propuesta es comenzar haciendo un ejercicio de autobservación y aceptación, declarando: "Quien soy está bien, es suficiente". Vivimos asumiendo que lo máximo es lo mejor, y eso nos pone en un nivel de exigencia imposible de cumplir, porque si tienes una calificación de 9, podrías haber tenido un 10. Pero lo peor es que ni siquiera ves que tienes un 9, ¿es poco? ¿En qué nos estamos convirtiendo? ¿Quién puede decir si alguien no es suficiente?

Traemos las emociones al coaching porque las decisiones se toman desde ahí. Qué es posible o no para nosotros o para una organización está determinado por el estado de ánimo que tenemos en ese momento, por el estado de ánimo del comité ejecutivo o de las personas de la organización, del país, por el estado de ánimo de la estación del año. Si nuestros compromisos están determinados por nuestros estados de ánimo, ¿por qué no empezamos a intervenir por ahí? Al menos a ser conscientes de ellos, porque la mayoría de nuestros estados de ánimo están armados de juicios que no tienen fundamento, de historias culturales repetidas que nos tienen. Y si no tenemos un coach que nos diga: "Mira, alerta, puedes elegir, puedes rediseñar" perderemos de vista nuestros compromisos.

Los coaches tenemos mucho para ofrecer a las organizaciones. Podemos trabajar con personas que van a terminar siendo capaces de navegar la incertidumbre organizacional, porque van a tener otra predisposición hacia lo que viene: compartimos la responsabilidad, no podemos ser indiferentes a eso. Los objetivos que se proponga nuestro cliente tienen que ver con el estado de ánimo en el que está, en el que habita. ¿Cuál es nuestra sensibilidad para empatizar con esto?, ¿en qué medida somos capaces de observar lo que el otro ve, en vez de cuestionarlo de entrada? Empaticen, comprendan, tengan compasión, acepten. Y cuando la R de Relación sea enorme, van a poder tener resultados del mismo tamaño.

Es importante traer a colación emociones como la vergüenza, por ejemplo, de la cual Brené Brown habla maravillosamente en su libro *Daring Greatly*. A todos nos da vergüenza no llegar a los objetivos o salir mal calificados. Para adentrarnos en estas emociones, primero debemos reconocerlas y después aceptar que quienes somos es suficiente, dignos de amor, aceptación y pertenencia. La vergüenza está en los juicios sobre nuestro ser, no sobre nuestro hacer.

Podemos indagar sobre los juicios que necesitamos tener sobre nosotros mismos que nos permitan lograr lo que nos proponemos. Pase lo que pase lo haremos igual. Y empecemos a celebrar, a apreciar y a reconocer que cada persona es una maravilla, simplemente porque lo es, y tendrán conversaciones de coaching inolvidables.

La resiliencia puede manifestarse en aquellas situaciones en donde nos encontramos diciendo: "¿Cómo me pasa esto a mí?", "¿Por qué esto a mí?", y solo en ese lugar tenemos la oportunidad de descubrirlo. Si tomamos las situaciones difíciles como regalos para encontrar valor, el talento que no sabíamos que teníamos, es probable que la curva de felicidad caiga a donde negamos y nos enojamos, hasta que nos damos cuenta de que ese fondo que necesitamos tocar tiene un tesoro escondido, un descubrimiento, un aprendizaje íntimo y personal.

Si queremos realmente entrar a esos terrenos con nuestros clientes, debemos estar dispuestos a correr el riesgo y exponernos. Este nivel de relación no se da con la escafandra puesta, con un traje estéril: nos vamos a embarrar con el cliente a fondo, porque en este nivel de relación no hay forma de que nuestros campos electromagnéticos no se junten.

Humanizar a los ejecutivos y a nosotros mismos nos da permiso para incluir a las emociones en el juego. Todos las tenemos. Todos somos humanos. Hay otro nivel de conexión en la sutileza de preguntar como está y cómo se siente.

Los invitamos a que se arriesguen. Si le van a pedir a alguien que se arriesgue, arriésguense ustedes también. Sean buenos compañeros de camino y de aventuras, aunque no sepan lo que va a pasar. Tenemos nuestro norte, nuestro resultado, el acuerdo de coaching y un enorme compromiso con el ser humano que tenemos enfrente. Con eso, ya es más que suficiente.

15. Campos de observación. Anticipación, patrones y ciclos

Cada flor fragante os está contando los secretos del Universo.
YALAL RUMI

Pensamientos y patrones recurrentes

Algunos estudios científicos estiman que tenemos unos 60 000 pensamientos diarios, y lo más llamativo de este dato es que el 90 % son repetitivos, o sea, sobre lo que ya sabíamos. Solo el 10 % tiene que ver con una nueva mirada y cambio de panorama, el resto proviene del pasado. Esto indica que nuestro cerebro está diseñado para economizar, metiendo en una bolsa lo que puede establecer como un patrón, para que cuando algo se parezca a una situación, un sentimiento o una experiencia previa, enseguida se disparen todas las reacciones como si estuviésemos viviendo esa situación de nuevo. Aunque no sea el mismo contexto, ni la misma persona, empresa o mercado, el cerebro arranca en automático englobando todas nuestras experiencias pasadas como si las estuviésemos viviendo ahora.

En este sentido, hablamos de recordar lo negativo porque a veces lo que más se imprime en la memoria son las situaciones que nos hicieron dudar, tener miedo, nos preocuparon e implicaron un gran consumo de glucosa para resolverlas. Esto imprime en el cerebro un mecanismo de defensa que nos ayuda a sobrevivir cuando algo parecido al pasado negativo se presenta.

Hagamos un pequeño experimento. ¿Pueden leer el texto que está escrito a continuación?

¿P0r qu3 nestruo cebrero pedue decsiarfr etso?

No ipmotra el odren en el que las ltears etsan ersciats, la uicna csoa ipormtnate es que la pmrirea y la utlima ltera esetn ecsritas en la psiocion cocrrtea.

50Y ÚN1C@, H3RM05S@, 74L3N705@ Y 4M48L3.

4C3P70 QU3 70D0 L0 QU3 H4G0, D1G0 Y 513NT0 35 P4R73 D3 M1 CR3C1M13N70.

V3O 3L MUND0 C0M0 UN LUG4R M4R4V1LL050 P4R4 EXPR3S4R M1 GR4ND3Z4.

¿Por qué nuestro cerebro puede descifrar esto? No importa el orden en que las letras están escritas, la única condición necesaria es que la primera y la última letra estén escritas en la posición correcta. El cerebro economiza glucosa, por lo que se anticipa a lo que dice el texto y para eso le basta con la primera y la última letra en el lugar correcto. Esto nos lleva a preguntarnos cuántas situaciones de la vida leemos de la misma manera solo porque la primera y la última letra están en el lugar correcto. Es decir, cuántas situaciones de la vida aprehendemos con miradas que no están vigentes, como al intentar descifrar el texto. Vuelve al texto, intenta mirarlo con ojos nuevos, leer lo que dice textual. Difícil, ¿no?

Cuando los ingenieros de Ford fueron a visitar Toyota por primera vez para aprender de ellos como hacían *Lean*, regresaron comentando que había sido un montaje, porque no podían creer como no había piezas en la planta esperando la siguiente operación: no tenían la capacidad de reconocer lo que estaba frente a sus ojos. La dificultad de soltar ideas y creencias existentes, incluso cuando nos encontramos en el lugar de más alto potencial, le pasa a nuestros clientes y a nosotros. Por eso debemos estar alerta, atentos, presentes, audaces y conectados con la mayor parte del sistema de nuestro cliente. ¿A quiénes sirve?, ¿quiénes son los actores clave, las partes interesadas?, ¿qué es lo que no está viendo?, ¿cuáles son sus puntos ciegos?, ¿qué es lo que está mirando con ojos viejos?

"Somos máquinas predictivas orientadas a posibilidades": cuando compartimos esta frase de Fernando Flores con nuestros alumnos, se quedan pensativos, algunos nos piden más explicación al respecto. Estamos todo el tiempo observando y especulando posibilidades, venimos equipados biológicamente para eso, pero muchas veces dejamos de considerar aspectos que podrían dar un giro a la situación. Por eso decimos que como coaches somos socios de nuestros clientes en la interpretación del mundo, porque a veces las interpretaciones propias no son suficientes para lograr lo que quieren. Tenemos que poder detectar si las posibilidades que ellos identifican se ajustan al futuro que los está convocando o tenemos que asistirlos para que identifiquen otras posibilidades, tenemos que aprender a cuestionar los estándares para ir más allá, con un propósito convocante y sexy, que se antoje.

Puede ocurrirnos con nuestros clientes, que al escuchar sus problemáticas las relacionemos con experiencias de otros clientes, y caer en la inercia de empezar a coachear como si fuera el mismo caso, nos predisponemos emocionalmente, y encaramos la conversación basados en historias anteriores, sin ver que perdemos presencia y capacidad para escucharlo desde su visión particular e individual. Para este nivel de atención, el consumo de glucosa de nuestro cerebro aumenta, requiere otro nivel de energía, porque tiene que crear un nuevo circuito para seguir la línea. Nos hace estar presentes, sintonizar con lo que está pasando aquí ahora, y no con la primera y la última letra de la palabra. Una manera de demostrar lo que nos pasa cuando aumenta la actividad cerebral, y por ende el consumo de glucosa, es la sensación de cansancio que tenemos cuando estamos pensando o aprendiendo algo nuevo, diagramando una nueva propuesta. Nos sentimos cansados porque el origen de esto es biológico, nuestro sistema nervioso economiza glucosa.

Los pensamientos instalados nos llevan, al final del día, a dejar de estar presentes la mayor parte de nuestro tiempo. Debemos estar atentos a que eso no nos pase en el momento que estamos con nuestro cliente, porque corremos el riesgo de meterlo en la caja del "más de lo mismo": empezamos a operar de una manera automática, cayendo en las preguntas de siempre que no requieren energía porque ya más o menos anticipamos la respuesta, dejamos de indagar y el coaching se desconecta de su propósito y se convierte en una tarea diaria. Después nos enojamos porque siempre estamos en la misma historia, nada nos sorprende, y queremos salir de la rutina pero ya no sabemos qué hacer. Caemos en el desgano, el descuido y en la ausencia, el estar ausentes a los otros y a lo que está pasando en nuestra realidad.

Crear un futuro diferente

Como coaches queremos ayudarles a nuestros clientes a crear habilidades y sensibilidades para estar sintonizados con el futuro emergente.

¿Cuáles son las habilidades que necesitamos desarrollar para navegar en tiempos de cambios exponenciales?

¿Cuáles son las mutaciones de prácticas en las que puedo y tengo que participar para estar vigente?

Te invitamos a que reflexiones sobre esta experiencia de diseño y descubrimiento para reinventar las habilidades para el futuro del coaching. Necesitamos nuevas maneras de ser, nuevos modelos mentales y nuevas disposiciones emocionales para asumir un rol protagónico en el rediseño de nuestro futuro y de nosotros mismos, también lo necesitan nuestros clientes.

La contingencia provocada por el COVID-19 ha acelerado la reconfiguración de nuestras prácticas sociales y de colaboración.

¿Cómo nos fortalecemos para hacer frente al futuro que está emergiendo? ¿Cómo nos preparamos para dar apoyo a la organización? ¿Cómo se tienen que preparar nuestros clientes y sus equipos?

"Puedes ser interrumpido o ser el que interrumpe". Cuando nos relacionamos con el futuro que está vibrando alrededor de nuestros clientes, podemos entrenarnos y sintonizarnos para mirar lo que está emergiendo más allá de lo obvio. Observar recurrencias, alteraciones e interrupciones y además hacernos preguntas que vienen desde ese futuro. ¿Qué es lo que está esperando manifestarse? ¿Qué es lo que está perdiendo fuerza y lo que gana espacio? Si vieras el futuro asomarse, justo aquí por tu ventana, ¿qué te pediría? ¿Cuál es el llamado? ¿Cuál es el futuro que te está convocando?

Para empezar a crear nuevos ciclos de recurrencias, desarrollar nuestra capacidad de anticipar, crear o detectar anomalías que nos abren espacios diferentes, tenemos que prestar atención y ser expertos en autoobservarnos y gestionar interrupciones: interrumpir la transparencia para generar foco estratégico. Cuanto más detectemos los patrones recurrentes en nosotros, más fácil nos va a ser detectarlos en otros y mostrarlos.

Repasen las preguntas del párrafo anterior, aprópienselas, ¿qué dicen acerca de ustedes? ¿Qué tan atentos están a venir desde el futuro que está emergiendo aquí y ahora? ¿Qué capacidad tienen de gestionar interrupciones sobre lo que no funciona? ¿Qué mutaciones de prácticas necesitan nuestros clientes para estar vigentes?

Vamos a presentar algunos ejemplos de personas reconocidas que rompieron ciclos recurrentes y generaron innovaciones que cambiaron la historia, para que no crean que este es un caso fenomenal, único e irrepetible[3].

Ejemplo

Pep Guardiola y el falso 9 cambiaron la historia del Barça (Fútbol Club Barcelona), cuando ganaron seis títulos en un año y determinaron un lugar en el campo de juego que posicionó estratégicamente a Lionel Messi. En 2009, Guardiola era el director técnico del equipo, y lo preparaba para jugar un partido contra el Real Madrid. Usualmente los directores técnicos miran partidos anteriores para ver cómo juega el rival y las estrategias de juego del equipo que dirigen, con el objetivo de entender la dinámica, definir la estrategia y generar las mejores jugadas para ganar (ciclos y recurrencias). En ese proceso, Guardiola se dio cuenta de algo que le llamó la atención (por lo general las anomalías aparecen como un evento que se sale de lo común): el 9 de su equipo, Messi, estaba siempre marcado. Esa posición es la que avanza en el partido, está cerca del área contraria, y tiene por lo general un contrincante a la izquierda y uno a la derecha que lo marcan para que no pueda moverse y generar amenazas de gol. Todo indicaba que si seguían con la misma estrategia, no iban a poder ganar

---

3 Estas historias fueron tomadas del libro *Economía en colores*, de Xavier Sala i Martín que recomendamos mucho si les interesa profundizar en el tema.

el partido. Guardiola se dio cuenta de que si retrocedía esa posición 30 metros, en vez de estar prácticamente cerca del área del contrario, podía abrir juego para los costados y los dos jugadores que quedaban atrás no tendrían a quién marcar porque además el 9 se alejaría esa distancia. Para compartir este descubrimiento, llamó a Messi para ver los videos y le preguntó si podría jugar en ese lugar, porque con ese pequeño cambio, se asegurarían la victoria. Messi no lo podía creer, la estrategia era perfecta. Cuando empezó el partido Messi retrocedió 30 metros y no pararon de ganar títulos. No inventaron una posición nueva, en realidad le llamaron "el falso 9" porque en vez de jugar 30 metros más arriba, juega 30 metros más abajo. Moviendo 30 metros una posición cambió toda la estrategia del juego.

A lo largo de nuestra vida, tenemos oportunidades todo el tiempo para identificar y romper ciclos recurrentes, y generar innovaciones. El punto es cuánta energía le dedicamos a cuestionar las recurrencias, a estar atentos cuando los ciclos se alteran, se rompen o a cómo se podrían alterar y romper.

Muchas veces nos pasa, y les pasa a nuestros clientes, que nos ponemos en un lugar de "o lo hago perfecto o no hago nada". Acabamos por no hacer nada porque no definimos metas ni establecemos estándares, no diseñamos planes ni pasos que evidencien nuestro avance. Estemos alerta a la relación que establecemos primero con nuestros propios proyectos o sueños, porque eso va a determinar qué podemos escuchar de los clientes. Si el tamaño de los sueños de nuestros clientes se reduce al tamaño de lo que es posible para nosotros, lo que vamos a tener son clientes más o menos parecidos a nosotros, con siempre más o menos las mismas preguntas, más o menos las mismas conversaciones de coaching, más o menos los mismos resultados. Relación=Resultados: si nuestra relación con nuestros sueños es mediocre y predecible, nuestros resultados serán mediocres y predecibles.

Ahora, si tenemos ambición –en el justo término de lo que significa aceptar lo que tenemos y serenamente ir por más–, podemos declarar nuestros objetivos y generar una estructura de coordinación de acciones, de medición de resultados, de interacción, en donde los cambios ecológicamente se vayan incorporando a nuestro sistema. Salir del círculo vicioso y de los contrastes del todo o nada, mucho o poco, mejor o peor, éxito o fracaso. ¿Quién dijo que tenemos que ser los mejores en todo? Alcanza con ser buenos y perseverantes en algo para progresar y adquirir cada vez más habilidades y sensibilidad para lograr lo que tanto soñamos.

Si tomáramos las ideas, las anomalías, como si fueran semillas, entenderíamos que hay que saber esperar. Lo mismo pasa con nuestros proyectos, con nuestros sueños y con nuestros clientes. ¿Cuántas sesiones de coaching necesitan hasta que el cliente comienza a producir resultados concretos? Probablemente con una sesión abrirá los ojos, pero para transformar sus objetivos en realidad tomará algunas sesiones. Obsérvense, conózcanse, corríjanse, analicen sus demoras, balanceen su energía, y descubran en cuánto tiempo ustedes lo pueden hacer.

Una tendencia que hoy en día nos atraviesa a todos es la revolución digital: las redes sociales, Internet, y lo que sea on line, brinda infinitas posibilidades. Rachel Botsman, es considerada una referente del pensamiento global sobre el poder de la colaboración y el intercambio a través de tecnologías digitales que transforman la forma en la que vive la gente. Ella sostiene que nuestro capital del futuro va a ser nuestra reputación: una combinación de los *likes* con nuestra capacidad de cumplir las promesas que hacemos. Por ejemplo, en sitios como AirBnb, TripAdvisor o cualquier aplicación para viajar podemos buscar las referencias de los lugares que nos gustan en los comentarios de los usuarios, y además un puntaje del usuario.

¿Cómo nacieron estos contextos? Cambió el punto de interés. Hoy hay un montón de negocios e intercambios que pasan por la era digital que antes no pasaban; el modelo de confianza que nació en la Revolución Industrial cuando el servicio era puerta a puerta, producto de fábrica, hoy es otro. Cambiaron los estándares y no los podemos juzgar de la misma manera, simplemente porque no es lo mismo la confianza en la era digital que la confianza en la era industrial. Piensen en la primera vez que compraron algo por Internet, la primera vez que dieron el número de su tarjeta de crédito, la primera vez que compraron un libro en Amazon. Todo eso nos obligó a reformular, a ser más flexibles con nosotros mismos y con los demás.

Cuando creamos el Curso de Coaching Ejecutivo, no creíamos que se pudiera dictar on line. Hoy en día, hacerlo on line nos permite tener una red de trabajo con participantes de toda América Latina y algunos países de Europa. Empecemos a darnos cuenta de cómo tenemos que comenzar a cuestionar nuestras prácticas históricas y démosle lugar a aquello que nos parece raro, que nos llama la atención, que nos incomoda en nuestra vida y en nuestras conversaciones con nuestros clientes.

Verán que en una conversación de coaching, si están sintonizando para encontrar anomalías o rarezas, van a aparecer preguntas que no aparecerían si estuviéramos en automático, esas que no nos atrevemos a hacer. Al no tener las respuestas sentimos miedo, dudamos. Creemos que por el hecho de ser coaches siempre tenemos que estar de una pieza, tener todo claro y no dudar. Pero ese no es el propósito del coaching: si no podemos entregarnos a tener un estado de ánimo de aventura en donde nadie sabe qué va a pasar en la sesión, entonces estamos haciendo consultoría, respaldándonos en lo que ya sabemos, y metiendo al cliente en nuestra manera de ver el mundo. El paradigma del control por muchos años fue útil, pero hoy ya no es suficiente: la mayoría de la población trabaja por objetivos, conectan su propósito con el de la organización, y si tiene sentido, si comparten los valores, si se sienten representados por la organización en estos términos, trabajan allí.

Nosotros les proponemos que en lugar de resistir, nos volvamos autores desde la anticipación; que en lugar de formar parte de las anticipaciones de otros (como hoy somos parte de Internet, somos parte de la educación on line, pudimos adaptar un gran porcentaje de nuestras tradiciones históricas en acontecimientos de escala global como la pandemia del COVID-19), podamos tener ciertas anticipaciones por lo menos en nuestro entorno más cercano o nuestro ámbito de influencia.

Empiecen a observar sus propios patrones de recurrencia, estén atentos a eso y ya vamos a tener bastante, porque es el 10 % de los pensamientos que tenemos por día, y en lugar de encarar las anticipaciones con control, especulemos, sigámoslo como un niño sigue a una hormiga. A veces lo mejor es hacerlo sin ninguna expectativa, darnos el permiso para especular del "¿y si...?", y usar los recursos disponibles, cuestionar todo, pensar diferente, observar con sensibilidad, probar algo nuevo en lugar de matarlo de entrada con nuestros juicios.

Nuestra tarea sería escuchar y observar, primero en nosotros, después en los demás, patrones y conductas repetitivas, eso que damos por hecho: "Yo sé que me levanto a la mañana, desayunamos, llevo a mis hijos al colegio siempre por el mismo camino, llego a tal hora a mi oficina, hago tal cosa, doy tal curso". Empecemos a pensar, a prestar atención, a observar eso, porque en la medida en que podamos cambiar algo, vamos a generar nuevas conexiones neuronales que permitirán otro nivel de pensamientos menos predecibles. Una vez detectados los patrones, debemos aprender a mostrarlos.

Experiencia

Al comenzar la sesión la cliente me contó que trabajaba en la empresa de su papá, una distribuidora con dos unidades de negocio: una distribuidora para una cervecera muy importante del país, y otra distribuidora para otro tipo de productos (comidas, vinos, etc.). Al terminar de describir el negocio expresó:

—¡No sé qué voy a hacer! No sé por qué estoy trabajando acá, no quiero. Mi padre se enfermó y yo empecé a ocupar un lugar que en realidad era de él. Mi hermano prometió que me iba a ayudar y no cumplió. Después de esta sesión de coaching tengo una reunión con posibles compradores de la distribuidora para la cervecera, pero no estoy segura de si vamos a vender.

La escuché por diez minutos y le pregunté:

—¿Te puedo decir lo que estoy escuchando? Solamente lo quiero chequear contigo para ver si te das cuenta –esto es aprender a mostrar–. Hay un patrón ambivalente: sí pero no. Quiero estar acá, pero en realidad no quiero estar; este era mi lugar, pero al final no es; se supone que iba a hacer esto, pero no lo estoy haciendo; se supone que queremos vender, pero no lo sabemos. ¿Cuánta energía se te va por día en este debate interno?

—El noventa por ciento —respondió.

Me di cuenta de que logró autoobservarse. Cuando cae la ficha, nos cambia la cara, la emoción. Para ella en ese momento todo era fatal, entonces le dije:

—Hagamos un acuerdo interno, vamos a conversarlo, para que lo puedas hacer. ¿Cuánto tiempo vas a trabajar aquí? ¿Cuánto tiempo te das para declarar que esto tiene un fin? ¿Cuánto tiempo te vas a dar para ponerle toda la energía? En vez de cincuenta por ciento acá, el otro poquito acá, el otro poquito allá, ¿cuánto tiempo te vas a dar? Ese es tu patrón de reacción, ya lo descubrí, y quiero provocarte para profundizar y que lo puedas detectar.

Se quedó petrificada. Y entonces, despacito, como quien no quiere la cosa, me dijo:

—Un año.

Le respondí (provocando y desafiando):

—¿Un año? ¿Es ecológico para ti? ¿Te sientes tranquila? ¿Es un tiempo que te inspira a dar todo? Para decir: "en un año veo si me recontrato o me dedico a otra cosa", ¿un año es un tiempo que está bueno?

La respuesta fue afirmativa. A partir de ahí cambió toda la conversación de coaching. Cada vez que hablaba, el patrón recurrente por supuesto aparecía, pero ella sola decía: "Mira lo que dije", "Ay, me di cuenta".

Pudo reconocer que su patrón es histórico y familiar, que lo tiene su papá, que lo tiene su hermano, que lo tiene ella y que lo tenía su mamá hasta que se divorció, y dejó la empresa unos años antes. Le dije:

—Este patrón histórico tiene su razón de ser y va a resistir porque estás acostumbrada a estar ahí, no sé si está bien o mal, estás acostumbrada y te desvía para venir hasta acá. A partir de ahora tú estás al mando, vas a estar más cansada porque vas a tener que pensar mucho más que antes, porque además de estar enfocada en esto que quieres lograr, vas a tener que estar enfocada en cada vez que recurre el patrón, y decir: "este es el patrón, no soy yo".

Hablamos de la reunión para vender la empresa, y nuevamente volví a indagar:

—¿Qué vas a hacer?, ¿vas a vender o vas a negociar?

Después de varias vueltas con el "sí pero no, no pero sí", declaró:

—Voy a vender, ¡voy a vender!

—¡Genial! ¿Cuánto tiempo le vas a dedicar a la venta de la empresa? Pongámosle un fin, que tenga un término y que puedas orientar todas tus acciones en ese tiempo.

Lo pudo decir, y le dejé tarea: que se observe durante esa semana, no que cambie su personalidad, no que cambie su rutina, sino que se tenga compasión porque se trata de un hábito que se venía repitiendo hacía veinticinco años y no iba a cambiar de la noche a la mañana, pero lo podía empezar a observar. Ya estábamos en un lugar distinto, ya no era el hábito, ya no era transparente.

Para aquellos clientes que están indecisos, nosotros como coaches podemos ayudarlos pidiéndoles que definan un plazo para tomar la decisión o que elijan seguir siendo indecisos. El punto es dejar de actuar ingenuamente, como si no supieran, que decidan si se van a hacer cargo o no, pero que estén en paz con la decisión que tomaron, no vale el medio. Si lo tienen que pensar, hay que establecer un plazo.

Uso de metáforas o analogías

Utilizar metáforas sirve para hablar de temas que nos duelen mucho por estar implicados en ellos, y trasladarlos a analogías permite que los abordemos como observadores externos. Por ejemplo, para referirnos a algo muy pesado, podemos decir "Es como un tren cargado de pianos", y le agregamos una dosis de humor para expresar que el que lleva la carga es el tren y no la persona. Si decimos "es como remar en dulce de leche" para hablar de una situación difícil que requiere mucho esfuerzo, estamos diciendo mucho con una imagen muy visual.

No le tengan miedo a las metáforas, es más, si no se les ocurren a ustedes confíen en que el cliente seguro va a encontrar una manera de expresarlo. Hay gente que dice: "Me siento atrapado en una burbuja de cristal". Usen la burbuja, hablen de la burbuja, pregúntenle si es un *gorilla glass* como el de los celulares que no se rompen a menos que se revienten contra el piso, o si es un cristal de esos que los tocas y se rompen. Jueguen con la metáfora.

16. DIAGNÓSTICOS ORGANIZACIONALES

Para médicos y líderes, recetar sin hacer un diagnóstico previo
es un mal ejercicio de la profesión.
ANÓNIMO

Diagnósticos organizacionales, ¿qué son?

El diagnóstico es un estudio que consiste en la recopilación de información, su ordenamiento, interpretación y la obtención de conclusiones e hipótesis, previo a un abordaje. Juega un papel crucial en las iniciativas del cambio organizacional al momento de elegir las intervenciones apropiadas.

Lewin plantea en palabras sencillas que hay que "Preparar las condiciones para el cambio", y una de las estrategias para hacerlo implica diagnosticar o evaluar el nivel actual de funcionamiento de la organización para comprender los problemas, identificar las causas subyacentes y diseñar intervenciones apropiadas para el cambio y la mejora.

Hacer un diagnóstico como parte inicial de una propuesta de intervención es también aceptar que no sabemos todo acerca de la situación, pero comenzar a mirar a las empresas como organismos en donde múltiples sistemas anidados interactúan entre sí, es un buen punto de partida.

En este capítulo hablaremos de clientes, *sponsors* y usuarios: el cliente será la organización; el *sponsor*, la persona clave integrada en nuestra propuesta que se beneficiará con ella; y los usuarios, todas aquellas personas involucradas de manera directa o indirecta, favorecidos o incluso perjudicados con nuestra solución.

La mirada organizacional evolucionó a la par del desarrollo de la sociedad, partiendo de la concepción mecanicista planteada por Taylor y Fayol, y atravesando la mirada humanista que propuso la escuela de Mayo, Lewin, McGregor y Maslow, que tuvo a Simon y March como principales exponentes. Esta perspectiva comenzó con el estudio de las características individuales (actitudes, motivaciones y liderazgo), para luego sumar la relación del hombre con su trabajo, hasta llegar a un abordaje sistémico e integrador cuyo objetivo es lograr el crecimiento individual a la par del desarrollo organizacional, tal como lo entienden Hammer y Champi, y Katz y Kahn. La cocreación de organizaciones con un propósito evolutivo es una nueva frontera en el desarrollo organizacional. En este contexto volátil, incierto y ambiguo, el propósito no es solo una fuente de energía que inspira y da forma a la dirección, sino que también informa y transforma las prácticas de la organización, la estrategia, el desarrollo de productos y la manera en la que sirven al mundo.

A razón de este entorno cambiante, los negocios deben reimaginarse, reinventarse y rediseñarse, y para ello el diagnóstico es una herramienta clave.

En casi todas las ocasiones nosotras optamos por hacer diagnósticos antes de generar una propuesta para el cliente, porque es una forma de acercarnos a su mundo y conocerlo, y porque no podemos quedarnos solo con nuestra perspectiva: queremos entender su presente y su futuro, y lo hacemos a través de la observación, del extracto de información y de la reflexión para cocrear la visión de la solución.

Es muy pretencioso creer que todas las líneas de acción saldrán en el diagnóstico y que con ellas trazaremos un plan perfecto. La mayoría de las veces obtenemos aproximaciones estratégicas para nuestra intervención, que nos permiten elaborar hipótesis de calidad e intentar desde allí –y a partir de diferentes instancias de retroalimentación– el camino a la solución. Usamos el diagnóstico como un punto de partida, generando durante la intervención diferentes puntos de medición y sesiones con el cliente para hacer cambios y ajustes conforme se va moviendo el sistema.

Nos gusta pensar que cuando hacemos un diagnóstico, lo que recibimos de parte del cliente es una historia que tiene cuatro factores muy importantes:

- **El contexto** es el conjunto de circunstancias que rodean a una situación (entorno, marco o ambiente).
- **Los personajes** son cada uno de los seres que participan en la historia. Tienen características propias y llevan a cabo acciones, afectan y son afectados de alguna manera por los hechos y circunstancias. Pueden ser principales, secundarios, protagonistas, antagonistas, que sugerimos clasificar como: interesante, importante y esencial.
- **Las relaciones** son espacios de posibilidades, conexiones a través de actividades, conversaciones o interés de una o más personas que conforman sistemas y subsistemas anidados entre sí. Se forma un entramado a partir de esas relaciones, cuya calidad de conversaciones nos habilitan a ciertos mundos y nos excluyen de otros.
- **La trama** es el conjunto de elementos conectados, como personajes, contexto, relaciones, narradores, eventos, acciones y sucesos en los que avanza la historia.

Elaborar una historia a partir del diagnóstico nos conecta genuinamente con lo que inquieta al cliente, lo que le preocupa, anhela, necesita, y también con lo que le duele. Cuando identificamos la trama, los personajes, la narrativa que generamos de los resultados del diagnóstico, nos permite ampliar la mirada, porque nos hacemos una imagen holística de la vida del cliente.

Diagnósticos con o sin cargo para el cliente

Al presentar nuestras propuestas podemos elegir cobrar o no por el diagnóstico.

Si decidimos no cobrarlo, elegimos asumir ese costo como una estrategia para:

- Presentar una mejor propuesta, utilizando la información que nos arroje el diagnóstico, cuando el proyecto es grande o complejo y nos ayuda a posicionarnos mejor.
- Cuando no conocemos al cliente y queremos entrar en su mundo, como una forma de dar nuestro primer paso en la relación.

No cobrar el diagnóstico es una decisión que como coaches podemos tomar. Sin embargo, recomendamos que antes de hacerlo se consideren siempre los costos y tiempos que llevará realizar un diagnóstico de calidad.

Por otro lado, si decidimos cobrar el diagnóstico, podemos optar por dos modalidades:

- Cobrarlo por separado dentro de la propuesta, y en caso de que el cliente no contrate el servicio, los coaches puedan cubrir los costos de ejecución del diagnóstico.
- Hacer un descuento total o parcial del diagnóstico bajo la condición de que el cliente contrate el resto de la propuesta/intervención.

El diagnóstico en sí es un entregable poderoso, no solo para nosotros sino para el cliente; y si está bien hecho y es una presentación visualmente atractiva, cobra aun mayor valor. En ocasiones dedicamos horas a encontrar la frase perfecta que engloba algún hallazgo que detectamos y nos sirve como conclusión o hipótesis, o como impulsor de alguna actividad que proponemos. Debemos estar alertas, ya que tanto la pesca de información como la presentación y articulación de conclusiones lleva tiempo y esfuerzo.

La información que presentamos debe constituir un aporte para la organización, por eso es importante:

- No abrumar al cliente con información desordenada o mal engarzada. En estos casos, menos es más.
- Que la información esté organizada y bien articulada.
- Cuidar la confidencialidad
- Representar las opiniones más relevantes de la muestra. Por ejemplo, si aparece la frase "todos están descomprometidos" y solo la dijo uno de cien, no podemos dejarla como referencia principal del diagnóstico.
- Proveer ejemplos concretos y recomendaciones. En caso de hacer diagnósticos por entrevistas hay que chequear lo que las personas quieren decir cuando generalizan, por ejemplo preguntando: "¿Podrías darme un ejemplo de cómo se ve la falta de compromiso aquí?".

¿Para qué diagnosticamos?

Para manejar la complejidad y crear impacto en los negocios: manejar la complejidad es uno de los desafíos más importantes de nuestro tiempo, y crear claridad nos ayuda a mantenernos relevantes, conectados con el lugar donde están sucediendo las conversaciones e interacciones entre personas.

Los diagnósticos traen consigo la posibilidad de hacer un alto en el camino para mirar y comprender fenómenos como la capacidad de auto-organizarse y la inestabilidad. La combinación de estos factores dentro de un sistema caótico como lo son las organizaciones (según Navarro) se convierte en una fuente de creatividad y desarrollo, potenciales de cambio y evolución hacia formas más complejas.

La perspectiva que proponemos toma en cuenta la mirada de varios autores.

Zadeh sostiene que las organizaciones son "sistemas adaptativos complejos" y que, a medida que aumenta la complejidad de un sistema, nuestra capacidad para hacer predicciones sobre su comportamiento decrece.

Munne, por su lado, aborda la complejidad sugiriendo que miremos los diagnósticos en términos de atractores, es decir, el estado al que tiende un sistema por su propia dinámica. Este puede ser puntual –como un nuevo patrón de comportamiento– o periódico –en forma de patrones que se repiten formando un comportamiento característico o caótico.

Por último, también tomamos a Johnson, que plantea la observación de emergentes que define como el surgimiento espontáneo de nuevas propiedades en el sistema, como consecuencia de las interacciones entre sus componentes, lo que nos permite hablar de un nuevo nivel de organización cualitativamente distinto y más complejo, consecuencia de las interacciones.

Ejemplo

A continuación daremos un ejemplo de cómo diferentes emergentes confluyen en la creación de nuevas oportunidades. Hicimos un diagnóstico organizacional de una empresa que hasta marzo de 2020 se encargaba de distribuir café e insumos a diferentes cafeterías. Frente al cierre de esos locales por la pandemia del covid-19, tuvie-

ron que adaptarse: contrataron a un experto con conocimiento digital y ese mismo negocio que antes tomaba
pedidos a través de vendedores que "caminaban la zona",
desarrolló un portal y un mecanismo de venta y distribución que cambió radicalmente la forma de organizarse.
Antes de marzo era impensable para ellos acelerar este
proceso pensado y programado para los siguientes dos
años en tan solo dos meses. Fue tal el éxito del modelo
que no solo entregaron a los negocios, sino que amplia-
ron su modo de comercialización y aparte del business
to business (B2B) llegaron a los consumidores finales
(business to consumer, B2C) por su portal de comercio
electrónico.

Si estamos haciendo un diagnóstico para definir una
intervención, no podemos dejar pasar todo esto por alto.
Son eventos que emergen y que cambian el horizonte de
posibilidades y los entornos.
En definitiva, diagnosticamos para:

– Diseñar, refirnar, mejorar o innovar y construir de
  forma interactiva y colaborativa.
– Brindar soluciones de negocio centradas en el ser
  humano y sus interacciones.
– Crear una experiencia existencial con la intención
  de sensibilizar y transformar a los participantes, las
  relaciones y el entorno, y crear impactos demostra-
  bles y tangibles en la calidad de vida de los seres humanos.
– Tener conocimiento y adaptar nuestra intervención
  al mundo del cliente y su lenguaje.
– Conectar con las inquietudes y preocupaciones de
  nuestros clientes y obtener patrones de conducta
  que generen *insights.*
– Aterrizar nuestra propuesta de valor en las aspiraciones, frustraciones y necesidades reales de usuarios y
  clientes.

¿Cómo diagnosticamos?

A la hora de hacer un diagnóstico, hay que dejar volar la imaginación, ser creativo, disruptivo, y también respetuoso de lo que nos comparten, buscando siempre que la información sea guardada de manera adecuada. Los diagnósticos los hacemos a través de estas cinco líneas:

Entrevistas 1 a 1. Pueden ser virtuales, telefónicas o presenciales, y usamos un cuestionario que creamos previamente, dependiendo de lo que queremos observar y descubrir. Se consensúa con el cliente para incluir lo que considera importante y que quizás no vimos. Sugerimos siempre agregar una pregunta abierta ("¿Hay algo más que te gustaría que te pregunte?") que abra un espacio para comprender con mayor profundidad y detectar nuestros puntos ciegos, conociendo qué le importa verdaderamente a quien entrevistamos.

Focus groups. Reuniones grupales, presenciales o virtuales, donde conversamos a partir de ciertas preguntas o temas. Nuestra recomendación es que no participen más de siete personas, pero cinco es el ideal, ya que permite escuchar todas las voces. Es importante hacerlo con respeto, buscar un ambiente de apertura y confianza, y tener siempre cuidado de no prometer algo que luego no se pueda cumplir.

Encuestas web. Una forma de simplificar y llegar a mayor cantidad de personas de manera muy económica. Podemos hacer preguntas abiertas, pero sugerimos usarlas con mesura: es más complejo parametrizarlas y agruparlas. En cambio, es más aconsejable hacer preguntas cerradas. Cuando utilicen este tipo de herramientas asegúrense que los destinatarios comprendan los enunciados, salven las distancias de comprensión antes de enviar masivamente el cuestionario. Recomendamos crear enunciados cortos y contundentes, para no dejar libradas al azar interpretaciones ("Los líderes de mi organización son buenos líderes") y poder identificar comportamientos y juicios. Por ejemplo: qué significa ser "buen líder" en esa organización, "He hablado con mi líder acerca de mi progreso en los últimos seis meses", "Tengo claros los objetivos y cómo medir el éxito en mi gestión diaria". Otra sugerencia es que no lleve demasiado tiempo responder para disminuir la tasa de abandono. Las que ocupan mayor cantidad de tiempo son de carácter obligatorio o dan algún premio al final de contestarlas, consideren estos puntos para hacer encuestas más efectivas.

Actividades grupales. Las utilizamos con dinámicas lúdicas que permiten conocer temas y situaciones del equipo. En ocasiones también ocupamos este tipo de reuniones para testear alguna solución que diseñamos y refinar nuestra propuesta. Por ejemplo, fuimos convocadas para hacer la convención anual de un gran equipo de ventas en sucursales. Para ajustar las actividades y provocaciones, convocamos a un grupo de representantes del área (gente de alto rendimiento y también con baja performance y motivación), corrimos una demo de las diferentes actividades y al final de cada una les preguntábamos que les había parecido, si consideraban que era útil y qué propuestas de mejora tenían para hacernos. Funciona como un diagnóstico previo que asegura que a la hora del "gran show" cumplan con las expectativas que el cliente imaginó.

Sesiones de descubrimiento. O como las llama Otto Scharmer, *sensing journeys*: experimentar la organización, el desafío o el sistema a través del lente de diferentes partes interesadas. Se trata de ir al lugar donde operan las personas y captar qué están experimentando. Esto sirve para conectar con el mundo del cliente. Nosotras proponemos acompañar al ejecutivo en su día, presentarnos y ser como una sombra, sin intervenir en el sistema, solo observar y tomar notas, nos sirve para tener una conexión más profunda. También hemos hecho de *mistery shoppers*, para entender y vivir la experiencia desde el punto de vista de quien está recibiendo el servicio o producto. Utilizamos en varias ocasiones esta dinámica, y detectamos nuevas causas raíz sobre un problema, dándonos cuenta que perdían clientes por algo que de otro modo no veríamos.

Seis tips para tener en cuenta

1. **Confidencialidad:** Tengan presente si la información debe ser confidencial o no (eso depende mucho del propósito del diagnóstico) y prevean las consecuencias en caso de que se ponga en evidencia la respuesta de cada usuario. Nosotras cuando hacemos un diagnóstico previo a una propuesta, le informamos al cliente que es confidencial, por lo que no habrá identificaciones, sino información anónima.

2. **Uso de la información y manejo de las fuentes:** Deben asegurarse de que las personas que participan lo sepan. Expliquen cómo se utilizará esa información para que las personas se sientan seguras a la hora de compartir lo que les pasa.

3. **Entregables:** Acuerden con el cliente cómo se presentará el resultado. Una sugerencia es que le pregunten cómo considera que podrían hacerle llegar los resultados a las personas que brindaron su tiempo, si bien no siempre es posible, es una forma de dejar el sistema en equilibrio: la gente da su mirada, su aporte, su tiempo y nosotros lo retribuimos compartiendo nuestro diagnóstico.

4. **Sensibilidad de la información:** Cuando completen el diagnóstico, antes de hacerlo público, comuníquense con el sponsor y conversen sobre los *insights*. Tal vez haya que hacer cambios como reservar información sensible.

5. **Diseño inteligente:** No se compliquen demasiado. Si no utilizan la información que arroja el diagnóstico, de nada sirvió el esfuerzo de su realización, así que busquen la manera de simplificarse la vida a la hora de analizar y agrupar resultados. Las preguntas abiertas dejan mucho contenido, y deben pensar en la forma de clasificar, reducir y simplificar la información para que no sea abrumadora para nadie. Hay programas que ayudan a analizar la información, las nubes de palabras son muy prácticas. Busquen la manera de hacerlo fácil, útil y comprensible.

6. **Presentación:** No caigan como paracaidistas, preséntense, consigan que una persona con autoridad los habilite dentro de la organización y les de credibilidad, organicen una sesión para que los usuarios sepan cuál es la razón por la que los están convocando. Si están haciendo un diagnóstico y justo coincide con un momento de reestructura donde están despidiendo gente, puede que no sean confiables y los vean como espías que van a buscar de manera encubierta la forma de que ya no sean parte de la organización.

Transformar las necesidades en un problema de diseño

Tenemos tres interrogantes que forman la base del diseño de nuestro diagnóstico y también el resultado de lo que perseguimos al hacerlo:

1. La primera pregunta que nosotras nos hacemos, que nos fuerza a priorizar la experiencia del usuario o cliente, a diseñar esa mezcla ideal que nos lleva a refinar hipótesis para generar beneficios sustanciosos y medibles es: ¿cómo podemos nosotros: resolver,

acompañar, facilitar, solucionar, algún tema o dolor? De esa pregunta obtenemos "la historia" que nos lleva a conocer quiénes son los usuarios y quienes no lo son, quienes están implicados. Y finalmente, este "cómo podemos" nos permite transformar las necesidades del usuario en un problema de diseño.

2. La segunda pregunta es: ¿qué va a poder hacer el cliente con nuestra solución o intervención? Esto nos ayuda a anticipar, a trazar escenarios y orientaciones estratégicas para conectarnos con la utilidad, y a veces nos hace descartar la línea que habíamos trazado a priori, justamente porque lo que el cliente va a poder hacer ya no hace sentido o no trae los beneficios que creemos que espera.

3. El último interrogante es: ¿cómo vamos a medir, el cliente y nosotras, el éxito de esta propuesta? Lo que no se mide no se gestiona. Algunos clientes valoran el ROI (Retorno de la Inversión) como uno de los pilares más fuertes para decidir, aunque a veces puede no ser claro. Es importante poder encontrar la manera de medir el impacto de la intervención.

Valores para diseñar o elegir un diagnóstico

Lo que buscamos, en primer lugar, es sintonizar con un espacio emocional del cliente. En segundo lugar, saber a dónde queremos ir, escuchar el futuro que nos está solicitando. Y por último, definir cómo llegaremos a dónde queremos ir.

Para ello miramos emergentes e intentamos comprender las causas de fondo, con un enfoque sistémico, observando elementos y relaciones que conforman las partes de todo el sistema.

Nuestro principio guía es enamorarnos del problema. Tal como lo leen: en vez de brincar de lleno a la solución, buscamos primero enamorarnos del problema, comprender las causas, "coquetear", mirarlo desde diferentes ángulos porque los cambios efectivos requieren establecer un sentido de urgencia, tal como plantea Kotter.

Si la cultura no se considera en el proceso de diagnóstico es probable que las iniciativas de desarrollo o cambio fracasen. Si ignoramos el núcleo del problema, puede haber desalineación de valores, falta de claridad y conexión con los emergentes actuales del mercado que marcan otro rumbo, o falta de agilidad de cambio, entre otros. Por eso, queremos invitarlos a revisar y comprender el problema desde distintas perspectivas, con la ambición de:

– **Conectar:** Incluir la sutileza de las percepciones e interrelaciones.
– **Sorprender:** Salir de nuestra zona de confort, crear impacto significativo desde el punto de vista del cliente proponiendo experiencias increíbles para superar los desafíos o retos del usuario.
– **Trascender:** Convertir lo implícito en explícito. Estirarnos lo necesario para ver más allá.
– **Apasionar:** Ponerle amor y humanidad a nuestras intervenciones con curiosidad para comprender el contexto en el que nos encontramos.

Vigencia de los diagnósticos organizacionales

Las grandes organizaciones se hacen, no nacen. Los diagnósticos nos permiten enfocarnos en herramientas para evaluar la situación de las compañías, priorizar los cambios necesarios, trazar un camino pragmático hacia el futuro y medir el progreso. Pero debemos cuestionarnos si los diagnósticos que estamos usando actualmente son adecuados y representativos. En otras palabras, y en medio de tantos cambios, ¿siguen vigentes los diagnósticos tradicionales?

Los primeros diagnósticos organizacionales empezaron a realizarse –al menos con ese nombre– a partir del trabajo de Kurt Lewin, uno de los padres del desarrollo organizacional (DO). Antes de Lewin, la mayoría de las empresas eran administradas con base en la teoría de Taylor y Fayol, donde lo único importante era la eficiencia a cualquier precio.

Jason Little –en su libro *Lean Change Management*– explica así el objetivo o razón de ser de los diagnósticos: "Antes de planear un cambio, necesitas entender el estado actual de la organización". Como dice la frase: "Para conocer al chango tienes que irte a vivir a la selva". Y sin dudas, el mundo organizacional cada vez muta más rápido.

¿Qué ha cambiado en los últimos años? Que el mundo se ha vuelto complejo. ¿Qué ha cambiado con el covid-19? Que se ha vuelto más complejo aún: las interacciones están cambiando y por tanto los diagnósticos necesitan evolucionar. Las clásicas estructuras organizacionales o los modelos tradicionales cambian por células de trabajo que atienden procesos de inicio a fin, el modelo de compartimientos estancos está perdiendo vigencia. El liderazgo está mutando. Creció la cantidad de emergentes que traen la digitalización y el progreso acelerado.

Usemos a YouTube como ejemplo: los fundadores no podrían haber predicho todas las aplicaciones tecnológicas que hay hoy para transmitir videos, no hubiéramos imaginado armar con treinta dólares un estudio casero de grabación. Sin embargo, una vez que las personas comenzaron a usar YouTube de manera creativa, la compañía tuvo que adaptarse a los patrones de uso emergentes, y se ha convertido en una plataforma popular para expresar opiniones políticas, capacitarnos, vender, y la lista no acaba.

Nosotras estamos complementando nuestros diagnósticos con herramientas *lean, agile* y de *design thinking*. Ahora, en vez de hacerlo en semanas, lo hacemos en mucho menos tiempo porque más que buscar la fórmula perfecta, nos enfocamos en soluciones prácticas que podemos probar rápido y descartar si no sirven; vamos refinando a medida que ejecutamos, cocreando con el cliente, teniendo reuniones periódicas para medir impactos y hacer cambios si la solución que proponemos no trae lo que esperamos.

Little explica su manera de hacer diagnósticos: "Decide en opciones con base en lo que has aprendido obteniendo *insights* (descubrimientos, ideas, revelaciones, conclusiones)".

Gráfico 10. Representación visual del ciclo de cambio *Lean* de Little

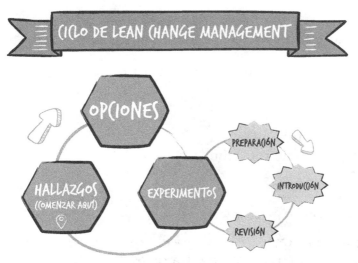

Fuente: Lean Change Management - Jason Little

¿Por qué hacer las cosas diferentes? Porque los diagnósticos y los proyectos de cambio basados en planeación se están quedando cortos.

No podemos asumir, tal como algunas metodologías basadas en planes, que el cambio tiene un punto de inicio lógico, debido a que el proyecto en el que nos convocan tiene una fecha de inicio. El cambio es constante, antes, durante y después de nuestra intervención. El plan que se crea está basado en una fotografía de insights organizacionales generados en un momento específico, y desde un punto de vista específico. Cuando el plan finalmente se pone en práctica, probablemente la realidad ya cambió, y el plan puede no estar vigente. Los planes se vuelven obsoletos rápido si hay demasiado énfasis en crear un plan perfecto de cambio.

Esta mirada es muy relevante para los que queremos influir en el comportamiento organizacional. Así que los animamos a profundizar en esto de entender a equipos y a organizaciones.

Tipos de diagnósticos

Al elegir un *assessment*, ya sea grupal o individual tenemos que mirar:

- Costo.
- Aplicabilidad.
- Forma de retroalimentar el resultado.
- Uso.

Los diagnósticos personales

Las personas exitosas se conocen a sí mismas y comprenden cómo su conducta afecta a otros. Saben cuáles son sus habilidades y debilidades, conocen como maximizar lo que hacen bien y sus fortalezas. Tienen actitud positiva hacia sí mismos, comprenden su manera de reaccionar con otras personas y saben cómo adaptar su comportamiento para comunicarse con otros de manera efectiva.

Los diagnósticos de personalidad más conocidos son: DISC, MBTI, Eneagrama, Motivadores y Valores, Test de Competencias, Test de Ética, de Felicidad, de Bienestar, de Inteligencia Emocional, entre otros. Estos llegan a tener un alto grado de validez y precisión, incluso muchos de ellos corren en varios idiomas y contienen millones de datos que permiten sacar promedios mundiales de cada uno de los aspectos que miden.

El modelo detrás de estas pruebas es como un mapa de comportamiento humano.

- Entender tu modelo es como ubicarte en el mapa.
- Entender el modelo del otro es como identificar un destino en el viaje.
- Adecuar tu estilo es como trazar una ruta para conectar.

Investigaciones recientes muestran que alrededor del 76 % de las organizaciones con más de cien empleados confían en herramientas de evaluación como las pruebas de aptitud y personalidad para la contratación externa.

Los diagnósticos de 360 grados

La finalidad de esta evaluación es brindar retroalimentación al colaborador para mejorar su desempeño y comportamiento. Se busca cierta objetividad al contar con diferentes puntos de vista y perspectivas (jefes, compañeros, subordinados, clientes internos, y otros), y luego se compara con la lectura que la persona hace de sí misma. Es decir, hay una instancia de autoevaluación, otra de evaluación por los demás, y se trabaja sobre la correlación entre lo que la persona contestó y lo que percibieron los demás.

El gráfico que mostramos a continuación es un típico reporte donde se ve el resultado que arroja una persona sobre su autopercepción, la respuesta de los otros promediada por cada categoría (jefe, pares, subordinados, si es que más de uno contestó), y el promedio general. Vemos muchos casos como este, donde la persona tiene una mejor percepción de sí mismo que el resto.

Gráfico 11. Resultado de diagnóstico de 360 grados

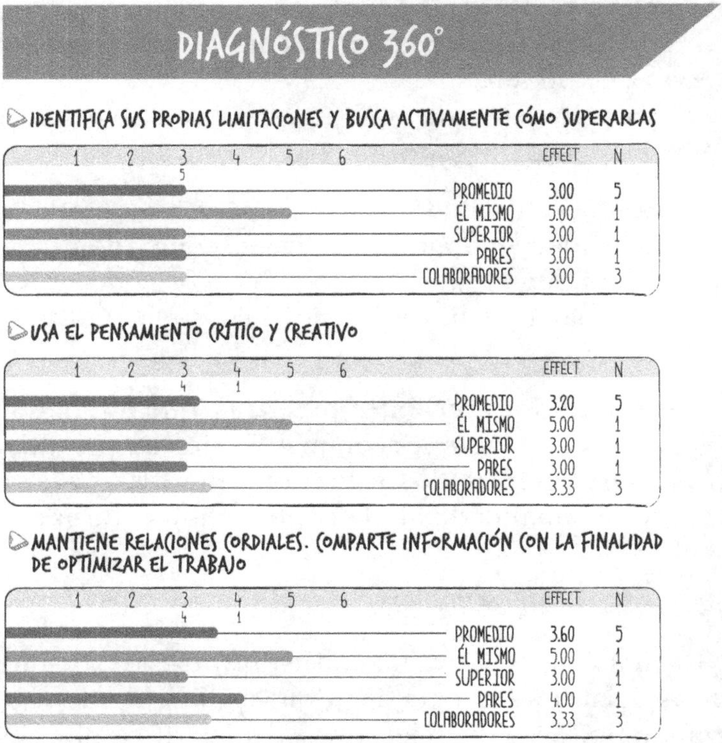

DIAGNÓSTICO 360°

▷ IDENTIFICA SUS PROPIAS LIMITACIONES Y BUSCA ACTIVAMENTE CÓMO SUPERARLAS

						EFFECT	N
1	2	3	4	5	6		
		PROMEDIO				3.00	5
		ÉL MISMO				5.00	1
		SUPERIOR				3.00	1
		PARES				3.00	1
		COLABORADORES				3.00	3

▷ USA EL PENSAMIENTO CRÍTICO Y CREATIVO

						EFFECT	N
1	2	3	4	5	6		
		PROMEDIO				3.20	5
		ÉL MISMO				5.00	1
		SUPERIOR				3.00	1
		PARES				3.00	1
		COLABORADORES				3.33	3

▷ MANTIENE RELACIONES CORDIALES. COMPARTE INFORMACIÓN CON LA FINALIDAD DE OPTIMIZAR EL TRABAJO

						EFFECT	N
1	2	3	4	5	6		
		PROMEDIO				3.60	5
		ÉL MISMO				5.00	1
		SUPERIOR				3.00	1
		PARES				4.00	1
		COLABORADORES				3.33	3

Los diagnósticos de equipos

Son útiles para medir y conocer el estilo de personalidad del equipo, producto de las diferentes personalidades de sus miembros. Hay pruebas que miden el grado de madurez, de confianza, de alineación al propósito o visión compartida, de habilidades. También hay pruebas que se corren de forma individual para hacer una mirada grupal (DISC, MBTI, Belbin) que son tan buenos como el de las cinco disfuncionalidades de Patrick Lencioni, o el de madurez de Tuckman. Los diagnósticos de equipos sirven para:

- Alinear a los equipos con metas y prioridades cambiantes.
- Ayudar a lograr metas rápidamente.
- Reducir el riesgo de equipos disfuncionales.
- Conocer fortalezas de cada perfil del proyecto.
- Comprender la dinámica del equipo.
- Observar el liderazgo que el equipo necesita.
- Tener un inventario de las fortalezas de cada individuo.
- Gestionar áreas de posible conflicto de equipo.

Los diagnósticos de clima laboral

Sirven para conocer la opinión de los colaboradores en torno a diferentes aspectos del ambiente y de la organización en un momento concreto. Los diagnósticos del índice de compromiso se basan también en elementos del ambiente de trabajo para inferir el grado de gente comprometida, descomprometida o activamente desenganchada.

Nuestro preferido es el de Gallup que mide, a través de doce preguntas relacionadas con elementos accionables del lugar de trabajo (productividad, calidad, retención, seguridad, beneficios y servicio al cliente), la cantidad de empleados entusiastas, los que son menos entusiastas y solo van a cumplir, y los detractores que aparte de estar desconectados, pueden incluso cometer fraudes o malestar intencional.

Equipo y liderazgo. Preguntas de Gallup Q12

Las doce preguntas de la encuesta Gallup Q12 son una manera rápida y sencilla de comprobar cómo es el compromiso de los empleados con su trabajo. Es un sistema de *feedback* muy útil con el que los directivos pueden medir la satisfacción y realización de sus empleados.

Por otro lado, muestra a los empleados que su bienestar importa y que la organización está dispuesta a esforzarse y actuar para mejorarlo. Esta escucha activa es una de las claves del compromiso con una filosofía de liderazgo basada en empoderar e involucrar a todos.

Las preguntas miden los elementos más importantes del compromiso de los empleados. Es un test muy rápido, porque no hay que escribir ni extenderse, tan solo marcar una opinión en una escala del 1 al 5.

1. ¿Sabes lo que se espera de ti en el trabajo?

2. ¿Dispones de los materiales y equipos que necesitas para hacer bien tu trabajo?

3. En el trabajo, ¿tienes oportunidad de hacerlo mejor cada día?

4. En los últimos siete días, ¿te has sentido reconocido o premiado por haber hecho un buen trabajo?

5. ¿Tu supervisor o cualquier otra persona en el trabajo se preocupa por ti como persona?

6. ¿Hay alguien en el trabajo que te anime a crecer como profesional?

7. ¿Te parece que tus opiniones cuentan?

8. ¿Los objetivos de tu organización hacen que tu trabajo sea importante?

9. ¿Tus compañeros de trabajo se comprometen a hacer un trabajo de calidad?

10. ¿Tienes un buen amigo en el trabajo?

11. En los últimos seis meses, ¿alguien de tu trabajo ha hablado contigo sobre tu progreso?

12. En el último año, ¿has tenido oportunidades en el trabajo de aprender y crecer como profesional?

Gráfico 12.

Para que sirva de comparación, así fue el porcentaje de empleados comprometidos en 2017, según los datos de empresas que han usado la encuesta Gallup: Europa Occidental: 10 %; Europa del Este: 15 %; Estados postsoviéticos: 18 %; Oriente Medio y África del Norte: 58 %; África Subsahariana: 14 %; Asia del Este: 57 %; Sudeste Asiático: 22 %; Asia del Sur: 28 %; Australia y Nueva Zelanda: 14 %; América Latina: 32 %; Estados Unidos y Canadá: 31 %. Mejores empresas del mundo: 70 %.

Ya que estamos con porcentajes, ¿qué les parece que un equipo feliz y comprometido sea un 31 % más productivo, un 37 % mejores vendedores y trece veces más creativos? Al final, invertir en la felicidad de los empleados es muy rentable.

Alternativas

También hacemos diagnósticos en tiempo real usando alguna aplicación donde la gente puede hacer votaciones desde su celular entrando a una encuesta de Internet. Anímense a buscar algunas de uso libre, son fáciles de usar y pueden arrojar información contundente.

Si no tienen Internet, porque están en el medio del campo en un retiro casi místico con el equipo, usen un rotafolio y escriban en el título, por ejemplo, el nombre del proyecto o algún aspecto específico que sirva para que las personas se enfoquen, por ejemplo "La comunicación". Hagan tres columnas *Start, Stop* y *Continue*. Pidan que cada quien en un Post-it® escriba algo que haya que dejar de hacer totalmente, algo que haya que seguir haciendo y algo nuevo que haya que hacer. Listo, en cinco minutos crearon un diagnóstico situacional muy bueno. ¿Quieren medir confianza en el equipo? Tracen una línea que diga "baja" y "alta". Pidan que cada quien identifique cuál es el grado de confianza que siente que existe en el equipo. Asegúrate de que llegaron a un entendimiento común de cómo se ve la confianza en el equipo (por ejemplo, hablar de frente, estar para el otro, tener desacuerdos creativos, o lo que consideren oportuno). ¡Listo! Otro diagnóstico grupal muy bueno.

¿Quieres saber del CREA y del *Start, Stop* y *Continue?*

- CREA es una metodología de diagnóstico rápida basada en:
  - Lo que queremos **C**rear: ¿Qué nuevos comportamientos nos ayudarán a alcanzar el éxito en este proyecto?
  - Lo que queremos **R**educir: ¿Qué comportamientos deberíamos hacer menos o reducir?
  - Lo que queremos **E**liminar: ¿Qué comportamientos antiguos deberíamos eliminar o dejar de hacer?
  - Lo que queremos **A**umentar: ¿Qué comportamientos debemos incrementar o aumentar o hacer más?

- *Start, Stop* y *Continue* también sirve para hacer un diagnóstico rápido:
  - Lo que queremos Empezar a hacer (**Start**).
  - Lo que queremos Dejar de hacer (**Stop**).
  - Lo que queremos Seguir haciendo (**Continue**).

Nuevamente los Post-it® son aliados.

Gráfico 13. *Liked. Learned. Lacked. Longed for.*

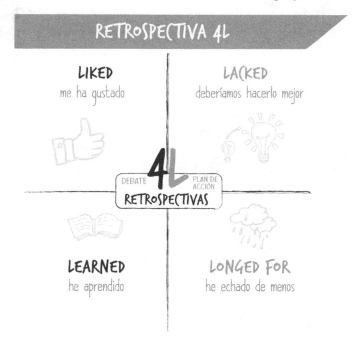

Gráfico 14. *Good. Bad. Ideas. Actions.*

Gráfico 15. *Mad. Bad. Glad*

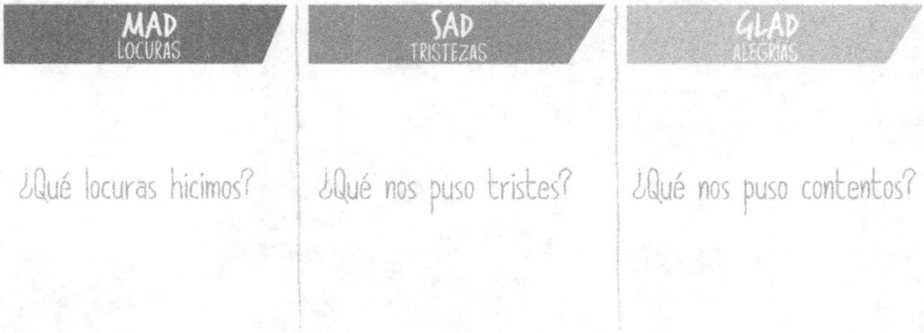

MAD LOCURAS	SAD TRISTEZAS	GLAD ALEGRÍAS
¿Qué locuras hicimos?	¿Qué nos puso tristes?	¿Qué nos puso contentos?

17. Abrir nuevos mundos.
Coaching para emprendedores

Trabaja duro, diviértete, haz historia.
JEFF BEZOS

La mirada de Peter Denning

En su último libro, *The Innovator's Way,* Peter Denning declara que si bien la innovación es un conjunto de prácticas que se pueden aprender, es sabido que el 96 % de las innovaciones fallan, y este porcentaje, llevado al mundo empresarial, puede ser riesgoso, doloroso y caro.

Generalmente relacionamos la innovación con ideas, recursos, objetos, tecnología e inteligencia, y estos mismos temas se convierten en las mejores excusas para incorporar la innovación como una práctica diaria o llevarla a cabo. En un mundo en tiempo real, donde ya no queda mucho espacio para predecir y lo nuevo se vuelve obsoleto cada vez más rápido, la innovación parece ser un espacio de creación disponible y al alcance de todos nosotros. Lo ideal, sería enfocarnos en la cualidad que hace de la innovación un éxito: su adopción.

Todo este conocimiento desarrollado por Peter Denning, experto en ciencias de la computación y referente en políticas de gestión de memoria, trae una mirada fresca, práctica y posible sobre innovación. Lo expuesto en estas líneas proviene de su vasta experiencia como formador y referente en este tema.

Denning propone enfocarse en la innovación que produce la adopción de prácticas. En la línea del tiempo de un proceso de innovación, solo asigna el 10 % a la idea o tema (oferta) y llama océano de proyectos y niebla de incertidumbre al 90 % restante, que pertenece al abismo de la adopción: un espacio lleno de preguntas que incluyen lo relacionado con la innovación propuesta: monitoreo de resultados, indicadores, alcance, mercado, formato, pasos, acciones, conversaciones, etc., aplicado al diseño inicial y su transformación hasta que, finalmente, se adopta.

La pregunta que nos hacemos es: ¿cómo lograr la adopción? Comenzaremos por el principio, definiendo, en las palabras de Denning, qué es innovación.

*La innovación es la **adopción** de una nueva **práctica** en una **comunidad***

1. *Adopción*: significa que las personas lo hacen, viven el cambio o la propuesta de manera natural, como una práctica que no requiere ser pensada.
2. *Práctica*: a diferencia del conocimiento que viene en forma de información o de almacenamiento de datos, las prácticas son pura acción, es practicar esta nueva idea hasta convertirla en habilidad.
3. *Comunidad*: nos referimos a las personas que adoptan la práctica. Al innovar es necesario definir quiénes serán aquellas personas que la adoptarán primero y abandonar el prejuicio de que deben ser muchos o que el alcance debe ser amplio. Es mejor

probar las innovaciones en pequeñas comunidades para hacer correcciones a tiempo. El grupo de personas puede ser pequeño al principio y crecer después.

Ocho prácticas de la innovación

1. Sensibilizar. Nos damos cuenta de qué es lo que nos preocupa a través de las percepciones que tenemos, es un fenómeno que abarca el cuerpo y la mente, y como innovadores debemos ser capaces de alinearnos con las preocupaciones de otros. Muchas veces los integrantes de una comunidad no tienen claro qué les preocupa, ni siquiera lo han puesto en palabras. Por eso es importante sintonizar a todo nivel dentro de la conversación para descubrir cuál es la inquietud central y expresarla de manera que tenga sentido para el otro. Cuando eso ocurre, la reacción emocional que acompaña el descubrimiento es clarísima: "¡Sí! ¡Eso era exactamente lo que me estaba preocupando!".

2. Visualizar. Contar una historia acerca del futuro: ¿Cómo se ve en el futuro que alguien se haya hecho cargo de mi preocupación? ¿Puedo imaginarlo? Un buen innovador es capaz de contar historias del futuro que atraigan a las personas a esa visión. Y es, además, un buen narrador. Sus historias y el contenido de ellas, la emoción implícita en su desarrollo, la capacidad de unir el presente con el futuro a través de la declaración de posibilidades y la manera de describir la adopción de la innovación, reúne grupos de personas que se comprometen a aprender e incorporar sus prácticas a lo largo del tiempo.

3. Ofrecer. Para ser un buen innovador necesitas ser muy bueno haciendo ofertas, porque es un movi-

miento en el lenguaje que abre nuevos mundos para otros y lleva implícito el compromiso de hacer que el cambio suceda. Ofrecer es también una manera de producir acción. El trabajo del innovador es hacer una oferta que no se pueda rechazar y para eso hay que tener muy claro el mundo de preocupaciones del otro para hacerse cargo de ellas. Dicho de otro modo: ofrecer es la forma en la que proponemos cuidar de las preocupaciones y demostrar que nos importan. Generalmente, cuando la oferta cumple con estos requisitos, se crea una sociedad cuya finalidad es cómo lograrlo juntos. Ante la presentación de nuestra oferta, y si esta es poderosa, pueden respondernos: "¿Cómo podemos ayudar?". Volviendo a la vieja noción de innovación, el cambio es pasar de un montón de ideas a una cantidad de ofertas para tomar acción en dirección a hacernos cargo de las preocupaciones de los demás. La mayoría de las ofertas son poderosas, solo hay que hacerlas. Soltar el prejuicio de que si ofrecemos, tenemos una cosa más en la lista de cosas para hacer. Soltar el prejuicio de que las ofertas deben ser grandes y que tendremos todas las respuestas en medio de la incertidumbre de la innovación. Otro juicio que nos impide hacer ofertas es que para hacerlas debemos tener la certeza de que todo saldrá bien, las personas no quieren fallar. A lo mejor una buena manera de empezar es ofreciendo crear grupos de personas que se junten a conversar sobre ciertos temas de las preocupaciones para darles un cauce de acción, o simplemente generar un mayor entendimiento. Una excelente opción es plantear la innovación como una experiencia de aprendizaje en donde todos nos declaramos principiantes y con derecho al error. Nada de esto tiene que ver con estar más o menos comprometidos. El compromiso es hacerse cargo de las preocupaciones de una comunidad y generar prácticas que se hagan cargo de ellas.

4. Adoptar. Encontrar a los que primero adoptarán tu idea, los que se comprometen a practicarla. Esto incluye la disposición a aceptar las resistencias que surjan de esta adopción y el manejo de ellas.

5. Incorporar. Poner el cuerpo al servicio de la práctica. Repetirlo tanto como sea necesario hasta que se vuelva una habilidad. El foco principal aquí es practicar, practicar y practicar, seguir aprendiendo constantemente de la práctica hasta que podamos realizarla sin pensar, incorporándola como una habilidad.

6. Navegar. Poder navegar en la incertidumbre de la innovación y desarrollar habilidades emocionales para mantener presente nuestro compromiso. Cuando decidimos innovar, lo único que tenemos en claro es un diseño inicial, todo lo demás es incierto. La fortaleza y flexibilidad emocional nos ayudan a mantener la confianza y navegar utilizando movimientos del lenguaje como pedidos, ofertas, declaraciones, promesas, juicios y afirmaciones. Movimientos que son acción en sí mismos, volviendo a la base filosófica de la ontología: el compromiso es acción en el lenguaje. Tendremos conversaciones que luego se transformarán en acciones concretas que nos ayuden a navegar. Todas nuestras conversaciones se organizarán escuchando preocupaciones y declarando compromisos.

7. Movilizar. Reunir más gente que se una al movimiento de adoptar la nueva práctica. La adopción se genera a través del movimiento. Una hermosa forma de desarrollar poder dentro de un equipo es haciendo ofertas. Cuando ofrecemos y cumplimos nuestra palabra, ganamos credibilidad y poder.

La mirada de Fernando Flores

Otra manera de trabajar con innovación y la perspectiva de los emprendedores es la de Fernando Flores, a quien consideramos un gran innovador en el contexto de nuestras prácticas. Esperamos transmitirles el mismo entusiasmo que nos produce a nosotras el entrar en estos mundos nuevos.

Cuando hablamos de nuevos mundos, nos referimos a la conversación de coaching que puede darse con un innovador o un emprendedor. De alguna manera, para nosotras aparecen los dos términos como sinónimos, ya que un emprendedor es alguien que empieza algo nuevo o trae al mundo una oferta particular que puede hacer una diferencia.

Pero antes de meternos de lleno en la innovación, revisemos a qué dominio atribuimos el conjunto de prácticas que la conforman. Hasta hace no mucho tiempo, la innovación pertenecía al dominio de los laboratorios, la ciencia, la investigación, y, por supuesto, a una determinada cantidad de recursos de todo tipo asignados a especialistas, que dedicaban gran parte de su tiempo a hacer descubrimientos o adelantos científicos. Hoy en día esta concepción de innovación cambió.

Particularidades

1. Historicidad. Vivimos en un mundo en donde todo el tiempo innovamos en nuestra forma de vivir o aprendemos a incorporar constantes innovaciones a nuestra vida. Estas aparecen como pequeñas modificaciones o alteraciones de prácticas que van abarcando nuestro mundo.

Sería un grave error separar la innovación de la historia. Todas las innovaciones tienen su origen en componentes históricos o el producto de sus variadas y posibles combinaciones: no se puede innovar desde cero. Cualquier innovación que se nos ocurra, cualquier innovación que el mundo o la realidad nos proponga, se sostiene sobre la historia que la precede. El teléfono celular está parado sobre los teléfonos que se usaban antes, el telégrafo y las cartas, o sea, medios de comunicación.

Cuando innovamos lo que estamos haciendo es más historia y estamos, también, planteando un futuro que después va a ser pasado, parte de la historia. Por eso decimos que si van a trabajar con alguien que quiere emprender o innovar, escuchen su historia, porque ahí está la base de lo que esa persona se propone. Incorporar la innovación como una práctica habitual en nuestras vidas es estar a la altura del mundo en que estamos viviendo. Hoy en día no podemos vivir sin innovar en todo lo que hacemos, en las prácticas diarias, en la forma de comunicarnos, en la forma de relacionarnos, en las formas sociales de organizarnos, todo tiene que ver con artefactos o tradiciones que antes no existían y que sin embargo se apalancaron sobre las anteriores para poder existir.

2. Manera de observar el mundo. Los innovadores tienen una manera particular de observar el mundo y la historia que les permite captar esos espacios de emergencias o de contingencias que los llevan a pensar: "por aquí puede haber algo nuevo". Tal vez algo que reconfigure una manera de hacer las cosas.

Las emergencias son situaciones que surgen, temas que aparecen que no estaban planeados en el fluir o en la recurrencia que teníamos totalmente controlada hasta hoy. Las contingencias son eventos o situaciones en las que percibimos que se rompe la transparencia en la que vivimos. Los innovadores observan qué cosas emergen y qué contingencias hay, y lo que los mueve es preguntarse cómo hacerse cargo o apropiarse de eso. Se preguntan quiénes serán ellos frente a lo que ocurre o quiere ocurrir.

3. Anticipación y sensibilidad. La habilidad principal que tienen los innovadores es la anticipación, que viene de la capacidad de observar con sensibilidad patrones y ciclos recurrentes, entenderlos, comprenderlos, saber cómo es la secuencia. Cuanto más fina sea la observación, más posibilidades y más sensibilidad van a tener para detectar aquellos espacios en donde se puede generar algo nuevo o que muestran que algo no está saliendo como estaba planeado.

El innovador cuestiona con curiosidad el transcurrir de los eventos, lo que surge y las interrupciones. Se pregunta qué está ocurriendo, hacia dónde llevan las anomalías (o lo que se pueda juzgar como "fuera de lo normal"), y por sobre todo, persevera en su seguimiento, en su pasión por descubrir, y aunque a veces el final no lo lleve a nada, siempre aprende algo. Las emociones de base son la curiosidad, el asombro, la maravilla, el interés por saber qué pasa. Recuperar la mirada de niños, darle la misma energía a lo que no sale como estaba planeado y a lo que está dentro de los rangos esperados, y poder encontrar en esas vetas distintas posibilidades para crear algo nuevo.

La analogía del turista

Una vez que sabemos qué es lo que nos mueve, podemos empezar a visualizarnos como si fuéramos turistas en nuestras propias vidas. Cuando uno se va de viaje a otro país está hiper atento, ¿verdad? Imagínense que se van de viaje a China donde ni siquiera las letras, ni el lenguaje, ni la comida se parecen a las de nuestra cultura occidental. Si probamos una sopa, estaremos pendientes de nuestras papilas gustativas para saborear lo que estamos comiendo. Además, observaríamos con atención el ambiente que nos rodea, captando gestos, tradiciones, maneras de proceder, códigos propios de una cultura diferente. Observaríamos el arte y sus manifestaciones con otro nivel de sensibilidad. Buscaríamos similitudes y diferencias que inclusive nos harían más presentes las nuestras en la comparación. Es con esa misma sensibilidad que les pedimos que actúen como turistas de sus propias vidas.

Si pudieran observar su vida como si fuesen un turista desconocido, ¿con qué sensibilidad observarían su rutina, sus recurrencias, sus prácticas?, ¿qué detectarían que no detectan porque en lo cotidiano se pasan por alto?

Este libro se está escribiendo en plena cuarentena de un acontecimiento a nivel mundial que nos atraviesa a todos, la pandemia ocasionada por el COVID-19. Es muy probable que la situación nos haya hecho revisar nuestro día a día con más detalle, e ilumine aspectos de la "normalidad" que ahora valoramos más que antes, ya sea porque han dejado de estar disponibles o porque los descubrimos en los espacios de reflexión que nos habilitó el confinamiento. Añoramos ciertas costumbres vinculadas a la socialización, nos encontramos con una vida 24 x 7 en casa, solos o acompañados, y con la intensidad que la convivencia y la intimidad (por su falta o por su presencia) resaltan ante nuestros ojos. Sin duda la cuarentena nos obligó a adaptarnos y a crear nuevas prácticas y costumbres.

Ya vimos que el cerebro incluye experiencias y conocimientos dentro de lo que ya conocemos, y que el sistema nervioso busca economizar energía y simplificar los procesos al máximo. Cuando nos volvemos turistas, lo obligamos a trabajar, a incorporar información nueva, a hacer el esfuerzo para entender o aprender, y a pasar a la biología la incorporación de aprendizajes a través de la neuroplasticidad. El cerebro quiere economizar energía, pero cuando somos turistas no puede porque estamos absorbiendo todo lo que pasa con otro nivel de atención.

Si caemos en la rutina de relacionarnos con cada cliente de CE como otro cliente más, nos vamos a perder su mundo, su particularidad, sus costumbres, tradiciones, construcciones, pasiones, gustos. ¿Nos damos permiso para parar y ver qué quiere esta persona? ¿Qué lo mueve? Permitirnos ir de viaje al mundo del cliente para poder entender cómo vive y para observar con la curiosidad de un turista y preguntar desde ahí.

Si llevamos el ejemplo del turista a grandes corporaciones, no podemos asumir que Recursos Humanos es de determinada manera o tiene ciertas prácticas iguales que las demás. Quizás en esta empresa en particular es distinto, tiene otro enfoque, valora ciertos aspectos, asume un rol y un alcance propios. En las empresas familiares o las Pymes, tal vez Recursos Humanos no exista como área. No demos nada por hecho y hagamos preguntas para poder trabajar con cada cliente, con cada empresa, con cada persona con la que iniciemos un proceso. No igualen, no emparejen, nuestros clientes no se lo merecen. Desde el lugar de turistas podemos conectar el propósito y el sentido de nuestras prácticas con nuestra acción.

Ahora hagamos al revés, piensen en lo que ustedes hacen en automático todos los días y evalúen cuán alineado está con su propósito. ¿Cómo se conecta con sus sentidos, con esta vida?, ¿cuántas de sus actividades, tareas, prácticas, acciones están alineadas con lo que los mueve, los apasiona, los inspira? ¿Cuántas de sus prácticas están alineadas con ese bienestar que tenemos como bandera? Suena fascinante, pero a la hora de bajarlo a la acción estamos nerviosos, estresados, corriendo de un lado para el otro, nos hacemos daño, comemos mal, tomamos, fumamos.

Tener presente nuestra experiencia de estar desconectados de nuestros motivos, pasiones y propósitos, crea el contexto para profundizar en el espacio de relación e intimidad creado con el otro y mostrar que lo comprendemos, hacerle un lugar a la incomodidad, la confusión, el dolor y la pérdida de sentido. Y es aquí donde surge el amar. Si lo que hacemos está conectado con el amor, con aceptar al otro legítimamente, trabajamos juntos como seres humanos en un terreno común para todos. La necesidad primaria de un ser humano es que lo quieran. Es biológico, ni siquiera pasa por el centro mental, es nuestra necesidad más básica. ¿Cómo vamos a desconectar nuestras prácticas de este sentido primario que es ser amados? La pertenencia es otro orden del amor, nuestro propósito está ligado también a pertenecer, y abarca la célula primaria de la familia, la organización, la comunidad, el mundo. Desde la grandeza y nuestra mejor versión, somos seres gregarios que buscamos incluir y amar lo suficiente en nuestra humanidad como para correr el riesgo de proponer algo nuevo y saber que nos podemos equivocar, que a veces va a costar un poco de trabajo y que la base de convertirlo en realidad tiene que ver con el compromiso. ¿Cuánto hay en juego para nosotros que hace que valga la pena hacer lo que vamos a hacer?

Hemos coacheado montones de personas en organizaciones que tienen un compromiso tan grande con su organización, que dicen: "Aunque me despidan de mi trabajo yo no puedo traicionar esto, no puedo ir en contra de esto. No lo puedo hacer". Esto trae aparejada la conexión con nuestros valores y nuestros principios, con lo que nos mueve.

Entonces, si van a coachear a alguien que quiere innovar, emprender, lo primero que tenemos que escuchar es su mundo, sacar nuestro pasaporte e ir como turistas a conocerlo. Vamos a sumergirnos en ese mundo, para entender qué pasa, qué es, cómo es, cómo eso le da sentido, qué es lo que tiene. Y así darnos cuenta de en qué medida todo lo que hace, practica, repite está ligado con sus verdaderos motivos o no. A veces coachear a un emprendedor es solo ayudarlo a reconectar. Ese cliente ya tiene todo para hacerlo.

Modelo de innovación: inquietud central. Estilo. Producto o servicio

Visión y propósito

Como nuestro queridísimo amigo y colega Dionisio Quinteros dice, un propósito tiene que ser "sexy", es decir, tan atractivo y seductor que nada nos impida llegar a él. Al emprendedor se le ocurre un mundo nuevo, que va a llevar a la reconfiguración de prácticas y a mudanzas permanentes en nuestro estilo de vida, como lo hicieron, por ejemplo, el teléfono celular, las computadoras y el aprendizaje en línea, y podemos escribir varios libros con ejemplos de cómo el cambio y la innovación se han vuelto exponenciales y así seguirán.

Gráfico 16

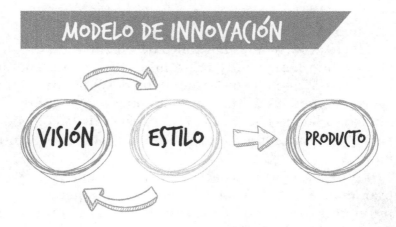

Lo que vivimos hoy es alguna modificación permanente que alguien muy comprometido, con amor y una inquietud central, hizo todo lo necesario para que se instale, valga la pena y forme parte de nuestras vidas. Empecemos a darnos cuenta cuánto de esto nos lanzó a un mundo que hoy forma parte transparente de la cotidianidad; y estemos abiertos a que todo puede cambiar y muy probablemente lo hará. Si no podemos tener esa sensibilidad de volver a sorprendernos cada vez que lo escuchamos y lo vivimos, ¿con qué sensibilidad vamos a escuchar las ideas de nuestros clientes? Nos tiene que emocionar, despertar en nosotros la maravilla de conmovernos.

Para los adictos al control, es bueno saber que este juega en contra del sentido de innovación, porque lo único que promete el mundo de hoy es incertidumbre, que va en contra de la necesidad de controlar y de la sensación de seguridad. ¡Imagínense cuán relevante es amar el nuevo mundo que se quiere crear como para estar dispuestos a soltar certezas y predicciones! Una vez que el innovador creó ese mundo, le pertenece a todos sus habitantes. Apple excedió a Steve Jobs, él la creó, pero vive hoy porque vive en cada uno de nosotros que usa algo de Apple. Pertenece a la humanidad, es de la historia, ya es del presente y no hay vuelta atrás. El control, hoy, es antiparadigmático porque en el mundo en que vivimos mantener el control como modo de relación con las personas y los acontecimientos es contraproducente. Si alguno quiere hacer mucha fuerza y controlar, su mundo va a ser del tamaño de hasta donde le alcancen las manos, los ojos y las orejas.

En el modelo tradicional de cambio se piensa o se busca qué necesita el mercado y cómo hacerse cargo de esa necesidad preexistente. Por ende, crea un producto que cubre la necesidad. Puede ser que para producirlo se constituya una empresa y después salga al mercado. En realidad, lo que está haciendo es crear algo para un mundo que ya existe. No está innovando, porque las necesidades que hicieron que ese producto surgiera ya estaban ahí, lo único que hizo fue captar esas necesidades.

¿Quién necesitaba CE hace cuarenta años? Es una necesidad inventada, no una necesidad existente. El innovador inventa junto con el mundo que está trayendo. Cuando coacheamos a alguien que quiere trabajar innovación, debemos tener clara la diferencia de si está creando una necesidad o está haciéndose cargo de una necesidad que ya existe. Si se hace cargo de algo que ya existe, la incertidumbre es relativa, no es muy nuevo. La diferencia reside en la emoción que produce la incertidumbre de un innovador a quien el mundo nuevo lo toma y se lo lleva.

El modelo de la innovación nos apasiona y se ordena de otra manera que la del cambio tradicional. Lo primero que tiene el innovador es una visión, no un plan. Un ejemplo que tomamos de una charla TED: "Yo tengo un sueño". No dijo: "Yo tengo un plan", sino "Yo tengo un sueño", lo compartió y movió a doscientas cincuenta mil personas que fueron a escucharlo. ¿Por qué estuvieron ahí? Porque el propósito que lo movilizó a él fue el mismo que movió a todas esas personas, los reconectó. No sabía cómo se iba a implementar, pero tenía la visión de un mundo sin racismo. Abrió una conversación que no existía, inventó un mundo y los invitó a todos a mudarse ahí. Se hizo cargo de las inquietudes de mucha gente. Esas personas encontraron a alguien que representaba sus propios sueños y creencias, sus propias tradiciones.

Cuando vamos a algunas empresas vemos empleados con la famosa "camiseta puesta": se queda hasta la hora que sea, sacan todo adelante, dan lo mejor de sí y lo hacen con amor y con pasión, ¿por qué? No están ahí por el dinero, ni por las horas extra, sino porque su sentido, lo que los mueve, está conectado con lo que mueve a la organización. También está el caso de los que miran el reloj, a las 6 pm se van, y el primer día de cada mes cobran su cheque. No está ni bien ni mal, ellos trabajan para cobrar el cheque.

Para nosotras el mundo más "sexy" es el mundo de las personas que representan nuestros propios motivos, nuestros propósitos; seguimos a quienes le dan voz y cuerpo a nuestros sentidos. La visión que arma un emprendedor es la que se hace cargo de traer un mundo que no existe más que en su imaginación, y declara: "Esto tiene que pasar". Aunque incomode. Un indicador de innovación es la incomodidad porque nos sentimos extraños con lo nuevo, no sabemos qué es, de qué se trata, no lo entendemos. ¿Se acuerdan la primera vez que tuvieron un iPad o una tablet? Pensábamos: "No sé qué es, pero lo tengo que entender". Nos estaban vendiendo una emoción, una experiencia. Todos quisimos estar ahí, aunque nos resultara incómodo, aunque fuera raro mover algo con el dedo, aunque tuviéramos miedo de que se nos borrara todo, aunque quisiéramos pensarlo desde nuestra manera vieja y frustrarnos porque no nos servía para metabolizar lo nuevo. La propuesta tiene que ser tan poderosa como para que estemos dispuestos a dejar nuestras viejas prácticas y aprender las nuevas. Todavía no sabemos qué vamos a inventar, pero tenemos un sueño.

Estilo

En función de ese sueño va a surgir un estilo, que abarca las conductas, cómo hacemos lo que hacemos: comunicación, valores, servicios, cuidado, amor, velocidad. La gente que conoció una oficina de Google, dice: "Esto es Google". Porque allí hay un estilo particular, la gente juega, está distendida, crearon espacios que favorecen la creatividad. La distribución y hasta la forma de decorar los ambientes fue recreada después por otros emprendimientos como los coworking, y hasta las empresas tradicionales han reconfigurado espacios porque se dan cuenta de que el contexto influye de manera determinante en las personas que trabajan ahí. Es el estilo el que hace que nos diferenciemos de los demás. ¿Cuáles son sus prácticas? ¿Cómo cuidan sus acuerdos? La impecabilidad en la palabra, el trato a los clientes, la velocidad de respuesta y... aún no hablamos de productos. El innovador primero crea el mundo, después las prácticas acordes con ese mundo (estilo) y por último, recién al final, el o los productos.

Para distinguir el estilo observamos qué ocurre o qué no ocurre que hace que se diferencie del otro. Creamos un mundo que tiene su estilo ¿cómo se vive allí?, ¿cuáles son sus tradiciones y rarezas?, ¿cómo se gestionan los errores?, ¿cómo es la comunicación?, ¿cómo se construyen y se mantienen los vínculos entre las personas? Todas esas preguntas apuntan al estilo. Una vez que el estilo y la visión se retroalimentan y se instalan, recién después surgen los productos. Por eso Apple no hace nada más que computadoras, también hace tablets, teléfonos, dispositivos para música, accesorios increíbles y nadie se sorprendería si sacaran algo totalmente diferente. ¿Por qué? Porque está en su tradición.

Productos y servicios

En la medida en que nuestras prácticas y nuestra visión se mantengan cerca, los productos que hagamos o los servicios que proveamos van a responder a nuestro sentido y al propósito de lo que nos mueve. Si nos olvidamos de esa conexión cercana, convertimos las prácticas en tareas desconectadas del sentido, pierden importancia.

A modo de resumen, en el modelo de innovación las necesidades se inventan, surgen de la visión de un mundo nuevo que vamos a crear, para el cual hay un estilo particular que lo distingue y posteriormente habrá productos en el mercado. Los productos aparecen en la medida que estén alineados con la inquietud central que empieza a funcionar como una usina. Es probable que no sea un solo producto el resultado final, sino varios, o que vayan transformándose con el tiempo mientras sigan unidos a la visión.

Características de los emprendedores

Cien por ciento de entrega a su visión del mundo

Los emprendedores son capaces de dejar todo por la visión del mundo que quieren crear y entregarse cien por ciento a ella. Eso significa que la visión no es del tamaño de las circunstancias, sino que las circunstancias se adaptarán al compromiso que ellos declaran. Y pueden tomar decisiones como hipotecar la casa, mudarse, pedir un crédito, arrancar de cero, dejar todo. Es tanto más grande que ellos mismos, que hace que valga la pena lo que sea. No es: "Bueno, está bien, pido el crédito, pero solo si me aseguras que lo voy a poder pagar así o así. Entonces no, no estoy para correr estos riesgos". Tenemos que ver cómo viene la evolución, esa persona no está tan entregada. Está en un plan, no en una visión.

Humildad

Los emprendedores/innovadores son humildes en el sentido que consideran que su visión es mucho más grande que ellos. La visión los eligió para llevarla a cabo. Los va a superar, los va a sobrevivir, y una vez que el mundo esté creado, ya no les pertenecerá solo a ellos, será un regalo para quienes quieran formar parte. La idea no les pertenece, ellos le pertenecen a la idea.

La relación con el error para un innovador es desde el aprendizaje, no desde la imagen. Buscan contribuir, no "verse bien". No funciona de forma autorreferencial sino que están en un mundo fuera de ellos mismos, del cual ellos y quienes gusten, formarán parte.

Compromiso

El compromiso de un emprendedor es que pase lo que pase, venga lo que venga, mantendrán su visión. La llegada del hombre a la Luna marcó un antes y un después para toda la humanidad. Cuando J. F. Kennedy hizo la declaración, pidió a los científicos de la NASA que trabajaran en ella, e inclusive definió una fecha. Los expertos se dividieron en dos grupos, unos listos para trabajar en el proyecto y otros que lo veían imposible. Lo que hizo Kennedy después de escuchar ambas versiones fue pedirle a quienes no lo veían viable que hicieran una lista de todos los fundamentos y motivos por los cuales el emprendimiento fallaría. Una vez que la tuvo, presentó la lista a los que estaban dispuestos a lograrlo y les dijo: "Cuando resuelvan todo lo que está enumerado aquí, llevaremos el primer hombre a la Luna". El resto es historia.

Se trata de aprender a navegar entre contingencias, emergencias y compromiso. Los emprendedores conectan la innovación con la constitución de una empresa, o sea, la inquietud central que los mueve, el propósito, el sentido que tienen lo unen a la empresa con prácticas, estilos, formas de trabajar, valores, servicios y cuidado. Se siguen concentrando en las anomalías, porque no es que digan: "Bueno, listo, ya inventé, ¿qué más me puede pedir la vida?". Siguen pensando con qué nos van a sorprender el año siguiente, qué se están perdiendo, qué es lo que no ven. Y siempre surge algo nuevo.

Los motivos de la mayoría de nuestras prácticas y tradiciones ya caducaron, y las seguimos repitiendo porque somos animales de costumbre. Pero también podemos ser innovadores, el tema es ¿dónde estamos poniendo el foco?

El innovador quiere que sus productos y servicios representen una identidad, y lo más importante es que sigan siendo el medio por el cual se expresa ese mundo nuevo que se creó. Por eso los productos no son el centro, sino la forma a través de la cual se expresa el sentido y el propósito, la inquietud central.

¿Cómo podemos trabajar nosotros, los coaches ejecutivos, en las organizaciones en función de la innovación? Lo primero que sugerimos es despegar el trabajo de las tareas: conecten el trabajo con el sentido, las tareas matan la innovación. Se trata de ver lo que los mueve, lo que hace que pasen por lo que sea con tal de lograrlo, porque si alcanzan lo que quieren, hacen una diferencia, estarán cerca de su propósito, se reivindicarán y se sentirán orgullosos y dignos.

Tengan en cuenta que los innovadores invitan a otros a compartir ese mundo y lo ponen a prueba en distintos entornos. Es maravilloso atreverse a cruzar ideas en otros dominios, aunque a veces parezca una locura. La emoción de la curiosidad es fundamental y los errores son oportunidades para aprender: todos los resultados de las pruebas proveen información valiosa.

Al trabajar con un emprendedor, recuerden la importancia de dotar a la empresa de un estilo, antes que focalizarse en los productos. Hoy en día los clientes se quedan con las empresas que los tratan mejor, más que con las que tienen una variedad de productos infinita pero no los valoran ni los reconocen como clientes.

Cuando creamos el curso Estrategias de Coaching Ejecutivo, nos propusimos que a los egresados los reconocieran por su estilo, por una manera de trabajar, por el amor con el que hacían su trabajo y el tipo de vínculos que eran capaces de crear. Queremos que ese estilo se quede y nos sobreviva, por eso nos encanta compartir todo lo que aprendimos y toda nuestra experiencia para que cada persona pueda tomar lo que más le sirva y definir su propio estilo, así como nosotras lo hacemos con nuestros maestros. Lo que compartimos en este libro no es nuestro, es historia que modificamos, es de cada uno que lo haga propio y que se involucre: ese es el sentido de nuestro trabajo. No nos importa que copien, peguen y saquen, nos da lo mismo y siempre los animaremos a que sean fieles a su estilo.

A modo de cierre del capítulo, queremos dejar algunas preguntas para quienes quieran continuar profundizando:

- ¿Cuánto nos determinan, como coaches, los mundos que otros crearon?
- ¿Cuánto nos hemos adaptado? ¿Cuánto nos acostumbramos?
- ¿Cuántos dominios están quedando sin explorar?
- ¿Cuántas cosas dejamos de mirar? ¿A cuánto nos anestesiamos?
- ¿Cuánto de nuestra práctica ha perdido sentido y se ha transformado en tareas?
- ¿Cuál es la inquietud que los llevó a donde están? ¿Es válida o ya caducó?
- Si tenemos miedo, ¿este obedece a nuestra necesidad de certeza? ¿A nuestra necesidad de control? ¿A que hay que saber mucho? ¿A qué?

18. *Feedback* y *feedforward*

Las preguntas que no puedes responder son mucho mejores
para ti que las respuestas que no puedes cuestionar.
YUVAL NOAH HARARI

Cuando preguntamos a las personas por la emoción que sienten antes de la sesión de *feedback* en las empresas, las respuestas versan siempre sobre lo mismo: miedo, ansiedad, frustración. También expectativa y curiosidad. Es que en el mundo corporativo, por lo general, la persona que da el *feedback* tiene autoridad sobre quien la recibe, ocupa un nivel superior en el organigrama y tiene la responsabilidad de evaluar.

Mucho de lo que compartiremos en este capítulo fue tomado de una investigación de Gallup. Nos parece importante mezclar la información del *feedback* con el impacto en las evaluaciones de desempeño, y las estadísticas de su impacto a nivel mundial.

Feedback

El *feedback* es la información acerca de lo que se logró y lo que no se logró a partir de un objetivo específico. Se asienta en hechos del pasado (lo que pasó en el año, semestre o cuatrimestre) y su contenido está dentro de lo que a nosotras nos gusta llamar *post mortem*, porque no podemos cambiar lo que hicimos. Esta devolución da miedo, porque no tenemos la oportunidad de reparar los errores, y en el momento en que los escuchamos, sentimos deseos de volver atrás y corregir, siempre acompañados por la frustración y la expresión "¿por qué no me lo dijeron antes?".

Gran parte de las corporaciones realizan evaluaciones de desempeño en las que, en función de los objetivos planteados, que van aparejados de comportamientos y acciones esperadas, cada un cierto período de tiempo se evalúa a los colaboradores y sus objetivos, dentro del marco de la cultura y de los valores de la organización. A veces los objetivos están claros. La pregunta es ¿qué pasa si no lo están?

De acuerdo a la encuesta de Gallup Q12, en referencia al compromiso de los empleados con su trabajo, las evaluaciones de desempeño están destinadas a desaparecer porque dejaron de coincidir con los intereses de las personas y su principal motor: agregar valor. Funcionó en generaciones anteriores (más cercanas al modelo de evaluación y al *ranking*) como los *baby boomer*s, generación X y algunos de la generación Y. La evaluación de desempeño no determina a un millennial, y mucho menos a las generaciones que le siguen. Estas surgieron en el siglo III, en China, en la dinastía Wei, que las usaba para definir nueve rangos de oficiales del servicio civil. La tradición se mantuvo a lo largo del tiempo, y en la Primera Guerra Mundial se hacían para elegir a los soldados que cubrirían las bajas, detectando cuáles eran los mejores para el frente de batalla y cuáles para puestos de liderazgo. Un poco más adelante, en los años 60 y 70, comenzaron a utilizase para poder tener un mejor manejo de las fuerzas laborales.

Una de las fallas más importantes de las evaluaciones de desempeño es que ubica a los colaboradores en un *ranking*, lo que trae aparejado muchos vicios y juicios subjetivos. Quien hace el *ranking* juzga con sus propios parámetros, sesgados por factores como la afinidad o el rechazo, similitudes o diferencias en la forma de trabajar, grado de empatía o conexión. Otro error es la generalización: se piensa que si alguien hace bien algo, será bueno para todo lo demás (el clásico ejemplo de un buen vendedor que asciende a gerente).

Por otra parte, hay porcentajes predeterminados para hacer el rating de la población: un 20 % corresponde a los *top performers*, un 60 % a la población de colaboradores estándar, y el 20 % restante son los que están por debajo de la media de desempeño (en las empresas se habla de personas con oportunidades de mejora, o candidatos a plan de acción), y los líderes deben ubicar a los miembros de su equipo dentro de esos porcentajes. Tanto el líder como el colaborador quedan encasillados en alguna de estas poblaciones, para cumplir con el esquema requerido. Y los jefes también la pasan mal porque se sienten forzados a cubrirlos, aunque a veces la asignación no sea justa. Otra de las fallas es que las personas, por caer en un rango, pierden de vista el propósito detrás del objetivo, el sentido, la capacidad de unir objetivo con acción. La evaluación va directo al objetivo y el sentido queda de lado. Sin propósito caemos en el foco en las tareas, y aparecen los *workaholics*.

El *ranking* implica más trabajo para el líder. Ambos extremos de la curva (20 % *top performers* y 20 % por debajo de la media) implican las justificaciones y el respaldo de cada caso: tanto los ascensos, los planes de acción y las desvinculaciones requieren un análisis individual que lo respalde. En la distribución de tiempos del líder, el vuelco hacia la operación les impide observar estratégicamente a cada persona. La consecuencia es la fuga de talentos, no hay suficiente abono en la relación líder-colaborador y, por ende, impacta en el resultado. Hay una frase que se repite infinidad de veces: "La gente no deja las organizaciones, sino a los líderes", y es así porque siguen a los líderes que los conectan con el sentido.

En el caso de las personas que no alcanzan el nivel esperado, el desafío para el líder es hacer que estos colaboradores lleguen al nivel de desempeño, pensar qué necesidades y oportunidades requiere cada uno, el diseño de un plan de acción. Si el *feedback* tuviera una frecuencia en función de la prioridad o importancia de cada objetivo, no solamente aumentaría la R de relación, sino también la R de resultados. Uno de los motivos por los cuales las personas se sienten incómodas en estas evaluaciones es porque cuando tienen esta información, el tiempo para lograr el objetivo ya pasó.

Y no olvidemos el registro emocional. Durante estas sesiones, el líder puede reconocer al colaborador por todo lo que hizo y dejar un espacio para hablar de lo que se puede mejorar. Al finalizar la sesión, el colaborador retiene más la información de lo que hizo mal que la del reconocimiento por lo que hizo bien. Nos produce vergüenza, culpa, y en ocasiones temor por el futuro, por dejar de pertenecer y no sentirnos valorados. Aunado a esto va la autoridad jerárquica que tienen los líderes para hacer juicios sobre sus colaboradores.

Otro punto por el cual las evaluaciones de desempeño están fallando es porque los colaboradores no tienen del todo claro para qué trabajan, cuáles son los objetivos que tienen que lograr. Es la función del líder comunicarlos y asegurarse de que sean comprendidos (tal como mencionamos en el capítulo Medición de resultados). Si no están claros los objetivos, los colaboradores son solo ejecutores de tareas.

Acá haremos un paréntesis. Queremos rescatar la relevancia del acuerdo de coaching como documentación. Lo necesitamos para tener presente durante todo el proceso los objetivos del cliente y cómo se van a medir. Los objetivos tienen un propósito, una emoción, un compromiso, un deseo genuino, autoiniciado que le imprime la fuerza del sentido. Para que la gente reconecte con su propósito la invitación es a recuperar la confianza en la organización, en el jefe, en ellos mismos a través del *feedback* constante. Una de las críticas más frecuentes de los colaboradores es que el *feedback* no haya sido dado en el momento oportuno, como para habilitar un margen de maniobra y alterar el rumbo del resultado a tiempo.

Presentamos algunas condiciones para reuniones de *feedback* más efectivas:

1. Que el *feedback* se dé a tiempo: establecer una frecuencia a medida del objetivo. Las sesiones de *feedback* frecuentes impactan en el dominio de la relación, e invitan al líder a observar y estar al tanto de las necesidades de sus colaboradores y ponerse a disposición.
2. Que la información sea comprensible para el otro. Cuidar el lenguaje, el detalle de la información, chequear con el colaborador para asegurar que la información recibida lo habilite a la acción.
3. Propiciar un espacio para que la información recibida se pueda mejorar, revisar, y queden claros los pasos que llevan al siguiente nivel. Darle al colaborador visibilidad para saber qué es lo que falta.
4. Acordar entre jefe y colaborador las acciones específicas a tomar y los tiempos para cada una de ellas, y establecer una fecha para el seguimiento de tales acciones.

El modelo de Liderazgo Situacional de Ken Blanchard, brinda una mirada práctica y concreta para desarrollar el potencial de líderes y colaboradores. Su propuesta involucra a las dos partes, estableciendo puntos de acuerdo que aseguren que ambos comparten la misma visión: no se trata solo del nivel de desarrollo del colaborador, sino de la combinación con una variedad de estilos de liderazgo por parte del jefe que puedan adaptarse a las necesidades de cada empleado, y ser distintas para cada meta o tarea.

Lo mejor que puede pasar en una reunión de *feedback* es que los dos participantes, al finalizar, salgan empoderados. Si esto no ocurre, hay que ver que la información fluya en ambos sentidos, que haya cursos de acción habilitados, que exista la comprensión, que haya escucha, se respete la dignidad y haya empatía. La salida a la acción puede manifestarse a través de pedidos, pero si no se habilitan, no se harán.

Es aquí donde proponemos una alternativa, que puede tomarse independientemente del *feedback*, o como una forma de completar la conversación anterior: el *feedforward*.

Feedforward

Marshall Goldsmith es un coach ejecutivo reconocido mundialmente, que se preguntó qué puede querer lograr un ejecutivo que ya lo tiene todo. La respuesta que encontró en sus clientes es: "Quiero mejorar". Con esa pregunta como base creó el feedforward que está enfocado en el futuro, y tiene las siguientes características:

- Es autoiniciado. La inquietud la trae la persona que quiere mejorar. Pueden querer, por ejemplo, mejorar liderazgo, niveles de confianza, administración del tiempo, intimidad que generan con sus equipos.
- Está centrado en soluciones, no en problemas. El foco está en las alternativas para poder mejorar. El punto de referencia es la mejora.

- Es un pedido. lo pide la persona interesada en recibirlo. El pedido es para ideas o sugerencias concretas que lo ayuden mejorar.
- Está basado en inquietudes y preocupaciones reconocidas, no impuestas. Surge desde un deseo personal, de lo que queremos trabajar para mejorar porque nos damos cuenta de que no funciona tal y como está.
- Trae lo mejor de las personas. Al hacer el pedido de feedforward, todos quieren colaborar. A todos nos gusta dar consejos e ideas para mejorar. Y al final, la conversación es vigorizante y nos deja cargados de energía positiva.

El ejercicio comienza identificando hábitos que nos frenan. Al trabajar con ejecutivos que tienen poder dentro de una organización, es difícil reconocer aspectos de mejora y mucho menos escuchar puntos de vista que pueden tomarse como juicios negativos acerca de su gestión. Como coaches tenemos un espacio privilegiado, en el cual el cliente puede relajarse, confiar y hablar sobre los temas que lo limitan.

La técnica del feedforward es muy simple y la vamos a practicar para poder presentarla a nuestros clientes para que entiendan por lo que van a atravesar cuando lo hagan ellos también.

Antes que nada, hay que elegir cinco o seis relaciones cercanas con quienes compartir el proceso, ellos serán los testigos de nuestro cambio y nuestros más fieles *sponsors*. Para elegir estas relaciones hay que tener en cuenta que sean personas que no tengan miedo de decirnos lo que ven ni la necesidad de quedar bien con nosotros. Podemos preguntar por cierto aspecto de nuestro comportamiento y pedir *feedback* en primera instancia. Escucharlos y seguir los pasos detallados a continuación:

1. Pedir disculpas ("lo siento, intentaré mejorar").
2. Anunciar a las personas involucradas en el proceso la intención de cambiar.
3. Dar seguimiento al cambio ("¿qué tal lo hago?").
4. Agradecer.

Lo más importante de este proceso es que se haga con un verdadero interés de cambiar. Y darle seguimiento. El compromiso con este cambio debe ser auténtico, dado que estamos involucrando a personas a quienes les importamos, generando una expectativa y pidiendo retroalimentación constante.

Pasos para el feedforward

Paso 1. El comportamiento que se quiere cambiar debe suponer una diferencia significativa y positiva en su vida, por ejemplo: "Quiero aprender a delegar". Siempre debe estar formulado de forma positiva y en una oración corta. En este paso es preferible no dar grandes explicaciones que diluyan el impacto de lo que se quiere cambiar.

Paso 2. Pueden hacer esto con cualquiera que conozcan (más allá de la lista de personas que eligieron), incluso hasta con un extraño. No es importante a quién elijan, ni tiene que ser un experto en el tema. Estas personas pueden aconsejarnos desapegadamente. El objetivo es conseguir la mayor cantidad de ideas útiles que podamos, también es un ejercicio de escucha y humildad muy interesante. Estar atentos a nuestras propias reacciones internas mientras esto sucede (sobre todo cuando quienes nos están respondiendo son personas cercanas) y mantenernos en silencio es un hermoso ejercicio.

Paso 3. Las sugerencias tienen que servir para lograr un cambio positivo. La única consigna en este punto es no hablar del pasado. Todo va enfocado hacia el futuro.

Paso 4. Se puede anotar. Pero las reglas son: no juzgar, ni valorar o criticar las sugerencias de ninguna manera. Tampoco se puede decir: "Eso ya me lo dijeron". Si una idea se repite, por algo será. No descalificar ideas es una de las principales consignas al pedir feedforward. La única respuesta permitida es "gracias".

Este mismo proceso se puede repetir con cuantas personas quieran. Cuantas más ideas para mejorar se obtengan, mejor. Mejor para varias cosas: para practicar, para escuchar, para aprender, para elegir.

Una vez que tenemos la información y las ideas para mejorar, podemos trabajar las alternativas en las sesiones de coaching. Y los temas que abarcan son muchos y de lo más variados, por ejemplo: cuáles son las bases para elegir a las personas que dieron el feedforward, confianza, apertura de la escucha, compromiso con la acción, valor de la palabra, dignidad.

A medida que el cliente avanza con sus cambios o mejoras, es importante que recuerde volver a las personas que eligió para este proceso, para pedir *feedback* y avanzar.

Parte 3

CIERRE DEL PROCESO DE COACHING

19. Cierre del proceso.
Celebración. Recontratación

No se puede llenar lo que no se vacía.
ANÓNIMO

Con cada ciclo que cerramos nos recreamos nuevamente y vamos acumulando sabiduría. Nuestra existencia y experiencia cobra sentido.

Imaginemos por un momento el proceso de coaching: nos llenamos de recursos y de maneras de observar, nuestra mente incorpora nuevas ideas y el corazón descubre sentimientos que antes no tenía ni hacia nosotros ni hacia el mundo, convirtiéndonos en una mejor versión. Pero si no hay un cierre, muchos de los clientes se van a ir desenganchando y tal vez regresen al mismo estado que cuando iniciaron. El cierre en coaching es como el nudo de un globo.

El cierre es importante para las dos partes: por un lado para el coach, que termina una relación de coaching (para esos objetivos); y, por otro, para el cliente, que contó con su coach hasta un momento. Es parte del proceso, y hacerlo como un ritual, conscientemente, le da a todo lo trabajado un sentido hermoso, para obtener la energía que nos permite sentir la libertad de abrazar lo nuevo.

Cada tema inconcluso implica energía dispersa, aunque no lo percibamos. Es como la computadora: cuando tienes muchas ventanas del navegador abiertas, la energía está repartida en cada sector. Es lo mismo en las personas.

Los rituales acentúan el sentido de lo profundo, ordenan, hacen que entremos en sintonía y que algunas cosas se destaquen por sobre otras. Nos llevan a acceder a un estado particular porque implican una pausa, marcan el estar entre un final y un comienzo. Tanto el coach como el cliente pueden repasar el proceso, desde el comienzo hasta el fin, haciendo un *racconto* de aprendizajes, obstáculos, quiebres, situaciones particulares, recursos incorporados, y lo que haya sucedido durante el tiempo que trabajaron juntos.

Los antiguos anatomistas decían que el nervio auditivo se dividía en tres o más caminos en el interior del cerebro, y que podía escuchar a tres niveles distintos. Un camino destinado a las conversaciones mundanas, el otro para la erudición y apreciación del arte, y el tercero para que el alma oyera consejos que pudieran servirle de guía y adquirir sabiduría durante su permanencia en la tierra. Hay que escuchar, por lo tanto, con el oído del alma, pues esta es la misión.

Cuento[4]

Dicen que hay un lugar del desierto que se extiende mitad en México y mitad en Estados Unidos, en el que el espíritu de las mujeres y el espíritu de los lobos se reúnen a través del tiempo. Los tarahumaras o también llamados rarámuris que aún habitan esas montañas, entre sus leyendas, reconocen a una mujer mayor, a la que llaman "la huesera", o "la Loba", que vive en un escondrijo del alma que todos conocen pero muy pocos han visto.

---

4 Fragmento del libro *Mujeres que corren con los lobos*, de Clarissa Pinkola Estes (1998), Ediciones B,

La única tarea de la Loba consiste en recoger huesos. Recoge y conserva sobre todo lo que corre peligro de perderse. Su cueva está llena de huesos de todas las criaturas del desierto: venados, serpientes de cascabel, cuervos. Pero su especialidad son los lobos. Ella se arrastra, trepa y recorre las montañas y los arroyos en busca de huesos de lobo y, cuando ha juntado un esqueleto entero, lo arma con esmero, cuando el último hueso está en su sitio y tiene ante sus ojos la hermosa escultura blanca de la criatura que armó, se sienta junto al fuego cerca de su cabeza y comienza a soplar suavemente en la nariz. Por momentos hace un sonido como si cantara, y sopla nuevamente. Entonces los huesos de las costillas y los huesos de las patas del lobo se cubren de carne y le crece el pelo. La Loba canta un poco más y la criatura cobra vida y su fuerte y peluda cola se curva hacia arriba. En algún momento, el lobo suspira… Luego su respiración comienza a tomar un ritmo, y abre los ojos, y poniéndose de pie, se sacude, y sin siquiera mirar a la huesera, se da vuelta y se va corriendo. La huesera creyó en el lobo. Creyó que valía la pena dar la oportunidad de comenzar una vida nueva, y algunos lobos la tomaron, la pueden tomar y volver a vivir…

Nosotros, como la Loba, recogemos los huesos y creemos, somos eso, soplando aires de posibilidad, y en el momento del cierre, armamos de nuevo ese esqueleto, para que nuestro cliente siga su viaje.

Fases del cierre

Preparación y cierre

Lo que recomendamos hacer es prepararse y preparar al cliente para el cierre un par de sesiones antes. Pueden comentarle que ya está por concluir el proceso y ofrecerle la opción de cerrar como le haga más sentido. Cada cliente es diferente, y toma los ciclos y las fases de formas distintas, algunos incluso preparan algo especial, otros lo celebran con una comida de por medio, o a otros simplemente no se les ocurre nada. En ese caso, sugerimos que hagan algo al respecto para no dejar ese hermoso globo sin atar. Es prepararse mutuamente para honrar el camino andado.

En ocasiones el cliente toma contacto con el final que se acerca, y nos ha sucedido que a algunos les cuesta cerrar, y buscan estirar el tiempo. También a los coaches nos cuesta cerrar algunos procesos, ya sea porque disfrutamos especialmente esos encuentros, porque creemos que aún hay cosas pendientes que trabajar, o porque no somos buenos cerrando. Tiene que ver con estilos de personalidad, algunos somos buenos para abrir y en el momento que algo comienza a cerrarse, abrimos más opciones. Otros tienen facilidad para cerrar lo que sea, una venta, una decisión. Y a otros se les hace cómodo permanecer en el medio que está entre el comienzo y el final. Lo importante es conocerse y reconocer qué es lo que se nos da mejor para trabajar lo que falta. Nuestra obligación es ofrecer un proceso completo en sus inicios, medios y finales, y no quedarnos a medias.

Nosotras trabajamos con la planilla de seguimiento de sesiones y pedimos al cliente que relate cómo empezó y cómo terminó el proceso. Le hacemos llegar el documento de nuevo (aunque siempre lo tiene disponible) para que lo tome como base y vaya registrando y recordando sus logros. También proponemos preparar una sesión para comentar sus logros con el jefe o con el *sponsor*, para lo que ofrecemos dos alternativas: que él tenga la sesión solo con su jefe o que nosotras también participemos de esa actividad.

Nosotras preferimos participar de esa actividad por tres motivos:

1. Es bueno que se consoliden los éxitos y logros.
2. El cliente se encarga de ser más ordenado y puntual ya que debe hacer una presentación institucional.

3. Nos da la oportunidad como coaches de ser considerados para otros procesos por los más altos niveles de la organización.

Nos gusta que el cliente pueda decir qué diferencias ve entre el observador que es hoy y el que era, que reconozca su propio esfuerzo y valor al haberse entregado a esta aventura, que repase qué recursos se lleva, cuáles ha usado y cuáles le gustaría usar más, que hable de sus dudas y preguntas, y que pueda exponerlas en el cierre, sabiendo que tiene todo lo necesario para continuar. También como coaches podemos dejar algunas recomendaciones si lo consideramos pertinente: sembrar ciertas alertas a mecanismos conocidos, y señalar los puntos más relevantes del proceso. A eso le llamamos agenda para lo que sigue.

Para documentar el cierre, volvemos sobre el acuerdo de coaching y repasamos punto por punto cada uno de los objetivos. Releemos junto con el cliente y le pedimos que califique su cumplimiento en función de porcentajes. Por ejemplo: "Para el objetivo 1, ¿cuál es el porcentaje de cumplimiento que has logrado?". Si está siendo muy exigente o muy laxo, se lo mostramos, apoyándonos en el nivel de detalle que utilizamos para describir cada objetivo y los indicadores que nos da su medición.

Si para algunos objetivos no se llegó al cien por ciento de logro, preguntamos qué falta o si el tiempo que duró el proceso era suficiente alcanzarlo. También exploramos: "¿Tienes alguna hipótesis de por qué no lograste completarlo?". Lo planteamos en primera persona, porque el cliente siempre es responsable del logro y cuidamos de no usar el plural. Es el cliente quien se compromete y toma acciones, nosotros solo facilitamos su exploración y le ayudamos a que amplíe su mundo. Hay veces que un 70 % es más que satisfactorio para un objetivo en esa cantidad de tiempo, y también es bueno mostrarle al cliente que sea lo que sea, el resultado antes no existía y ahora sí, así que todo es logro partiendo de la base de que lo que está en el acuerdo de coaching está fuera de lo que el cliente alcanzaba habitualmente en su gestión.

También lo animamos a incluir otros objetivos que hayan surgido como parte del proceso y el aprendizaje que tal vez no existían en el acuerdo original, pero sí se lograron. Esos "objetivos extra" o "logros extra" u "otros objetivos logrados durante el proceso", se incluyen en el reporte de cierre, buscando un porcentaje de logro y si existen indicadores, también los incluimos.

¡El cliente siente una gran satisfacción cuando puede reconocer lo que ha obtenido!

Una vez releído el acuerdo y calificado con porcentajes el logro de objetivos, invitamos a la reflexión y preguntamos si queda algo por completar, tanto en la relación coach-cliente, como en lo que está escrito y fue trabajado. Tomamos lo que trae el cliente sin resistir, desde la aceptación a soltar el proceso para que tanto el cliente como nosotros sigamos nuestros caminos.

Antes de finalizar el programa de coaching, siempre nos aseguramos de que el cliente cuente con una variedad de recursos que le permitan sostener sus resultados en el tiempo, que se lleven una agenda estratégica con algunas acciones y desafíos que ponga en marcha por sí mismo. Los recursos son herramientas, recordatorios, prácticas, accesos disponibles que conectan al cliente con su poder personal y su capacidad de logro, que lo focalizan hacia su objetivo si se distrajo, y le dan la confianza de mantenerse alineado y coherente en todo momento.

Si bien nos gusta trabajar con recursos desde las primeras sesiones, es más hacia la mitad y finales del proceso en donde invitamos al cliente a utilizarlos con la intención de practicar la autobservación y la toma de conciencia. Proponemos tareas o actividades de transferencia entre sesiones para que el cliente pueda verse en acción y sea capaz de poner a prueba la utilidad de los recursos. Cuando volvemos a encontrarnos, indagamos sobre lo ocurrido y trabajamos para profundizar en los hallazgos o ajustes que sean necesarios.

Las devoluciones que recibimos acerca de los recursos son múltiples y van desde el olvido (a la hora de usarlos) hasta el exceso de uso (para todas las ocasiones se aplica el mismo recurso), pasando por todas las escalas. Allí es cuando intervenimos para ayudarlos a consolidar, descartar o disminuir. Lo importante de los recursos es que los clientes los hagan propios y los puedan adaptar a su estilo personal y sus necesidades, divirtiéndose con ellos al llevarlos a la práctica desde una emoción de curiosidad y desapego del resultado que producen. Es solo verlos funcionar para averiguar qué pasa, qué les pasa a ellos y qué producen en las situaciones y las personas.

La lista de recursos

A medida que avanzamos en las sesiones, incluimos en la planilla de seguimiento los recursos que utiliza el cliente durante el programa. Hacemos una descripción detallada de su funcionamiento y sobre todo, ponemos de manifiesto el propósito, es decir, para qué hemos elegido este recurso. Casi siempre, queda de tarea el llevarlo a la práctica y en la siguiente sesión preguntamos por la experiencia.

Invitar al cliente a usar recursos requiere del coach valor, creatividad, escucha, desapego, variedad y humor, si es necesario. El humor le quita dramatismo a las situaciones e invita a jugar, a ser más liviano y menos estereotipado.

Valor. Para animarse a proponer más allá de la reacción del cliente. Muchos recursos se invalidan antes por los juicios del coach, y no nos damos cuenta de lo que restamos a nuestra intervención y a la posibilidad de que el cliente se descubra accionando distinto y creando nuevos contextos y resultados. Requiere de parte del coach estar presente a sus propias limitaciones, el ser arriesgado y el estar al servicio de los objetivos del cliente, el soltar la imagen personal y profesional a la hora de proponer o sugerir las prácticas.

Creatividad. Hay recursos que ya son conocidos y aceptados dentro de las prácticas de CE, pero para nosotras la mayor riqueza está en ser creadoras de recursos basados en lo que nos genera el cliente. En la presencia ante sus emociones, sus miedos y sus propias limitaciones es donde aparecen estas valiosas alternativas de acción que ponemos sobre la mesa para que ambos miremos de cerca y trabajemos juntos. Cocrear con el cliente sus propios recursos es maravilloso, deja una sensación de plenitud, entrega y satisfacción en ambos, convierte al coaching en una aventura y al cliente en un explorador fascinado con su tarea y lo que es capaz de lograr.

Escucha. Una vez propuestos los recursos es importante escuchar la reacción del cliente. Escucharla en todos los sentidos: en lo que dice, hace, en cómo su cuerpo lo manifiesta, en la emoción en que está, en la relación que mantiene con las posibilidades de utilizarlo o no. El cliente encuentra en nuestra escucha un mudo testigo que le permite escucharse a sí mismo en relación con lo que ocurre, una tabla de resonancia de sus propias opciones, un silencio que lleva a la reflexión y a la toma de conciencia. Es preferible que el coach observe en lugar de intervenir y confíe en la capacidad del cliente de trabajar con lo que pasa, para fortalecer su confianza en sí mismo, su autoestima y su responsabilidad.

Desapego. Soltar la necesidad de controlar el resultado (el uso que el cliente le da al recurso) y la apropiación ("este es mi recurso"). Una vez que los propusimos, los recursos pertenecen al cliente y tiene toda la libertad para hacer y deshacer con ellos. Que los tomen y los hagan suyos es señal de que los van a usar. En sesiones posteriores indagamos acerca de los resultados, si hicieron cambios, si los adaptaron, si pudieron utilizarlos en diferentes situaciones o los utilizaban frecuentemente para lo mismo. Ellos también pueden trabajar en el desapego, en el caso que transformen el recurso en una fórmula... ¡soltar sería un desafío interesante!

Variedad. Proponer varios recursos le da la posibilidad al cliente de ir alternando el uso y tenerlos como opciones frente al logro de sus objetivos. Los recursos serían los "cómo", el objetivo sería el "qué". Tener una variedad de recursos deja al cliente en la posición de elegir cuál usar, cambiando el foco del "no se puede" al "no sé cómo", o mejor dicho, "no sé cuál (de todos estos recursos) me sirve más para esta situación particular".

Humor. ¡Cuán importante es el humor a la hora de presentar recursos! Le trae a la sesión un aire fresco y divertido, la hace liviana y le quita dramatismo. Reírnos de nuestras propias reacciones invita al cliente a hacer lo mismo. Trae una emocionalidad de juego y picardía, es seductor y los riesgos se toman de otra manera. El humor revela aspectos de nosotros mismos que nos sorprenden y nos predisponen a la acción desde un lugar más lúdico y curioso, menos ceremonial y estereotipado. Para el mundo que habitan nuestros clientes, el humor es como una bocanada de aire fresco que siempre se agradece.

Ecología de los recursos. No se trata solamente de estar proponiendo recursos a diestra y siniestra, sino también chequear que se integren ecológicamente en los distintos dominios en los que nuestro cliente se desenvuelve. Es de suma importancia que la incorporación de nuevas prácticas no atente ni destruya otros sistemas del cliente. El descuido en este punto puede generar resistencia, tanto a la aplicación del recurso como a cambiar hábitos arraigados que tienen su para qué y equilibran la emocionalidad y la predisposición a la acción de nuestros clientes. Cuando se proponen recursos, nuestra responsabilidad como coaches es averiguar cómo funcionaron, qué produjeron, cuáles fueron las reacciones del cliente. Los recursos incorporados ecológicamente son valorados por el cliente y esto se nota en la forma en la que los lleva a la acción, el contenido del relato y la emoción con que a ellos se refiere.

Dejar al cliente en plenitud de recursos le permite pararse de otra manera frente a lo que viene. Le da seguridad y confianza en sí mismo, le demuestra que todo lo que logró hasta aquí fue gracias a sí mismo y que no es debido a nada ni a nadie. La acción en coaching SIEMPRE está en el cliente. Las acciones del proceso para lograr objetivos son tomadas por los clientes. ¡Y es muy importante traer esta idea al momento del cierre!

Cierre y documentación

La documentación también se presenta al jefe del cliente y a Recursos Humanos o al *sponsor* del proceso. Es la forma de hacer visible y evidenciar lo logrado. Dejamos que el cliente lo presente a su jefe y tengan su propia conversación, y nos encargamos de presentar las copias a quien nos haya contratado. Revisamos los puntos relevantes del acuerdo y quedamos abiertas a escuchar comentarios, preguntas u observaciones que quieran hacernos.

Acerca de las preguntas, destacamos algunos puntos:

- No respondemos preguntas sobre el contenido de las sesiones, haciendo caso a la confidencialidad acordada por todos los participantes en el proceso.
- No calificamos al cliente, en términos de si es bueno o no, si lo recomendamos para la posición, si la

empresa quiere basar sus decisiones en función de nuestros juicios. No hacemos eso, y lo decimos desde el entendimiento de que nuestro trabajo es como coaches y que ha concluido al producir los resultados a los que nos comprometimos. Las respuestas a esas preguntas no nos corresponden a nosotros, sino a especialistas en otras áreas, o al mismo cliente.

- No llevamos ni traemos información. Nos remitimos a lo que está a nuestro alcance como coach, pero no participamos en chismes una vez concluida nuestra relación con el cliente.
- Si es que lo acordamos con el cliente, quedamos a disposición para trabajar en otros objetivos, abriendo un nuevo acuerdo y un nuevo bloque de sesiones.

También es un buen momento para dar *feedback*.

Reconocimiento, celebración y renovación de contrato

Al finalizar el proceso de coaching es imprescindible crear un espacio para tres movimientos: reconocimiento, celebración y la posibilidad –si es necesario– de renovar el contrato.

El cierre también involucra un contexto emocional que es necesario reconocer. En ocasiones el cliente siente que "se queda solo con lo que sigue", porque ya no tendrá la compañía del coach que se había transformado en un socio para el logro de sus objetivos. El coach puede ayudar al cliente a hacer la narrativa de su proceso y darse cuenta de que el protagonista de todos los resultados fue él, y se puede revisar la planilla de seguimiento para ver cómo cambió su manera de observar y fue adquiriendo conciencia de aspectos que lo posicionan donde está. Se pueden enumerar los recursos con los que ahora cuenta para seguir adelante y, sobre todo, cómo este nuevo observador cuenta con lo necesario para continuar.

Reconocimiento

El ejercicio de reconocimiento es más que nada del cliente hacia sí mismo, es su propia validación de en quién se ha convertido, asumir qué cambios ha logrado, con qué nuevas habilidades cuenta, qué recursos tiene hoy para los desafíos que vienen, a qué estar alerta, etc.

Se puede realizar de manera conjunta una curva de aprendizaje, que le muestre gráficamente sus avances, mesetas, el estado inicial y final de su progreso, y hacer un diagrama de significado y desempeño, pidiéndole que ubique dónde estaba cuando el proceso comenzó y dónde está ahora. Si se diseñó un *benchmark*, este también puede convertirse en un punto de referencia muy claro del antes y después del coaching.

Después del reconocimiento que haga el cliente, el coach puede dar el suyo y retroalimentar desde su experiencia cuáles fueron sus aprendizajes acompañándolo en el proceso, cuál fue su transformación y qué significó haber trabajado con él durante ese tiempo. Hacemos un énfasis particular en este punto: el coach no califica al cliente, sino a su experiencia como coach de esta persona y a sí mismo. Puede mostrar gratitud por la confianza depositada, la relación generada entre ambos, el contexto que permitió que ocurra lo que ocurrió, etc.

Celebración

Otro espacio que vale muchísimo la pena es el de la celebración. Nosotras lo tomamos como un ritual que nos gusta dejar instalado en la rutina de nuestros cliente: que sean capaces de hacer un alto y celebrar sus logros. Todo el tiempo, el trabajo y la dedicación invertidos ¡merecen celebrarse! Este ritual crea un cierre emocional con el proceso y los objetivos, y abre el espacio a lo que sigue desde la valoración de lo logrado. Si al terminar algo pasamos a lo siguiente sin siquiera echarle un vistazo, los logros pierden sentido e importancia.

Los logros merecen celebración. Si no podemos ver, valorar y celebrar nuestros logros, no vamos a poder reconocerlos en los demás y no abriremos el espacio para que ellos también celebren. Nos convertimos en máquinas de acción sin sentido, y no hay nada que sea suficiente, un lugar donde llegar. Celebrar los logros implica celebrarnos a nosotros mismos por haber sido capaces de llegar a donde queríamos, y reconocernos, una vez más.

Renovación del contrato

El fin del proceso de coaching puede implicar, también, el inicio de una renovación de contrato para nuevos objetivos. Es importante marcar el fin de un proceso, para separarlo de lo que sigue: nuevos objetivos, nuevos desafíos. Si el cliente considera que el nuevo proceso es una continuación de lo que se trabajó antes, con más razón es relevante hacer un alto y mostrar lo logrado y sus resultados. Revisar el acuerdo y ver cuánto de lo que se propuso al principio se cumplió, evaluar en qué porcentaje ha habido logros, avances y en qué no.

En los cierres usualmente releemos el acuerdo con los clientes y después pedimos mostrar juntos a los jefes cómo terminó el proceso. Esta práctica pone en primer plano al cliente, protagonista de sus resultados y de sus cambios, y le da visibilidad a su jefe o *sponsor*, según el caso, de los resultados obtenidos. También le da al cliente la oportunidad de ser una oferta diferente para la organización, en términos de su desarrollo, su capacidad, su flexibilidad al cambio y más que nada su compromiso.

Epílogo

Nuestro mayor temor no consiste en no ser adecuados.
Nuestro temor consiste en que somos poderosos más allá de
toda medida.
Es nuestra luz y no nuestra oscuridad lo que nos atemoriza.
Nos preguntamos: "¿Quién soy yo para ser brillante, espléndido, talentoso, fabuloso?"
Pero, en realidad, ¿quién eres tú para no serlo? Eres hijo de
Dios.
Tus pequeños juegos no sirven al mundo.
Disminuirte a ti mismo para que los demás no se sientan
inseguros a tu lado no tiene nada que ver con la iluminación.
Todos estamos hechos para brillar, como brillan los niños.
Nacemos para manifestar esta gloria que está dentro de nosotros.
Y no es que esté solo en algunos, está en todos nosotros.
En la medida en que dejemos que brille nuestra propia luz,
daremos a otros permiso para hacer lo mismo.
En la medida en que nos liberemos de nuestro miedo,
nuestra presencia libera automáticamente a otros.

MARIANNE WILLIAMSON,
citada por Nelson Mandela.

Referencias bibliográficas

Abraham, F. D. y Gilgen, A. R. (1995). *Chaos Theory in Psychology*: Greenwood Press.

Armenakis, A. y Harris, S. (2002). "Crafting a change message to create transformational readiness", en *Journal of Organizacional Change Management*, 15 (2), 169-183.

———— y Harris, S. G. (2009) "Reflections: Our Journey in Organizational Change Research and Practice". *Journal of Change Management*, 9, 127-142. https://doi.org/10.1080/14697010902879079

Ávila Vidal, A. y Medina Macias, A. (2002). "Evolución de la teoría Administrativa. Una visión desde la Psicología Organizacional". *Revista Cubana de Psicología*, 19(3), 262-272.

Bandler, R. y Grinder, J. (1996). *La estructura de la magia*. Cuatro Vientos.

Ben Shahar, T. (2007) *Happier: Learn the Secrets to Daily Joy and Lasting Fulfillment*. McGraw-Hill Education.

———— (2010) *Being Happy: You Don't Have to Be Perfect to Lead a Richer, Happier Life*. McGraw-Hill.

Blanchard. K.; Zigarmi P. y Zigarmi, D. (2013). *Leadership and the One Minute Manager. Updated Ed: Increasing Effectiveness Through Situational Leadership II*. HarperCollins Publishers.

Botsman, R. y Roo R. (2010) *What's Mine Is Yours: The Rise of Collaborative Consumption*. HarperBusiness.

Bodenhamer, B y Hall, L.M. (2014) *User's Manual for the Brain: The complete manual for neuro-linguistic programming*. Crown House Publishing.

Bryan, L.; Matson, E. y Weiss, L.M. (2007). "Harnessing the Power of Informal Employee Network", *The McKinsey Quarterly*, n° 4.

Briggs, J. y Peat, F. D. (1989). *Turbulent Mirror: An Illustrated Guide to Chaos Theory and the Science of Wholeness*. Harper y Row.

Brown, B. (2012) *Daring Greatly*. Penguin Random House.

Burke, M. (2009). "Ten Minutes With Tiger Woods' Swing Coach". *Forbes*. https://www.forbes.com/2009/10/08/hank-haney-tiger-forbeslife-sports-golf-swing.html?sh=4a847e9048a7

Byrne, D. S. (1998). *Complexity Theory in the Social Sciences: An Introduccion*. Routledge.

Capra, F. (2003). *Las conexiones ocultas*. Anagrama.

———— (2006). *La trama de la vida. Una nueva perspectiva de los sistemas vivos*. Anagrama.

Cardon, A.: (2007). *Coaching de equipos*. Gestión 2000.

———— (2015). *Coaching sistémico, de equipos y organizaciones*. Colección de Coaching Sistémico.

Carver, C. S. (1997). "Dynamical social psychology: Chaos and catastrophe for all". *Psychological Inquiry*, 8 (2), 110-119.

Cheng, I. T. y Van de Ven, A. H. (1996). "Learning the innovation journey: Order out chaos?". *Organization Science*, 7 (6), 593-614.

Chiavenato, I. (2011). *Administración de Recursos Humanos*. McGraw-Hill Interamericana.

City & Guilds Group (2008). People Power. Does de UK economy ha McKinsey ve the skilled people it needs for the future? *(Emsi)*

Codina, N. (2005). "La complejidad del self y análisis empírico de su borrosidad". *Encuentros en Psicología Social*, 3(2), 36-44.

Cronbach, L. J. (1988). "Playing with chaos". *Educational Researcher*, 17(6), 46-49.

Cross R. L. y Parker, A. (2004). *The Hidden Power of Social Networks*, Boston: HBS Press.

Denning, P. J. (2010). *The Innovator's Way: Essential Practices for Successful Innovation*, MIT Press.

Doerr, J. (2018). *Mide lo que importa*. Conecta.

Doidge, N. (2008). *El cerebro que se cambia a sí mismo*. Aguilar.

Doran, G. T. (1981). "There's a S.M.A.R.T. Way to Write Managements Goals and Objectives", *Management Review*. 70, 35-36.

Drucker, P. F. (2006). *The Practice of Management*. Harper Business.

Eldregde, N. y Gould, S. J. (1972). "Punctuated Equilibria: An Alternative to Phyletic Gradualism". En T. J. M. Schopf (ed.): *Models in paleobiology*. Freeman Cooper.

Elliot, E. W. (1997). *Chaos Theory in the Social Sciences: Foundations and Applications*. University of Michigan Press.

Fairley, S. G. y Chris E. Stout Ch. E. (2003). *Getting Started in Personal and Executive Coaching: How to create a Thriving coaching practice*. John Wiley and Sons.

Few, S. (2009). *Now You See It: Simple Visualization Techniques for Quantitative Analysis*. Analytics Press.

Flores, F. (2015). *Conversaciones para la acción*. Lee Lemoine.

Gallup (2017). State of the Global Workplace. https://www.gallup.com/workplace/238064/re-engineering-performance-management.aspx

García-Izquierdo, A. L. (2004). "Los accidentes laborales desde la perspectiva del comportamiento complejo de sistemas". En P. Mondelo, M. Mattila, W. Karkowski y A. Hale (eds.): *3rd International Conference on Occupational Risk Prevention: Proceedings*. Santiago de Compostela.

————— (2005). "La dinámica de grupos en la selección de personal desde la perspectiva de la complejidad". *Actas del IX Congreso Nacional de Psicología Social*. La Coruña.

Goldsmith, M. (2007). *Un nuevo Impulso. Dscubra los 20 hábitos que frenan su ascenso*. Empresa activa.

Goldstein, J. (1988). "A far-from-equilibrium systems approach to resistance to change". *Organizational Dynamics*, autumn, 16-26.

Gómez Pallete, F. (1995). *La evolución de las organizaciones*. Noesis.

Gómez-Jacinto, L. (2005) "Un enfoque evolucionista y dinámico de la psicología social cultural". *Encuentros en Psicología Social*, 3(2), 24-35.

Guastello, S. J. (1995). *Chaos, Catastrophe and Human Affairs: Applications of Nonlinear Dynamics to Work, Organizations and Social Evolution*. Lawrence Erlbaum.

————— (1998). "Creative Problem Solving Groups at the Edge of Chaos". *Journal of Creative Behavior*, 32(1), 38-57.

————— Dooley, K. J., y Goldstein, J. A. (1995). "Chaos, Organizational Theory and Organizational Change". En F. D. Abraham y A. R. Gilgen (eds.): *Chaos theory in psychology*. Praeger Publishers.

Hall M. L. (2013). *Neuro-Semantics, Actualizing Meaning and Performance*, NSP.

Hammer M. y Champy J. (1994), *Reingeniería*. Norma.

Hawkins, P. (2012). *Coaching y liderazgo de equipos*, Granica.

Holland, J. (1995). *Hidden Order: How Adaptation Builds Complexity*. Addison-Wesley.

————— (1998). *Emergence: From Chaos to Order*. Oxford University Press.

Hubbard, D. W. (2010). *How to Measure Anything: Finding the Value of "Intangibles" in Business*. John Wiley & Sons

Hulin, C. L., Henry, R. A., y Noon, S. L. (1990). "Adding a Dimension: Time as a Factor in the Feneralizability of Predictive Relationships". *Psychological Bulletin*, 107(3), 328-340.

Hullinger, A. M. y DiGirolamo, J. A. (2018). Referring a Client to Therapy: A Set of Guidelines. Retrieved from International Coach Federation website: https://coachfederation.org/app/uploads/2018/05/Whitepaper-Client-Referral.pdf.

Hunt, J. G. y Ropo, A. (2003). "Longitudinal Organizational Research and the Third Scientific Discipline". *Group and Organization Management*, 28(3), 315-340.

Jackson, P. R. (2005). "Indigenous Theorizing in a Complex World". *Asian Journal of Social Psychology*, 8, 51-64.

Johnson, S. (2003). *Sistemas emergentes. O qué tienen en común hormigas, neuronas, ciudades y software.* Fondo de Cultura Económica.

Kahneman, D. (2012). *Pensar rápido, pensar despacio,* Editorial Debate.

Kaplan, R. S. y Norton, D. P. (1996) *The Balanced Scorecard: Translating Strategy Into Action.* Harvard Business School Press.

Katz, D. y Kahn, R. (1986). *Psicología social de las organizaciones.* Trillas.

————— y Norton, D. P. (2000) *The Strategy-focused Organization.* Harvard Business School Press.

————— y Kahn, R. L. (1996). *The Social Psychology of Organization.* New York: Wiley.

Kegan, R. y Laskow Lahey, L. (2009) *Immunity to Change: How to Overcome It and Unlock the Potential in Yourself and Your Organization.* Harvard Business Review Press.

Kenrick, D. T., Maner, J. K., Butner, J., Li., N. P., Becker, D. V. y Schaller, M. (2002). "Dynamical evolutionary psychology: Mapping the domains of the new interactionist paradigm". *Personality and social Psychology Review*, 6, 347-356.

—————, Ackerman, J. y Ledow, S. (2003). "Evolutionary social psychology. Adaptative predispositions and human culture". En J. Delamater (ed.). *Handbook of Social Psychology.* Kuwer Academic/Plenum Publisher.

—————, Li, N. P. y Butner, J. (2003). "Dynamical evolutionary psychology: Individual decision rules and emergent social norms". *Psychological Review*, 110, 3-28.

Kosko, B. (1995). *Pensamiento borroso. La nueva ciencia de la lógica borrosa.* Crítica.

Kotter, J. P. (1995). *Leading Change.* Harvard Business.

————— y Heskett, J. L. (1992). *Corporate culture and performance.* New York, The Free Press.

Lencioni, P. (2003). *Las cinco disfunciones de un equipo. Un inteligente modelo para formar un equipo cohesionado y eficaz.* Empresa Activa.

Larcker, D. F., Miles, S., Tayan, B. y Gutman, M. E. (2013). *2013 Executive Coaching Survey*. The Miles Group and Stanford University.

Lewin, Kurt (1988). *La teoría del campo en la ciencia social*, Ed. Paidós Ibérica, Barcelona.

——— (1973). *Dinámica de la personalidad*. Ed. Morata.

Little, J. (2014). *Lean change management*. Happy Melly Express.

Lord, F. M. y Novick, M. R. (1968). *Statistical theories of mental test scores*. Addison Wesley.

Lorenz, E. N. (1995). *La esencia del caos. Un cambio de conocimiento que se ha convertido en parte importante del mundo que nos rodea*. Debate.

Mandelbrot, B. (1987). *La geometría fractal de la naturaleza*. Tusquets.

——— (2003). *Los objetos fractales. Forma, azar y dimensión*. Tusquets.

Mateo, M. A. (2003). "Notas sobre la complejidad en la Psicología". *Anales de Psicología*, 19(2), 315-326.

Maslow, Abraham (2005). *El hombre autorrealizado, hacia una psicología del ser*. Kairós.

March J. G. y Simon, H. A. (1994). *Teoría de la Organización*, Ariel.

Maturana, H. R. y Varela, F. J. (1990). *El árbol del conocimiento: las bases ecológicas del conocimiento humano*. Debate.

———(1994). *De máquinas y seres vivos: Autopoiesis, la organización de lo vivo*. Editorial Universitaria.

McGrath J. E. y Tschan, F. (2004). *Temporal matters in social psychology: Examining the role of time in the lives of groups and individuals*. American Psychological Association.

McGregor D., *El Lado humano de las empresas: Aplique la teoría "y" para lograr un manejo eficiente de su equipo*, McGraw-Hill Interamericana.

McKinsey. *Diversity wins: How inclusion matters*. En https://www.mckinsey.com/featured-insights/diversity-and-inclusion/diversity-wins-how-inclusion-matters

Morgan, G. (1986). *Imágenes de la organización*. Ra-Ma.

Morin, E. (1994). *Introducción al pensamiento complejo*. Gedisa.

Munné, F. (1993). "La teoría del caos y la psicología social. Un nuevo enfoque epistemológico para el comportamiento social". En I. Fernández Jiménez y M. F. Martínez (comp.). *Epistemología y procesos psicosociales básicos*. Eudema.

——— (1994). "Complejidad y caos: más allá de una ideología del orden y del desorden". En M. Montero (ed.): *Conocimiento, realidad e ideología*. Avespo.

——— (1995). "Las teorías de la complejidad y sus implicaciones en las ciencias del comportamiento". *Revista Interamericana de Psicología*, 29(1), 1-12.

————(1998). "La crítica epistemológica en la Psicología Social del traspaso de siglo". En D. Páez y S. Ayestarán (eds.). *Los desarrollos de la Psicología Social en España*. UNED.

————(2004). "El retorno de la complejidad y la nueva imagen del ser humano: hacia una psicología compleja". *Revista Interamericana de Psicología*, 38, 15-22.

————(2005). "¿Qué es la complejidad?". En F. Munné (coord.): *Encuentros en psicología social. La complejidad en la Psicología Social y de las Organizaciones*. Aljibe.

———— (2007). "¿La explicación del comportamiento humano debe ser lo más simple posible o lo más compleja posible?", *Encuentros en Psicología Social*, 4, 3-10.

Murphy, M. A. (2010). *Hard Goals: The Secret to Getting from Where You Are to Where You Want to Be*. McGraw-Hill Education.

Navarro, J. (2000). "Gestión de organizaciones: gestión del caos". *Dirección y organización*, 23, 136-145.

————(2001). *Las organizaciones como sistemas abiertos alejados del equilibrio*. Tesis doctoral. Departamento de Psicología Social. Universitat de Barcelona. Disponible en: http://www.tdcat.cesca.es/TD-Cat0116102-114349/

————(2005). "La Psicología Social de las Organizaciones desde la perspectiva de la complejidad. Revisión y estado actual de una relación prometedora". *Encuentros en Psicología Social*, 3(2), 78-87.

———— y Quijano, S. D. (2003). "Dinámica no-lineal en la motivación en el trabajo: propuesta de un modelo y resultados preliminares". *Psicothema*, 15(4), 643-649.

Nicolis, G. y Prigogine, I. (1994). *La estructura de lo complejo: en el camino hacia una nueva comprensión de las ciencias*. Madrid: Debate.

Nonaka, I. y Takeuchi, H. (1996). *The knowledge-creating company. How japanese companies create the dynamics of innovation*. Oxford University Press.

Nowak, A. y Vallacher, R. R. (1998). *Dynamical social psychology*. Guilford Press.

O'Connor, J. y Seygmour Jhon (1990 y 1993), *Introducción a la PNL*. Urano

Perna, P. A. y Masterpasqua, F. (1997). "Future directions". En F. Masterpasqua y P. A. Perna (eds.). *The psychological meaning of chaos. Traslating theory into practice*. American Psychological Association.

Pfeffer, J. (1982). *Organizations and Organization Theory*. Pitman.

Pinkola Estés, C. (1998). *Mujeres que corren con los lobos*. Ediciones B.

Poincaré, H. (1948). *Ciencia y método*. Espasa-Calpe.

Prigogine, I. (1983). *¿Tan sólo una ilusión? Una exploración del caos al orden.* Tusquets.

———— (1997). *Las leyes del caos.* Crítica.

———— (1997a). *El fin de las certidumbres.* Santillana.

———— y Stengers, I. (1983). *La nueva alianza: metamorfosis de la ciencia.* Alianza.

Pryce-Jones, J. (2011). *Happiness at Work: Maximizing Your Psychological Capital for Success.* Wiley.

Quijano, S. D. (1993). *La psicología social de las organizaciones: fundamentos.* PPU.

———— (2006). *Dirección de Recursos Humanos y Consultoría en las Organizaciones. El ASH, Auditoría del Sistema Humano.* España: Icaria.

Quinteros, D. (2014). *Héroe, Componentes y mapa para el Diseño de Futuro.* Innovación Editorial Lagares. México.

————(2018) *Provocación, coaching y cuántica. La nueva frontera del coaching.* Granica.

Rae, F. (1993). *Application of Chaos Theory to Psychological Models.* Performance Strategies Publications.

Reichheld, F. F. (2011). *The Ultimate Question 2.0 : How Net Promoter Companies Thrive in a Customer-Driven World.* Harvard Business Press,

Richards, D. (1990). "Is Strategic Decision Making Chaotic?". *Syst. Res.,* 35: 219-232. https://doi.org/10.1002/bs.3830350305

Ries, E. (2011). *Lean Start Up.* Crown Publishing Group.

Robertson, R. y Combs, A. (eds.). (1995). *Chaos Theory in Psychology and Life Sciences.* LEA.

Rodríguez, A. (coord.) (1998). *Introducción a la psicología del trabajo y las organizaciones.* Pirámide.

Sala i Martin, X. (2016). *Economía en colores.* Conecta.

Scharmer, O., Käufer, K. (2015). *Liderar desde el futuro emergente: de los egosistemas a los ecosistemas económicos.* Eleftería.

Scott, G. P. (ed.) (1991). *Time, rythms and chaos in the new dialogue with nature.* Pine Hills Press.

Simon, H. (1983) *Administration et processus de décision,* Paris, Economica.

———— (1949). *El comportamiento Administrativo.* Madrid, Aguilar.

Stacey, R. D. (1995). "The Science of Complexity: An alternative perspective for strategic change processes". *Strategic Management Journal,* 16(6), 477-495.

———— (1996a). *Complexity and Creativity in Organizations.* Berret-Koehler Publishers.

————(1996b). *Strategic Management and organizacional Dynamics.* Pitman.

————, Griffin, D. y Shaw, P. (2000). *Complexity and Management. Fad or Radical Challenge to Systems Thinking?* Routledge.

Tal Ben Shahar (2011). *La búsqueda de la felicidad. Por qué no serás feliz hasta que dejes de perseguir la perfección.* Alienta Editorial.

Tessi, M. (2012): *Comunicación Interna en la práctica.* Ediciones Granica.

Thiétart, R. y Forgues, B. (1995). "Chaos Theory and Organization". *Organization Science,* 6(1), 19-31.

Thom, R. (1997). *Estabilidad estructural y morfogénesis.* Gedisa.

Tomás, J. M., Rodrigo, M. F. y Oliver, A. (2005). "Modelos lineales y no lineales en la explicación de la siniestrabilidad laboral". *Psicothema,* 17(1), 154-163.

Tuckman, B. (1965). "Developmental sequence in small groups". *Psychological bulletin* 63.

Vallacher, R. R. y Nowak, A. (1994). *Dynamical Systems in Social Psychology.* Academic Press.

Von Bertalanfy, L. (1976). *Teoría general de los sistemas. Fundamentos, desarrollo, aplicaciones.* Fondo de Cultura Económica.

———— (1979). *Perspectivas en la teoría general de sistemas. Estudios científico-filosóficos.* Alianza.

Wagensberg, J. (1985). *Ideas sobre la complejidad del mundo.* Tusquets.

Watzlawick, P., Fisch, R. y Weakland, J. (1976). *Cambio: formación y solución de problemas humanos.* Herder.

Wheatley, M. (1994). *El liderazgo y la nueva ciencia.* Ediciones Granica, Buenos Aires.

Withmore, J. (2002). *Coaching, el método para mejorar el rendimiento de las personas.* Paidós México.

Wiener, N. (1950). *The Human Use of Human Beings.* Houghton Mifflin.

Zadeh, L. A. (1965). "Fuzzy sets". *Information and control,* 8, 338-353.

Zimmerman, B. (1993). "Chaos & Nonequilibrium: the flip side of strategic process". *Organization Development Journal,* 11(1), 3. 3

Acerca de las autoras

Laura Bicondoa es médica. Se recibió como coach en el Instituto de Capacitación Profesional de Buenos Aires, y fue su rectora entre 1999 y 2001. Es MCC de la International Coaching Federation y Master Coach por la Asociación Argentina de Coaching Ontológico Profesional. Fue certificada por Michael Hall como ACMC Metacoach, y tiene una certificación como facilitadora de Liderazgo Situacional II por The Ken Blanchard Companies. Se formó con Alain Cardon en coaching de equipos, sistémico y en la metodología de risk management. Fue certificada y entrenada por Jim Selman y es parte del equipo de trabajo del Doctor Fernando Flores. Junto con Marcela Fernández fundaron Liderarte Performance y Coaching SA de CV, y crearon el juego Tus Cinco Poderes, enfocado a la toma de decisiones tanto individual como grupal. Dictó clases y conferencias en ICF, Universidad Argentina de la Empresa (UADE), Universidad Panamericana, Universidad Anahuac, Universidad de Londres, entre otras. Actualmente tiene sus propios cursos de formación on line: Estrategias de Coaching Ejecutivo y Estrategias de Intervenciones Corporativas.

Marcela Fernández es socia fundadora de Liderarte Performance y Coaching, Pranä Wellness y Campus Liderarte. Coach certificada, especializada en liderazgo y en diseño ontológico (ICP), entrenadora certificada de Ken Blanchard. PCC por la ICF. Fue certificada ACMC Metacoaching System por Michael Hall, y tiene un diplomado en coaching organizacional. También está certificada como team coach por Michael Hall y tiene una certificación en coaching sistémico y diagnóstico de equipo por Alain Cardon. Es Licenced practitioner en PNL, cuenta con una maestría en Desarrollo en Capital y Potencial (Coaching), es facilitadora certificada de la metodología Lego® Serious Play®, es consultora certificada en Innermetrix y Happiness at Work y discípula del doctor Fernando Flores. Marcela está certificada en varias herramientas de assessments como DISC, Adv Insights, Value Index, The Science of Happiness at Work.

CPSIA information can be obtained
at www.ICGtesting.com
Printed in the USA
LVHW022029260523
748166LV00006B/39

9 789878 358864